월급쟁이 부자되는 재테크 첫걸음

최현진 지음

중앙경제평론사

월급쟁이여,
금융의 가성비를 높여라!

첫 번째 책《당신의 인생을 바꾸는 돈 공부 입문》이 나온 지 1년여 만에 후속편을 집필하게 되었다. 첫 책은 물질적 풍요만을 쫓는 '경제적 자유인'이 아니라 삶의 존재 이유를 찾는 '소박한 자유인'으로서의 삶을 추구하기 위한 방법에 대한 내용이었다. 그리고 그 방법론으로 Want(욕구), Waste(낭비), Wealth(부) 그리고 Work(은퇴)라는 네 가지 키워드를 제시했다. 이는 폴 새뮤얼슨의 행복방정식(행복 = 소유/욕구)에서 파생되어 나온 개념으로서 '인생의 중심에 돈이 아닌 삶 자체를 올려놓자'는 의미를 담고 있다. 사실 필자가 '경제적 자유인'이 아닌 '소박한 자유인'의 개념을 제시한 이유는 더이상 원하는 만큼 돈을 벌기 힘들어지고 있다는 현실적인 문제의식이 한몫했다. 그렇다면 '큰 돈을 벌지는 못해도 행복하게 살 수는 있지 않을까'라는 단순한 질문에서 책의 모든 것이 시작되었다.

이번 책은 전작의 연장선에서 보다 현실적인 실천방향을 제시하고자 노력했다. 필자가 제시한 돈 관리 5단계 중 전작《당신의 인생을 바꾸는 돈 공부 입문》에서는 '인생설계'(1단계)와 '생활수준 결정하기'(2단계), '주어진 범위 내에서 생활하기'(4단계)에 중점을 두고 설명했다면, 이번 책에서는 '돈이 쌓이는 프로세스 구축'(3단계)과 '내 집을 마련하고 투자 수익률을 높이는 방법'(5단계)에 대해 보다 구체적으로 풀어내고 있다. 여기에 금융에 대한 정보는 넘쳐나고 예전에 비해 접근성도 좋아졌지만 이를 제대로 활용하는 사람은 드문 현실을 고려하여 회사생활로 바쁜 월급쟁이들에게 필요한 핵심 정보들을 모아 제대로 엮어내고자 최선을 다했다.

핵심은 간단하다. 금융에 있어서도 '가성비'를 높이라는 것이다. 가성비란 '가격 대비 성능'의 준말로 내가 지불한 돈에 비해 얼마나 큰 효용을 주는지를 나타내는 말이다. 쉽게 말해 싸고 좋은 물건을 가리키는 말이 바로 가성비다. 사람들이 이렇게 가성비를 따지게 된 것은 '월급 빼고 다 오른다'는 사회적 분위기와도 무관하지 않다. 이러한 분위기에 편승해 대다수의 월급쟁이들은 현실적으로 월급만으로는 부자가 될 수 없다고 체념한다. 정말 월급쟁이에게 월급이란 그저 잠깐 통장을 스쳐지나가는 바람과 같은 존재일까?

이제는 생각의 전환이 필요하다. 월급쟁이의 가장 큰 무기이자 유일한 총알은 매달 들어오는 월급이다. 부족하다 느낄지라도 누군가는 이 월급이라는 무기를 통해 자신의 버킷 리스트를 채워가며 꿈을 이루고 있다는 사실을 기억하기 바란다. 모두에게 '한정된' 수입인 월급의 가성비를 얼마나 높이느냐에 따라 그 사람의 가까운 미래부터 바뀔 수 있다. 삶의 목표를 향한 도전에서 백전백패하라는 법은 없다.

가성비는 서비스나 물건을 구입할 때만 필요한 것이 아니다. 돈이라는 자산을 불려가기 위해서 금융의 가성비를 높여보자. 이 책은 월급쟁이가 자신의 월급을 가지고 최대한 효율적으로 사용할 수 있는 방법에 대해 정확하고 깊이 있게 그리고 무엇보다 독자들이 바로 자신의 상황에 적용할 수 있도록 쉽게 제시하고자 한다. 월급쟁이에게 최적화된 돈 관리 방법, 알아두면 반드시 돈이 되는 필수적인 금융지식, 예상치 못한 리스크를 방지하는 최적화된 보험 포트폴리오, 내 집 마련의 꿈 이루기, 그리고 월급쟁이에게 적합한 투자들을 제시함으로써 독자 분들의 금융 가성비를 최적화시켜 드리고자 한다. 이 책을 통해 이 땅의 수많은 월급쟁이들이 소중한 월급의 가치를 높이고 풍요로운 삶을 누리길 기대한다.

끝으로 이 책이 나오기까지 많은 분들의 도움이 있었다. 신한은행 스마트금융센터 조성만 부부장님, 판교지점 정현철 차장님, 미래설계센터 최재산 차장님, 박신욱 과장님, 김동천 과장님, 박지현 과장님, 투자상품부 박호선 과장님, 박재석 과장님, 부동산투자자문센터 이형주 과장님, 신한생명 신한PWM 강남센터 이현식 지점장님, 동부화재 강남사업본부 한재호 지점장님, 법무사송창서사무소 정방연 사무장님에게 이 기회를 빌어 감사의 말을 전한다.

최현진

차례

PART 2
월급쟁이, 이 정도는 알아야 중간은 간다

PART 3
월급쟁이, 인생에 있어 위험을 대비하라

PART 4
월급쟁이, 자신만의 보금자리를 만들어라

PART 5
월급쟁이, 저금리의 파고를 넘어라

PART 6
월급쟁이, 대출 상환도 스마트하게 하라

돈 없으니 돈 관리가 필요하다

지금 당장 돈 관리를 시작해야 하는 이유

돈 관리 5단계

푸어족 전성시대, 인생설계가 답이다

인생설계, 어떻게 해야 하나

PART 1 월급쟁이, 돈이 쌓이는 시스템을 만들어라

생활수준부터 결정하자

돈이 쌓이는 시스템을 만들자

돈이 쌓이는 시스템, 자동이체를 활용하라

맞벌이로 끝까지 살아남기

주어진 범위 내에서 생활하기

돈 없으니
돈 관리가 필요하다

대한민국 직장인 중에 본인의 월급에 만족하는 사람이 과연 몇이나 될까? 많으면 많은 대로 적으면 적은 대로 항상 부족하다고 느끼는 것이 바로 월급이다. 필자가 처음 은행에 입사했을 때 한 선배가 이렇게 말했다. "돈을 많이 벌든 적게 벌든 월급쟁이는 다 똑같다. 월급의 차이는 소비 수준의 차이를 만들 뿐 그 이상도 그 이하도 아니다."

'돈을 관리한다'고 하면 재산이 많거나 소득이 많은 사람들의 전유물인 양 생각하는 경향이 있다. 하지만 돈 관리는 수입의 많고 적음에 관계없이 월급이 항상 통장을 스쳐지나간다고 하소연하는 모든 사람들에게 반드시 필요한 것이다. 같은 월급을 받아도 알뜰하게 쓰고 남은 돈으로 저축을 하는 사람이 있는가 하면, 항상 월급이 적다고 불평만 하는 사람도 있다. 이러한 차이는 결국 자신의 돈을 얼마나 효율적으로 관리할 수 있느냐에서 발생한다.

깨진 물항아리 구멍 막기

보통 '돈 관리'라고 하면 가장 먼저 떠올리는 것이 바로 재테크다. 돈을 굴리는 기술이 바로 돈 관리라고 생각하는 이들이 많기 때문이다. 하지만 돈 관리의 시작은 월급 관리다. 본인의 월급조차 제대로 관리하지 못하는 사람이 어떻게 목돈을 운용하고 수익을 창출할 수 있겠는가?

돈을 물에 비유해보자. 사람은 누구나 자신만의 돈을 담을 수 있는 항아리를 가지고 있다. 매월 들어오는 월급은 그 항아리에 고스란히 쌓이게 된다. 그런데 각자가 가지고 있는 항아리에는 구멍이 있다. 어떤 사람은 항아리의 구멍을 잘 막은 후 거기에 수도꼭지를 설치해 본인이 필요할 때 원하는 만큼 물을 받아 쓸 수 있을 것이다. 반면 항아리의 구멍은 그대로 둔 채 들어오는 돈이 부족하다고 투덜대는 사람도 있다.

대부분의 사람들은 돈과 관련해서 모든 문제는 자신이 받는 월급이 적기 때문에 발생한다고 생각한다. 자신의 항아리 밑에 구멍이 있다는 사실조차 인지하지 못하고 있는 것이다. 그러니 돈이 새고 있어도 어디서부터 손을 대야 할지 모른다. 항아리에 돈이 쌓여야 이를 기반으로 투자를 할 수 있는데 모이는 돈이 없다 보니 투자는커녕 오히려 빚만 늘어날

뿐이다. 돈 관리란 결국 항아리 밑의 구멍을 얼마나 효율적으로 통제할 수 있느냐의 문제다. 이 문제가 해결되지 않는다면 월급을 아무리 많이 받아도 돈이 부족하다고 평생 불평하며 살아야 할지 모른다.

얼마 전 방송했던 SBS 드라마 〈청담동 앨리스〉에는 다음과 같은 대사가 나온다. "노력하는 것 말고는 방법이 없어. 노력해도 바뀌는 것은 없다는 사실을 잘 알아. 하지만 세상 사람들 모두 그렇게 살아. 그것밖에 방법이 없으니까."

실제로 우리나라 사람들 대부분은 뭐든 열심히 하다 보면 언젠가는 보상을 받을 수 있을 거라고 믿고 살아간다. 하지만 이는 정말 잘못된 생각이다. 문제가 있다면 문제의 원인을 찾아야지 하던 일을 더 열심히 한다고 해서 해결되는 것은 아니기 때문이다. 돈이 문제의 원인이라면 돈에 대해 더욱 파고들어야지 회사생활만 열심히 한다고 해서 해결되는 것은 아니라는 이야기다. 왜냐하면 그냥 열심히 하는 것이 중요한 것이 아니라 '제대로' 열심히 하는 것이 중요하기 때문이다.

많은 사람들이 돈 관리를 제대로 하지 못해 어려움을 호소한다. 박사학위까지 가지고 있는 교수들조차도 종종 돈 관리를 어떻게 해야 할지 모르겠다고 하소연한다. 그들에게 돈과 관련된 이야기는 마치 외계어처럼 느껴진다. 돈에 있어서는 가방끈이 길고 짧고는 문제가 되지 않는다.

돈 관리가 어려운 이유는 간단하다. 그동안 한 번도 돈에 대해서 제대로 배워볼 기회가 없었기 때문이다. 학교에서든 가정에서든 돈에 대한 이야기는 금기시되어왔다. 돈에 대해 이야기하려고 하면 어린 나이에 돈만 밝힌다며 핀잔을 듣기 일쑤였다. 한 번도 제대로 배워본 적이 없으니 돈 관리가 어렵게 느껴지는 것은 당연하다.

앞에서 이야기했듯이 문제가 있다면 그에 맞는 해결책을 찾아 자기 삶에 변화를 주어야 한다. 단순히 하던 일을 더 열심히 하면 해결될 거라는 생각은 버려야 한다. 돈 문제로 고민하고 있다면 이제부터라도 제대로 된 돈 관리를 할 수 있도록 지금부터 공부해보자.

지금 당장 돈 관리를 시작해야 하는 이유

'인생은 B와 D 사이의 C다'라는 말이 있다. 각각의 알파벳이 의미하는 바가 있는데, B는 '탄생'을 의미하는 'Birth'이고, D는 '죽음'을 의미하는 'Death'다. 그러면 C는 무엇일까? 여기서 C는 '선택'을 의미하는 'Choice'다. 즉, '인생은 태어나서 죽을 때까지 선택의 연속이다'라고 이해하면 좋을 것이다. 하지만 필자는 여기에 선택을 의미하는 'Choice' 대신 돈을 의미하는 'Cash'를 넣고 싶다. 인간은 태어나서 죽을 때까지 돈이 없으면 살 수 없기 때문이다.

일할 수 있는 시간이 짧아졌다

생애주기가설(Life Cycle Income Hypothesis)이란 모딜리아니와 브룸버그 그리고 안도에 의해 전개된 소비이론으로, 사람들은 현재의 소득과 미래의 소득을 감안하여 현재의 소비를 결정한다는 이론이다. 생애주기가설에 따르면 개인이 한평생 벌어들이는 소득과 지출하는 소비를 다음의 그림처럼 표현할 수 있다.

▪ 생애주기가설 ▪

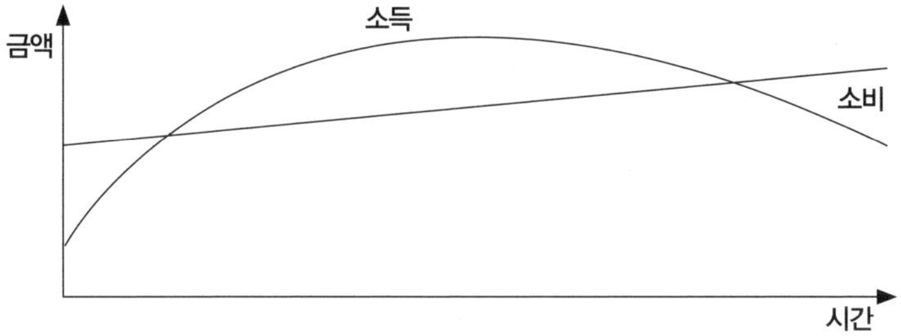

사회 초년기와 노년기에는 소득 수준이 낮은 반면 중장년기에는 소득 수준이 높다. 그러나 소비 수준은 소득 수준과 달리 시간이 지날수록 꾸준히 상승하는 모습을 보이고 있다. 이 이론에 따르면 젊을 때는 소득에 비해 소비가 많아 부채를 지게 되지만 중장년이 되면서 부채를 청산할 수 있고, 이때 모은 자산을 기반으로 노년에 부족한 소득을 대체해 나갈 수 있다.

그러나 이제는 생애주기가설을 현재 상황에 적용하기 어렵게 되었다. 일을 해서 돈을 벌 수 있는 시간이 점점 짧아지고 있기 때문이다. 대학생들은 좋은 일자리를 구하기 위해 졸업도 미루고 취업 준비를 하고, 그러다 보니 과거에 비해 첫 직장을 갖는 시기가 점점 늦어지고 있다. 어렵게 취업에 성공해도 여러 가지 이유로 2년이 채 되지 않아 회사를 그만두는 경우가 많다. 돈을 모을 틈이 없다 보니 자연스럽게 결혼을 미루게 되고 덩달아 출산도 늦어진다. 하지만 퇴직은 점차 빨라지고 평균수

명도 지속적으로 늘어나고 있다. 중장년기에 모은 돈으로 젊은 시절의 부채를 갚고, 이를 바탕으로 노년기에 소비를 하기에는 일을 할 수 있는 기간 자체가 너무 짧아졌다.

▪ 과거와 현재의 시간 직선 ▪

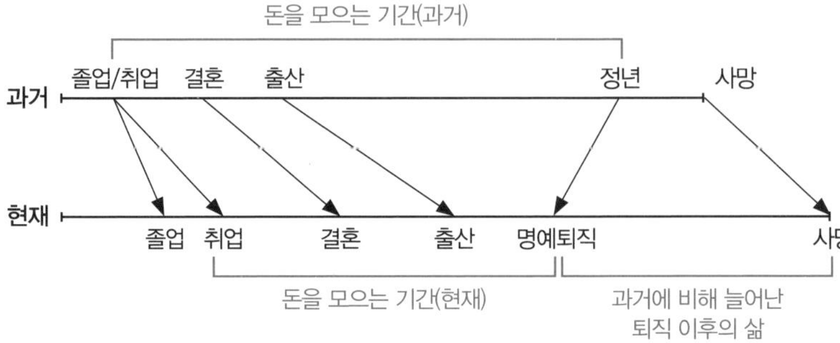

이렇듯 돈을 모을 수 있는 절대 시간이 감소한다는 것은 우리 스스로 미래를 위해 대비할 수 있는 시간적 여유가 점점 줄어들고 있다는 것을 의미한다. 덕분에 이제는 첫 월급을 받는 순간부터 정신차리고 돈을 관리하려는 노력이 필요하게 되었다. 월급을 받는 사회인으로서 자리잡았다는 생각에 그동안 못했던 소비를 마구 늘린다면 귀중한 시간을 낭비하는 꼴이 될 것이다.

가성비 높이는 돈 관리 방법

이제라도 힘들게 번 월급을 제대로 관리해보자. 언제까지나 월급이 적다고 불평하며 살 수는 없다. 월급을 마음대로 올릴 수 없다면 주어진 월급을 제대로 사용해 소위 말하는 가성비를 높여보자. 같은 월급을 받더라도 돈을 어떻게 관리하고 어떻게 쓰느냐에 따라 시간이 흐르면서 그 격차가 점점 더 커질 수밖에 없다.

그래서 이 책에서는 돈 관리 방법에서부터 돈을 제대로 운용하는 데 필요한 다양한 기본 지식을 알려줄 것이다. 앞으로 이 책에서 제시한 돈 관리 방법을 본인의 생활에 차근차근 적용해간다면 돈에 대한 만족도는 물론이고 통장의 잔고도 점차 늘어날 것을 확신한다.

돈 관리 5단계

모든 일에는 순서가 있다. 바쁘다고 이러한 순서를 무시하고 일을 추진하다 보면 일이 뒤죽박죽 꼬이게 되어 오히려 일 처리가 더 늦어지게 마련이다. 돈 관리도 마찬가지다. 돈 관리라 하면 자산을 잘 운용하여 높은 수익을 내는 것으로만 생각하는 사람도 있겠지만 이는 돈 관리의 일부일 뿐이다.

집을 짓기 위해서는 먼저 자신의 예산에 맞는 최적화된 설계도를 만들어야 한다. 그런 후에는 땅을 파고 기초를 다지는 작업을 한다. 멋지고 튼튼한 집을 짓기 위해서는 기초를 다지는 과정이 반드시 필요하기 때문이다. 이렇게 기초를 다진 후에야 비로소 멋진 집을 지을 수 있다. 각 단계는 다음 단계와 유기적으로 연결되어 있기 때문에 이전의 단계는 다음 단계의 성공을 위해 반드시 거쳐야 하는 과정이다.

돈 관리는 집을 짓는 과정과 비슷하다. 지금부터 돈 관리를 5단계 과정으로 나누어 살펴보도록 하자.

▪ 돈 관리 5단계 ▪

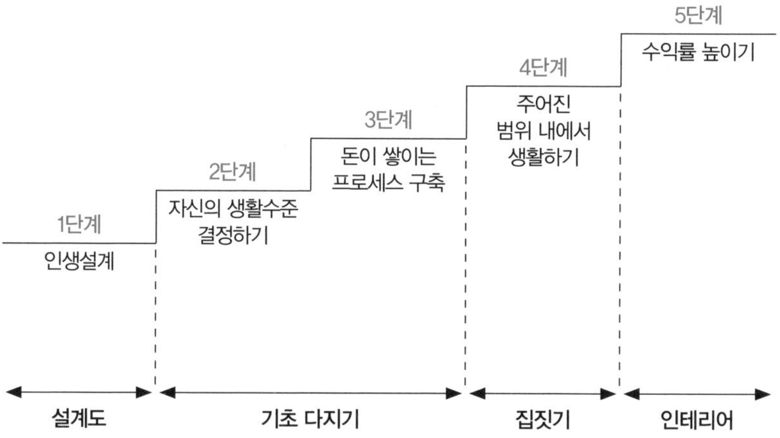

1단계 : 인생설계

자신의 인생에 대해 충분히 고민하고 자신만의 인생을 설계하라. 자신만의 인생을 설계해야 하는 이유는 수없이 많지만, 그중 돈 관리 측면에서 살펴본다면 막연히 부자가 되기를 꿈꾸기보다는 돈을 모으고자 하는 목적을 보다 명확히 할 수 있기 때문이다. 이를 통해 자기 자신에게 확실한 동기를 부여하고, 인생을 긴 안목으로 살펴봄으로써 한쪽으로 치우치지 않고 균형 잡힌 소비를 할 수 있다.

2단계 : 자신의 생활수준 결정하기

인생설계를 통해 삶의 균형을 잡기 위한 실질적인 방법이 바로 자신의 생활수준을 결정하는 일이다. 자신의 생활수준을 결정한다는 것은 한정된 월급을 가지고 '현재의 나'와 '미래의 나'를 위해 적절히 배분하는 과정이다. '현재의 나'를 위한 것이 지금 당장의 소비라면 '미래의 나'를 위한 것은 내일을 위한 저축이다. '현재의 나'를 위해 너무 많이 소비한다면 상대적으로 '미래의 나'를 위한 소비는 줄어들 수밖에 없다.

▪ 2단계 자신의 생활수준 결정하기 ▪

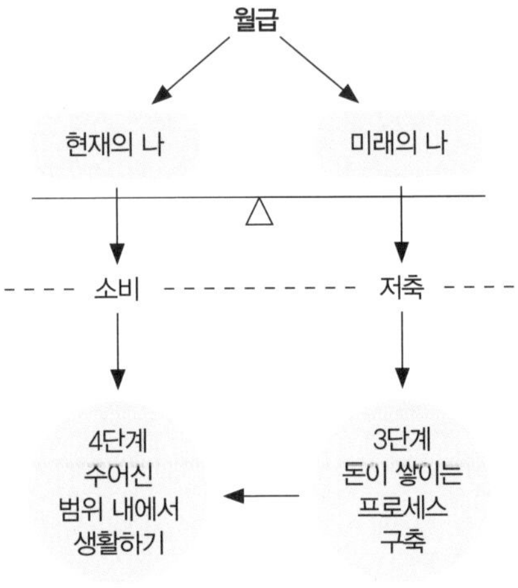

누구나 평생 일할 수 있다면 아무 걱정 없겠지만 언젠가는 퇴직을 하고 매월 받던 월급이 사라지는 경험을 하게 될 것이다. 이때를 대비해 '미래의 나'에 대한 준비가 필요하다. 즉, 자신의 생활수준을 결정하는 것은 월급을 소비와 저축에 적절히 배분하는 과정인 셈이다.

자신의 생활수준을 결정하는 과정이 중요한 이유는 이를 통해 3단계 '돈이 쌓이는 프로세스 구축'에 있어 중요한 저축액을 결정할 수 있을 뿐만 아니라 다음으로 이어질 4단계 '주어진 범위 내에서 생활하기'를 위한 자기통제의 수단으로 활용할 수 있기 때문이다.

3단계 : 돈이 쌓이는 프로세스 구축

2단계를 통해 '미래의 나'를 위한 저축의 규모가 정해졌다면 자동화된 시스템을 통해 내가 신경쓰지 않아도 돈이 쌓이도록 만들어야 한다. 이

것이 바로 돈이 쌓이는 시스템이다. 이 시스템의 핵심은 월급이 들어오면 다른 어떤 것보다도 '미래의 나'를 위한 저축이 가장 먼저 빠져나갈 수 있도록 자동이체를 활용하여 인출 순서를 설정하는 것이다.

급여의 많고 적음을 떠나 대부분의 사람들에게 돈 문제가 발생하는 이유는 자신의 월급에 맞춰 소비 수준을 결정하기 때문이다. 하지만 시간이 흘러 회사를 떠나는 순간 가장 먼저 사라지는 것이 바로 월급이다. 월급이 사라지는 그날을 대비해 월급을 '현재의 나'와 '미래의 나'를 위해 적절히 배분해야 한다. 2단계를 통해 '현재의 나'를 위한 생활수준을 결정했다면 이제 '미래의 나'를 위해 가장 먼저 자금을 떼어놓아라. 그래야 비로소 월급에서 '미래의 나'를 위한 자금을 제외한 나머지 금액을 기준으로 자신의 소비 수준을 가늠할 수 있을 것이다. 이러한 인식이 확실히 자리잡으면 4단계 '주어진 범위 내에서 생활하기'도 가능해질 수 있다.

4단계 : 주어진 범위 내에서 생활하기

어제와 같은 오늘을 살면서 다른 인생을 꿈꾸는 것은 정말 바보 같은 짓이다. 진정 지금과 다른 삶을 원한다면 변화를 위해 노력해야 한다. 그런 측면에서 본다면 '현재의 나'를 위해 배분된 자금을 가지고 제한된 범위 내에서 살기 위한 노력이야말로 자신의 삶을 변화시킬 가장 구체적인 행동이다. 그래서 이번 단계의 성공 여부가 전체 프로세스에 있어 가장 중요하며, 사실 1, 2, 3단계는 4단계의 성공을 위한 준비 단계였다고 보아도 무방하다.

5단계 : 수익률 높이기

3단계가 '미래의 나'를 위한 저축을 늘리기 위해 필요한 과정이었다면, 마지막 5단계는 어렵게 모은 돈을 잘 운용하여 수익률을 높이기 위한 과정이다. 아마도 대부분의 사람들이 생각하는 '돈 관리'가 이 범주에 포함될 것이다.

이제는 과거처럼 높은 수준의 이율을 제공하는 예금이나 적금을 찾아보기 어렵다. 지금 같은 저금리 상황에서는 열심히 저축을 해도 막상 만기에 손에 쥔 금액을 보면 이자라고 말하기에도 부끄럽다. 이율이 낮다 보니 저축이 필요없다고 생각하는 사람도 많을 것이다. 하지만 이자가 아무리 적더라도 저축은 반드시 필요하다. 다만 지금 같은 시기에는 이자를 노리고 저축을 한다기보다는 저축액 자체를 늘리는 방향으로 접근하는 것이 맞다. 그리고 여기에 정기예금 플러스 알파 정도의 수익률을 추구하는 투자전략이 필요하다.

지금은 누구나 다 아는 저성장, 저금리 시대다. 저성장, 저금리 시대의 투자방법은 과거 고성장, 고금리 시대의 투자방법과 달라야 한다. 과거 고성장, 고금리 시대에서는 무리한 부채를 바탕으로 수익률을 극대화하는 전략이 통했다. 특히 부동산시장에서는 이러한 방법이 정석으로 받아들여졌다. 하지만 저성장, 저금리 시대에는 리스크 관리가 무엇보다도 중요하다. 고성장, 고금리 시대에는 한 번 실패하더라도 다른 곳에서 만회할 수 있는 기회가 많았지만 지금은 상황이 많이 다르기 때문이다. 지금과 같은 저성장, 저금리 시대에서는 한 번 실패하면 이를 만회할 마땅한 방법이 없다. 그래서 최대한 원금을 지키기 위해 위험을 줄이는 안전한 투자방법이 필요한 것이다. 그런 측면에서 본다면 이자가 0%에 가까움에도 불구하고 대부분의 자산을 예금으로 운용하고 있는 일본의 사례는 우리에게 시사하는 바가 크다.

▪ 국가별 가계 금융자산의 구성 현황 ▪

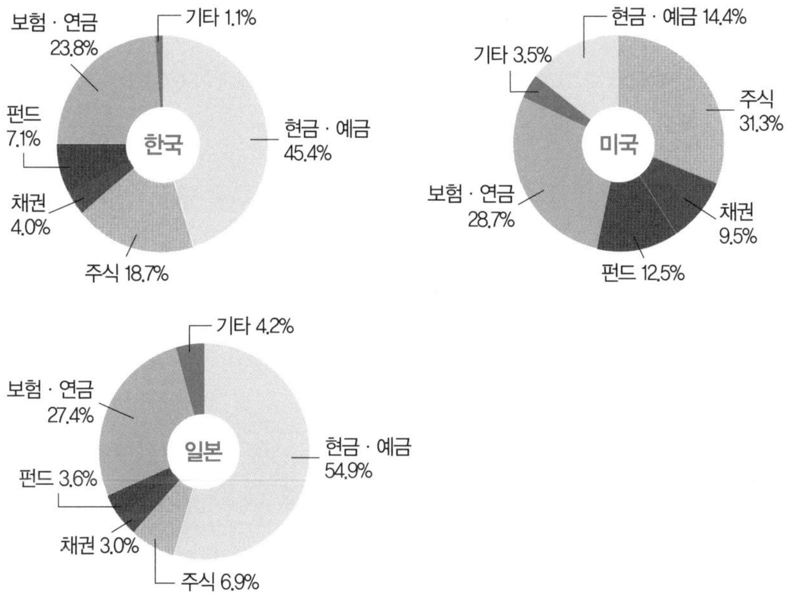

알면 도움이 되는 금융상식 1

잠자는 내 돈 손쉽게 찾는 방법

그동안 휴면금융재산을 찾기 위해서는 관련 기관이 운영하는 조회 시스템을 일일이 방문해야 하는 번거로움이 있었지만, 2017년 2월부터는 이러한 불편함이 사라졌다. 금융감독원에서 운영하고 있는 금융소비자 정보 포털사이트인 파인(fine.fss.or.kr) 홈페이지를 통해 손쉽게 휴면금융재산을 조회할 수 있기 때문이다.

파인 초기화면에서 '잠자는 내 돈 찾기'를 클릭하면 휴면금융재산별로 조회할 수 있는 화면이 나온다. 이곳을 통해 은행, 보험사, 증권사, 우체국 등에서 장기간 찾아가지 않아 소멸시효가 완성된 예금 및 보험금, 휴면성 증권, 미수령 주식, 미환급 공과금 등을 손쉽게 조회할 수 있다.

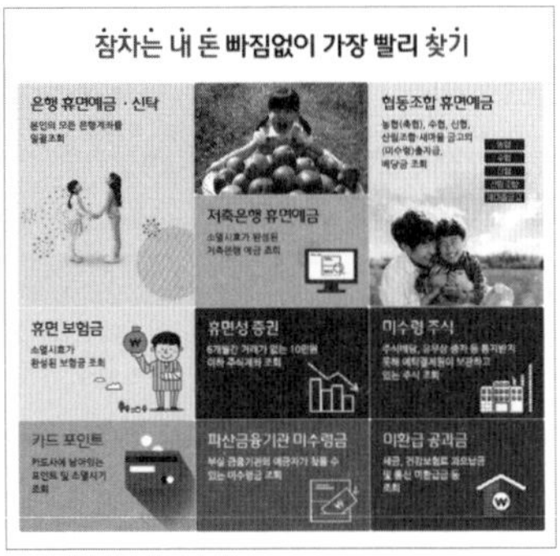

푸어족(poor族) 전성시대, 인생설계가 답이다

다소 우울한 이야기지만 요즘은 다양한 형태의 푸어족(poor族)들이 넘쳐나고 있다. 푸어족이란 '가난한'이라는 뜻의 영어 단어인 'poor'와 '그룹'을 의미하는 한자인 '족(族)'이 합쳐져서 만들어진 단어다. 보통은 경제적으로 궁핍해진 원인이 되는 단어와 '푸어(poor)'를 붙여서 사용하는데 이러한 집단을 가리켜 무슨무슨 푸어족이라고 한다. 대표적인 것이 바로 하우스 푸어(house poor)다. 하우스 푸어란 집을 보유하고 있으나 무리한 대출로 이자 부담을 견디기 힘들어 정상적인 생활이 어려운 사람들을 가리키는 말이다. 이 밖에도 렌트 푸어, 에듀 푸어, 웨딩 푸어 그리고 학자금 푸어 등 다양한 형태의 푸어족들이 있다.

▪ 다양한 형태의 푸어족들 ▪

워킹 푸어	낮은 임금으로 인해 열심히 일해도 가난에서 벗어나지 못하는 사람들
학자금 푸어	대학을 졸업하자마자 학자금대출 상환으로 경제적 어려움을 겪는 사람들
웨딩 푸어	형편에 맞지 않는 과도한 결혼 준비로 결혼과 동시에 빚을 지면서 시작하는 부부들
렌트 푸어	높은 주택 임대비용으로 인해 저축할 여력이 없는 사람들
베이비 푸어	임신, 출산 그리고 육아 비용을 과도하게 사용하여 경제적 어려움을 겪는 가정들
에듀 푸어	과도한 자녀교육비로 인해 경제적으로 어려움을 겪는 사람들
실버 푸어	노후에 대한 준비 부족으로 인한 노인 빈곤층들

워킹 푸어나 학자금 푸어 등 본인의 의사와 상관없이 자신이 처한 상황이나 사회구조적인 문제로 인해 푸어족이 되는 경우도 물론 있다. 하지만 대부분은 어느 한곳에 너무 많은 돈을 쓴 나머지 그 외의 것들에서 정상적인 생활을 영위하기가 어려워졌다는 공통점이 있다. 당연한 이야기지만 직장인의 경우 월급이 고정되어 있다 보니 어느 한쪽의 지출을 너무 많이 늘리면 다른 곳에 사용할 수 있는 돈은 줄어들 수밖에 없다. 그런 측면에서 본다면 일부 앞뒤 안 가리고 저지르고 보는 사람들도 있겠지만, 대부분의 푸어족들은 정상적인 생활이 어려울 것임을 알면서도 그것의 가치를 높게 평가하여 다른 것들을 희생하기로 선택한 것이다.

힘들어도 자신의 집을 가지고 있는 것에 더 많은 가치를 둔 하우스 푸어, 자녀의 교육 혹은 회사 문제로 더 많은 주택 임대비용을 지불하더라도 그곳에 살기로 결정한 렌트 푸어, 자녀의 미래를 위해 본인의 희생을 감수하기로 마음먹은 베이비 푸어와 에듀 푸어 등 각자의 사연은 다양할 것이다.

▪ 연령대별 푸어족 유형 ▪

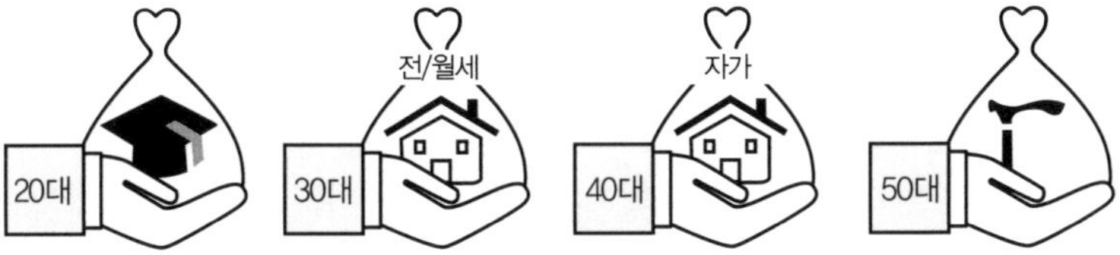

인생의 균형을 잡아라

사회구조적인 문제를 떠나서 푸어족이 되는 가장 근본적인 원인은 인생 전반에 대한 충분한 고민이 없었기 때문이다. 한 번이라도 자신의 인생에 대한 고민이 있었다면 한쪽으로 치우친 이와 같은 선택은 하지 못했을 것이다. 현재만 사는 사람에게는 내일이란 존재하지 않는다. 내일이 없다고 믿기 때문에 이와 같은 선택이 가능했던 것이다.

모든 푸어족들의 종착역은 바로 노인 빈곤층인 실버 푸어다. 모든 돈 문제는 최종적으로 노후 빈곤으로 이어질 수밖에 없기 때문이다. 특히 자녀의 미래를 위해 자신의 미래를 희생한 베이비 푸어와 에듀 푸어의 경우 자신의 노후를 자녀의 미래와 바꾼 셈이다. 하지만 이러한 선택에 자녀의 의사는 철저히 무시되어 있다. 본인들의 잘못된 선택이 부메랑이 되어 자녀의 미래까지 옭아매게 되었지만 그들의 선택이 과연 옳았는지, 그리고 자녀들 또한 부모와 생각이 같았는지는 아무도 알 수 없다. 선택은 부모가 하고 자식이 그것에 대해 책임져야 하는 상황, 참으로 안타깝기 그지없다.

돈 관리에 있어 인생설계가 무엇보다도 선행되어야 하는 이유는 첫째,

인생의 균형을 잡기 위해서다. 요즘은 개개인의 가치관이 다양해지면서 일률적으로 적용하기는 어렵겠지만 인간이라면 누구나 경험하게 되는 사건들이 있다. 결혼, 출산, 육아, 자녀교육, 주택 구입, 퇴직 및 은퇴 등이 바로 그것이다. 인생 전반에 대한 계획을 세우면 이런 것들에 대한 균형 잡힌 시각을 가질 수 있다. 둘째, 한정된 자원을 효율적으로 분배할 수 있다. 인생에 대한 균형 잡힌 시각을 바탕으로 현재 본인이 가진 재산과 앞으로 벌어들일 수입을 고려하여 인생 전반에 적정하게 배분함으로써 특정 시기에 너무 많은 돈을 쓰는 것을 막을 수 있다. 마지막으로 낭비를 줄여준다. 내일에 대한 목표가 있는 사람은 오늘 하루를 허투루 살지 않는다. 내일에 대한 기대가 오늘의 낭비를 막을 수 있는 이유가 여기에 있다.

인생설계,
어떻게 해야 하나

앞에서 인생설계의 필요성에 대해 이야기했다면 이번에는 인생을 설계하는 구체적인 방법에 대해 알아보자. 먼저 1단계 인생설계는 개인이라면 태어나서 죽을 때까지 전 생애기간 동안 일어날 수 있는 기본적인 사건들, 예를 들어 취직, 결혼, 자녀 양육 및 교육, 퇴직, 은퇴 등 일련의 사건(Life Cycle)에 자기만의 인생 목표(버킷 리스트)를 덧붙여 만들 수 있다.

인생설계 = 생애주기(Life Cycle) + 버킷 리스트

다음 페이지의 '나만의 인생설계표'를 살펴보면, 일단 주요 이슈에는 인간이라면 누구나 연령대별로 경험하게 되는 사건들이 나열되어 있다. 물론 요즘은 사람들의 가치관이 다양해지면서 결혼을 하지 않기로 마음먹었거나 결혼을 하더라도 아이를 낳을 계획이 없는 사람들도 있다. 어떤 사람은 취업 10년 후에는 자신만의 사업체를 갖기로 마음 먹은 사람

▪ 나만의 인생설계표 ▪

구분	주요 이슈	주요 재무목표	필요자금
20대	졸업 취직	결혼 자금 마련 전세 자금 마련	
30대	결혼 자녀 출산/육아	주택 구입 자금 자동차 구입 자금 ***부모님 여행 보내드리기**	
40대	자녀교육 노후 준비	주택 규모 넓히기 노후 생활비 준비 ***결혼 10주년 여행**	
50대	자녀 대학 입학 퇴직/제2의 인생 준비	자녀 대학 등록금 자녀 결혼 자금 마련 ***퇴직 후 카페 창업하기**	
60대 이후	자녀 결혼 제2의 인생 시작		

주) 주요 재무목표 내 *표시의 버킷 리스트는 큰 돈이 필요한 내용임.

도 있을 것이다. 주요 이슈는 일반적인 상황을 가정해서 적어놓은 것이기 때문에 각자의 상황에 맞게 뺄 것은 빼고 더할 것은 더해주면 된다.

주요 재무목표에는 주요 이슈 중 거액의 자금이 필요한 사건들 위주로 나열했다. 일반적인 상황을 가정해서 만든 것이니 자신의 필요에 의해 추가로 넣거나 빼도 된다. 여기에 추가되는 부분은 본인의 버킷리스트 중 사전에 자금을 준비해두지 않으면 실행하기 어려운 사건들이다. 대신 매월 들어가는 육아 비용, 자녀교육 비용 그리고 자신의 버킷리스트 중 소소한 비용이 들어가는 것들은 제외했다. 이런 비용들을 정확히 산출하는 것도 나름 중요한 의미를 가질 수 있으나 이런 자금들은 본인의 생활비 내에서 소비되는 경향이 큰 것들이기에 여기서는 생략한 것이다.

이제 리스트가 완성됐다면 각각의 사건이 발생할 때 필요한 자금의 규모를 대략적으로 써보자. 금액이 정확할 필요는 없다. 그저 본인이 이 정도는 필요하다고 생각하는 수준에서 써보면 된다. 이러한 수치는 전체적으로 필요한 금액 수준을 가늠하기 위한 것이기 때문에 정확한 금액을 산출하려고 스트레스 받을 필요는 없다.

'나만의 인생설계표'를 완성하고 나면 많은 사람들이 자신이 모아야 할 금액을 보고 놀라게 될 것이다. 하지만 너무 걱정할 필요는 없다. 앞에서도 설명한 바와 같이 전체적인 인생의 그림을 그리고 각 항목에 필요한 자금을 산출하는 것은 단지 인생 전반에 대한 고민을 바탕으로 자신의 인생에 대한 균형을 찾고 자원을 효율적으로 배분하기 위한 수단일 뿐이기 때문이다. 이러한 생각이 머릿속에 깊이 박혀 있을 때 비로소 내일에 대한 준비를 단단히 할 수 있는 각오를 다질 수 있다.

다행인 것은 세상에는 다양한 가격이 존재한다는 사실이다. 도저히 모을 수 없는 금액이라 생각된다면 원하는 수준을 다소 낮추면 된다. 그것도 싫다면 저축액을 늘리든지 수익률을 높이면 된다. 어느 것을 선택해도 좋다. 자신이 제일 잘 할 수 있는 방법을 골라 실행하면 된다.

버킷 리스트로 인생을 풍요롭게 만들자

버킷 리스트를 작성할 때는 깊이 있는 고민이 필요하다. 버킷 리스트가 중요한 이유는 자기 삶에 재미를 추구하기 위해서다. 자신의 인생에 재미를 찾지 못한 사람은 돈이 인생의 중심에 서게 될 확률이 높다. 행복한 삶을 위해서라도 자기 자신이 인생의 중심이 되어야 한다. 돈은 단지 인생을 보다 풍요롭게 살 수 있도록 도와주는 수단일 뿐이다. 그런 측면에서 인생설계를 중심으로 한 재무설계보다는 버킷 리스트에 더 많은 관심을 가지고 깊게 생각할 필요가 있다.

긴 인생, 긴 안목을 가지고 장기적으로 준비해야 하는 항목들도 분명 있다. 하지만 버킷 리스트를 요즘 유행하는 '죽기 전에 꼭 해야 할 100가지'처럼 다소 거창한 것들로 채워나가기보다는 지금 당장, 올해 안에 또는 향후 몇 년 안에 할 수 있는 일들에 대한 고민들로 채워나가는 것이 좋다. 이러한 소소한 일들이 쌓여야 비로소 인생이 즐거워지고, 자신의 삶에 만족해야 낭비도 줄일 수 있기 때문이다.

생활수준부터 결정하자

인생설계를 통해 자신의 전 생애를 통틀어 필요한 자금의 규모를 알게 되었을 것이다. 하지만 단지 아는 상태에서 끝낸다면 아무 의미가 없다. 오랜 시간을 들여 자신의 인생에 대해 깊게 고민한 이유는 이러한 고민을 바탕으로 자신의 재무목표를 설정하고 이를 달성하고자 본격적으로 준비해 나가기 위해서다. 단순히 돈을 많이 모아 부자가 되겠다고 결심하기보다는 향후 필요한 자금의 규모를 파악하고 보다 구체적인 목표를 세우는 것이 목표 달성의 측면에서 볼 때 훨씬 실현 가능성이 높기 때문이다.

'현재의 나'와 '미래의 나' 둘 중 어디에 더 무게중심을 둘지는 사람마다 다르다. 어떤 사람은 자신의 재무목표 달성에 초점을 두고 '미래의 나'를 위한 저축에 좀 더 무게중심을 둘 수 있다. 반면 어떤 사람은 현재를 즐기는 것에 초점을 두고 '현재의 나'를 위한 소비에 좀 더 무게중심을 둘 수도 있다. 어디에 무게중심을 두든지 상관없다. 자신의 미래에 대해서 고민을 시작했다는 것이 중요하다.

필자는 '현재의 나'를 위한 소비를 분석하여 낭비를 최대한 줄이고 남는 돈으로 '미래의 나'를 위해 저축하는 방법을 추천하는 바다. '현재의 나'만을 위한 무리한 소비도 문제지만 '미래의 나'를 위해 '현재의 나'에게 일방적인 희생을 강요하는 것 역시 옳지 않기 때문이다. 게다가 더 빨리 부자가 되고 싶은 나머지 자신의 현재 생활수준에 대한 고민 없이 무조건적인 절약을 통해 무리한 계획을 세우는 것은 십중팔구 실패로 귀결될 수밖에 없다.

다음은 생활수준을 결정하기 위한 3단계다.

1단계 : 소비 리스트 작성

우선 자신이 지출한 한 달간의 소비 리스트를 작성해보자. 쉽게 말해 가계부를 써보자. 부담스러워할 필요는 없다. 과거와 달리 요즘은 스마트폰이 보편화되어 자신의 소비를 기록하는 일이 그리 어렵지 않다. 다양한 형태의 메모장이나 가계부 앱을 사용한다면 의외로 쉽게 작성할 수 있을 것이다.

또한 신용카드나 체크카드 사용이 보편화되면서 언제 어디서든 자신의 결제 내역을 상세히 들여다볼 수 있다. 하지만 물건을 구입한 곳의 상호명과 결제되었다고 표시된 곳의 상호명이 일치하지 않는 때도 많다. 이 경우 어디에서 썼는지 헷갈리기 쉬우므로 다소 번거롭더라도 결제 즉시 또는 그날 자기 전까지는 반드시 자신의 소비 내역을 정리하는 것이 좋다.

2단계 : 소비습관 파악하기

대부분의 사람들은 금전적인 문제가 발생하는 이유는 단지 자신의 수입이 적기 때문이라고 생각한다. 그래서 돈 벌 궁리는 열심히 하지만 정작 어떻게 써야 할지에 대해서 고민하는 경우는 거의 없다. 하지만 잘못된 소비로 인해 자신도 모르는 사이에 돈이 새어나가고 있다면 아무리 돈을 많이 벌어도 결코 돈 문제에서 벗어날 수 없다. 그래서 필요한 것이 바로 자신의 소비습관을 파악하려는 노력이다.

소비는 습관이다. 습관적으로 소비한 돈은 기억 속에서 잊혀진다. 많은 사람들이 월급은 받았는데 도대체 돈이 어디로 다 사라졌는지 모르겠다고 하소연하는 이유도 바로 여기에 있다. 그런데 돈이 어디로 사라졌는지 모른다고 아우성이지만 정작 돈이 어디로 사라졌는지 파악하려는 노력조차 하지 않는다는 것이 가장 큰 문제다. 이렇게 불평만 하는 사람들은 절대 돈을 모을 수 없다.

작성된 소비 리스트를 점검해보면서 지출한 금액이 적정한지, 불필요한 소비는 아닌지 반성해보자. 우리의 소비를 살펴보면 출퇴근에 필요한 교통비, 회사에서 사먹는 점심값 그리고 각종 공과금처럼 우리가 살아가기 위해 반드시 필요한 소비도 있지만, 반면 남에게 보여주기 위해서 혹은 순간의 편리함을 위해서, 이것도 아니라면 아무런 만족감도 느끼지 못하면서 그냥 습관적으로 쓰는 돈도 많다.

충분히 더 사용할 수 있는데도 주기적으로 스마트폰을 신상품으로 교체하는 사람, 대중교통을 이용해서 집에 갈 수 있음에도 택시를 타고 다니는 사람, 마음에 드는 물건은 반드시 손에 넣어야 직성이 풀리는 사람,

옷이나 구두를 필요 이상으로 많이 가지고 있는 사람 등 생각해보면 불필요하게 낭비되는 돈이 많이 있을 것이다. 이런 소비 패턴은 자신이 적극적으로 파악하려고 노력하지 않으면 알기 어렵다. 습관은 스스로 인지하기 어렵기 때문이다.

작성된 리스트를 보면서 객관적인 시각으로 자신의 소비습관을 파악하려 노력하자. 혼자 힘으로 어렵다면 평소 자신을 잘 알고 있는 가족이나 지인들에게 조언을 구하는 것도 좋은 방법이다.

3단계 : 낭비요인 제거하기

자신의 소비습관에서 낭비요인을 발견했다면 이제는 이를 제거했을 때 필요한 생활비 수준에 대해 감이 잡힐 것이다. 나쁜 습관을 고치기 위해서는 오랜 시간이 걸리기 때문에 한 번에 없애려 하기보다는 의도적으로 횟수를 줄이거나 좀 더 저렴한 대체재를 찾아 소비에 있어 가성비를 높여주는 방향으로 목표를 설정하자. 이러한 노력이 몸에 체화되면서 줄어드는 낭비만큼 '미래의 나'를 위한 저축액을 높여주면 된다. 저축은 마라톤과 같다. 인생이라는 짧지 않은 경주 내내 꾸준히 본인의 속도를 유지하는 것이 중요하다. 1~2년 바짝 모은다고 끝나는 것이 아니기에 처음부터 너무 무리해서는 안 된다.

사실 우리는 그동안 돈을 모으기 위해서 꾸준히 노력해왔다. 하지만 그러한 시도는 번번이 실패로 끝났다. 왜일까? 순서가 잘못됐기 때문이다. 사람들은 돈을 모으기 위해 가장 먼저 저축 목표액을 설정한다. 그런데 과도한 목표를 세우고 이를 달성하기 위해 허리띠를 확 졸라매다 보니 스스로도 상당한 스트레스를 받을 수밖에 없었고, 대다수는 이를 극복해내지 못했다. 이제 순서를 바꿔 본인의 생활수준부터 확정하고 이에 맞는 저축 목표액을 설정한다면 시작은 미약해 보일지라도 성공 가능성은 훨씬 높아질 것이다.

돈이 쌓이는 시스템을 만들자

은행에 근무하면서 적금이나 펀드 가입을 권유하면 제일 많이 듣는 말이 지금은 여유가 없으니 다음에 와서 가입하겠다는 것이었다. 하지만 대부분은 시간이 한참 지난 후에도 역시 저축할 여력이 없다. 저축하기 좋은 날이란 절대 오지 않는다.

지금까지 우리는 월급이 들어오면 일단 쓰고 남는 돈으로 저축해야 한다고 생각해왔다. 그리고 통장에 여유가 있다 하더라도 나중에 갑자기 돈이 필요한 일이 생길지도 모르니 적금을 붓기보다는 그냥 통장에 내버려두는 편이 낫다고 생각했다.

그런데 앞에서도 말했다시피 월급이 많든 적든 상관없이 본인이 일정 부분 저축을 하겠다는 강한 의지가 없는 이상 쓰고 남는 돈이란 있을 수 없다. 게다가 우리가 생각하는 '급하게 돈이 필요한 경우'도 1년에 한 번 일어날까 말까 한 아주 드문 일이다.

나를 위해 돈을 지불하라

돈이 통장에서 빠져나가는 순간 누군가는 이익을 보기 마련이다. 신용카드 대금으로 빠져나가면 신용카드 회사가 이익을 보는 것이고, 전화요금으로 빠져나간다면 통신회사가 이익을 보는 것이다. 많이 빠져나갈수록 받는 입장에서는 이익이 커진다.

많은 직장인들은 월급이 들어오자마자 로그아웃된다고 한탄한다. 그런데 월급이 빠져나간 수많은 리스트를 들여다보면 자신을 위한 지출은 없다. 다 남 좋은 일만 시키는 것이다. 자신을 위한 소비, 예를 들어 자신의 전문성을 높이기 위해 책을 사서 읽거나 학원을 다니거나 또는 자신의 건강과 외모를 위해 운동을 하고 관리를 받고 이에 맞는 의상을 구입하는 등 장기적으로 나의 가치를 올리는 긍정적인 소비활동도 분명히 있다. 이런 소비를 통해 이익을 보는 것은 분명 나 자신이라고 항변하는 사람도 있을 것이다. 하지만 자기계발 차원이 아니라 돈 관리 측면에서 본다면 나를 위해 소비하는 것도 결국은 다른 누군가의 이익일 뿐 진짜 나를 위한 것은 아니다.

그런데 만약 이 돈이 적금이나 펀드 통장으로 빠져나간다면 누가 이익을 볼까? 바로 자기 자신이다. 결국 돈이 어디로 흘러가느냐에 따라 그 돈을 최종적으로 가지고 있는 사람이 이익을 보는 것이다. 돈을 모으는 사람과 그렇지 않은 사람의 차이는 간단하다. 가장 먼저 나를 위해 돈을 사용하는 사람은 돈을 모을 것이고, 그렇지 않은 사람은 돈을 모을 수 없다. 즉, 누구를 위해 가장 먼저 돈을 지불하느냐가 중요한 포인트다.

지출의 순서를 바꾸자

아마도 대부분은 통장에 월급이 들어오면 다음과 같은 차례로 인출될 것이다.

월급 입금 → 신용카드 대금 출금 → 통신비, 아파트 관리비, 각종 공과금 출금 → 대출 원리금 상환 → 보험료 → 적금/펀드

순서에서 차이는 있을지언정 대부분은 앞의 예시처럼 자신을 위한 지출이 가장 늦게 출금될 것이다. 직장인 중 절반 정도는 월급이 들어오고 평균 15일이 지나면 통장에 남는 돈이 없다고 한다. 다른 사람을 위해 가장 먼저 돈을 지불하다 보니 나를 위해 지불할 돈이 남아 있을 리 없다. 운이 좋아 남는 돈이 있다 하더라도 대부분은 액수가 불규칙하기 때문에 따로 모아둘 엄두를 내지 못한다. 그러다 보면 자연스럽게 남은 돈도 모두 써버리게 된다.

하지만 이러한 순서가 잘못됐다고 생각하는 사람은 아무도 없다. 자신을 위해 적금할 돈이 없다고 해서 당장 문제가 생기는 것은 아니기 때문이다. 그런데 이 문제는 쌓이고 쌓여 매월 들어오던 월급이 끊기는 순간 한 번에 터지게 된다. 그때는 마땅히 손쓸 방법도 없다.

이제는 다음과 같이 지출의 순서를 바꿔보자.

월급 입금 → 적금/펀드 → 보험료 → 대출 원리금 상환 → 통신비, 아파트 관리비, 각종 공과금 출금 → 신용카드 대금 출금

월급이 들어오면 나를 위한 지출이 가장 먼저 출금되도록 하자. 적금과 펀드에 가장 먼저 돈이 들어가도록 만들고 다음에 보험료 그 다음에 대출 원리금이 빠져나가도록 하는 것이다. 월급이 들어온 이후의 순서를 역순으로 바꾸어주면 된다.

순서를 바꿔 나를 위해 가장 먼저 지출하라는 말에 수긍한 사람이라도 한 가지 의문이 들 것이다. 지금도 월급으로 살기 빠듯한데 나를 위해 가장 먼저 지출하고 나면 신용카드 대금은 어떻게 해결할 수 있을까? 신용카드 대금을 연체하게 되면 본인의 신용도가 떨어질 뿐만 아니라 연체에 따른 이자도 부담해야 하기 때문에 더 안 좋은 것이 아닌가 하는 의문이다.

남는 돈으로 생활하자

필자의 지인은 처음 결혼했을 때 반지하 월세에서 시작했지만 지금은 아파트 두 채를 가지고 있다. 물론 최근에 구입한 한 채는 전세와 대출을 최대한 활용한 레버리지 투자였다. 필자는 이런 방식의 투자를 상당히 싫어하지만 단순히 투자의 방법이 아니라 돈을 모으는 관점에서는 상당히 좋은 예라 생각되어 여기에 소개하도록 하겠다.

그 부부는 비슷한 성향을 가지고 있다. 사람을 좋아하고 남들에게 퍼주는 스타일이라 돈도 많이 쓰는 편이다. 그런데 이 부부는 목표가 생기면 무섭게 달려드는 특색이 있었다. 일단 자신들이 감당하기에 다소 벅찬 금액의 대출을 받으면 생활 패턴이 완전히 달라진다. 남편은 그렇게 좋아하던 사람들 만나는 횟수도 줄이고 야간에는 알바까지 추가로 한다.

아내는 오전에 부업을 시작한다. 부업으로 큰 돈을 버는 것은 아니지만 그 시간에 집에 있다면 분명 친구들을 만나서 차를 마시고 점심을 사먹게 될 텐데 그 돈 아낀다고 생각하면 역시 남는 장사라고 말한다.

게다가 부부는 대출금을 그대로 두는 법이 없다. 그렇게 아낀 돈으로 대출금을 수시로 상환한다. 단순히 대출이자 납부를 위해 돈을 모으는 것이 아니라 대출금 상환 그 자체를 목표로 한다. 몇 년간 고생해서 전세금 빼줄 정도의 돈이 모이면 이제는 한 채를 월세로 돌려 본격적으로 대출금 상환에 들어가겠다고 말한다.

그런데 의외로 대출을 이용하여 이런 식으로 돈을 모으는 사람들이 은근히 많다. 이른바 강제저축인데 자신에게 대출금 상환이라는 스트레스 상황을 만들어주고 이를 극복하게 하는 방식으로, 돈을 모으는 사람들은 다른 선택의 여지를 남겨두려 하지 않는다. 다른 선택지가 있다면 자기 스스로 의지가 약해져 실패할 것임을 알기 때문이다.

가장 중요한 일에 돈을 투입하고 남은 돈으로 생활하려고 노력하라. 결국 사람은 환경에 적응하는 동물이다. 의지만 충분하다면 분명 극복해낼 수 있다. 왜냐하면 세상의 모든 물건에는 다양한 가격이 존재하고, 내가 습관적으로 소비하는 물건들 중에도 잘 살펴보면 굳이 쓰지 않아도 되는 것들도 많기 때문이다. 새 것을 살 수 없다면 중고를 이용할 수도 있다. 중요한 것은 이를 극복해내겠다는 의지다.

절제와 노력 없이는 성공도 없다

어떤 사람들은 통장만 잘 쪼개도 돈이 모인다고 주장한다. 그런데 통장만 잘 쪼갠다고 정말 돈이 모일까? 통장 쪼개기도 일종의 관리다. 관리를 안 하다가 관리를 시작하니 그동안 나도 모르게 새어나가던 돈이 쌓일 수는 있다. 하지만 그 이상의 효과를 얻기는 어렵다. 어떤 일이든 노력 없이 이루어지는 것은 없기 때문이다.

소비를 줄이는 일은 다이어트와 비슷하다. 노력 없이 약이나 다이어트 보조제 등으로 살이 빠지지는 않는다. 효과가 탁월하다고 광고하는 수많은 다이어트 보조제들이 시장에 흘러넘치지만 그것을 먹고 살을 뺀 사람은 극히 드물다. 만약 보조제를 이용하여 쉽게 살을 뺐더라도 시간이 지난 후에 요요현상으로 고통을 받을 가능성이 더 높다. 결국 다이어트에 제대로 성공하기 위해서는 절제와 노력, 이 두 가지가 필요하다. 돈 관리에 성공하기 위해서도 힘들겠지만 자기 스스로의 절제와 굳은 의지가 필요하다.

필자가 제시한 돈 버는 시스템은 결국 선저축 후지출의 시스템을 자신의 생활에 도입하여 돈이 쌓이는 상황을 다소 강제적으로라도 만드는 것이 핵심이다. 앞에서도 설명했다시피 여유있게 소비하고 남는 돈이란 없기 때문이다. 월급의 많고 적음도 중요하지 않다. 어차피 월급이 많으면 많은 대로 소비 수준이 높아져서 나가는 돈이 더 많아지기 때문이다. 솔직히 이러한 시스템이 자신의 생활에 체화되지 않는다면 돈을 운용하여 수익을 내는 것은 불가능하다. 기본적으로 돈이 쌓이는 시스템이 제대로 구축되지 않은 상태에서 수익률만을 노리는 것은 바닷가 근처에 모래성을 쌓는 일과 마찬가지기 때문이다.

돈이 쌓이는 시스템, 자동이체를 활용하라

대부분의 사람들은 돈을 모으기 위해서 열심히 노력할 것이다. 본업 이외에 부업을 하기도 하고, 투자 관련 책을 읽고 공부해서 주식이나 부동산 투자에 직접 나서기도 한다. 아니면 다소 무식하지만 저축의 힘으로 돈을 모으려는 사람도 많다. 솔직히 저축의 힘을 믿는 것은 요즘과 같은 저금리 시대에는 다소 무모해 보이기도 하지만 인류 역사를 통틀어 검증된 가장 확실한 방법이기도 하다. 그런데 방법은 다양하지만 정작 자신이 원하는 목표 수준에 도달한 사람은 드물다. 그래서 사람들이 더욱 부자에 열광하는 것은 아닐까?

많은 사람들이 원하지만 대부분의 사람들이 부자가 되지 못하는 이유는 무엇일까? 답은 간단하다. 잠깐은 몰라도 자신이 할 수 있는 수준 이상의 노력을 지속적으로 기울인다는 것은 결코 쉬운 일이 아니기 때문이다. 부자가 되기 위해서는 자신의 목표를 달성하기 위해 각자 정한 방법을 고수하며 오랫동안 지속해야 하는데, 웬만한 끈기와 노력으로는 이를 달성하기가 쉽지 않다. 어떠한 방법을 이용하든 원하는 결과를 얻기 위해서는 오랜 시간이 필요하다.

돈을 모으는 가장 쉬운 방법, 자동이체

그렇다면 돈을 모으기 위한 좀 더 쉬운 방법은 없을까? 자동이체를 활용한 돈 관리 시스템이라면 가능하다. 공과금이나 전화요금을 자동이체 설정해두고 잊어버리듯 적금이나 펀드에 자동이체를 걸어두고 잊어버리면 된다. 대신 한 가지 명심해야 할 점은 월급이 들어오면 다른 어떤 지출보다도 나를 위한 돈, 즉 적금이나 펀드가 자동이체로 가장 먼저 빠져나갈 수 있도록 순서를 조정해두어야 한다는 것이다.

지출이 많아 신용카드 대금이나 다른 공과금을 연체하게 되면 정말 큰일이라도 나는 줄 아는 사람들이 있다. 그런데 단기적으로는 연체를 할지 몰라도 그러한 상황이 결국은 사람으로 하여금 변하게 만드는 좋은 자극제가 될 것이다. 중요한 것은 어떠한 이유라도 자신에게 투자되는 자동이체 금액을 줄여서는 안 된다는 것이다. 오히려 소득이 늘어나면 그것에 비례하여, 아니 그 이상으로 자신을 위해 지출되는 자동이체 금액을 늘려가야 한다. 그러면 좀 더 빨리 원하는 목표에 도달할 수 있을 것이다.

간혹 그렇게 자동이체를 해서 언제 돈을 모아 집을 사냐고 반문하는 사람도 있다. 하지만 집을 살 때도 이 원리는 적용 가능하다. 보통 우리는 집을 살 때 3~5년 동안은 이자만 내고 그 이후에 원금과 이자를 분할해서 내는 방식의 대출을 선호해왔다. 이렇게 이자만 내는 기간을 설정하는 이유는 빠듯한 생활에 대출이자를 내는 것도 버겁기 때문이다. 그러나 이자만 내는 기간이 끝나도 달라지는 것은 없다. 그때도 역시 원금 상환이 부담스러울 수밖에 없다.

그런데 자동이체의 원리를 주택 구입에 적용해보면 어떨까? 이를 위해서는 먼저 주택을 구입하면서 받은 대출을 즉시 원금 분할상환이 가능한 수준으로 줄여보자. 즉, 자동이체의 원리로 주택을 구입하기 위해서는 대출 금액이 원금과 이자를 동시에 내기에 부담이 없는 수준이어야 한다. 대출이자는 은행을 위한 지출이지만, 상환되는 원금은 나를 위한 지출이 된다. 시간이 지나서 나를 위해 지출되는 돈이 쌓여갈수록 은행을 위해 지출하는 돈은 점점 줄어들게 된다. 은행을 위한 돈인 대출이자는 아깝지만 우리 가족만의 보금자리를 마련하기 위한 비용이라 생각하자. 물론 이 비용은 적을수록 좋다. 나를 위한 돈은 아니기 때문이다. 그래서 대출 규모는 나의 소득에 비추어 부담이 적을수록 좋다.

자동이체를 활용한 돈 관리 시스템

자동이체를 활용한 돈 관리 시스템은 여유가 되는대로 적당한 상품을 골라 자동이체를 걸어주면 끝나는 것이 아니다. 월급을 기반으로 예산을 수립하고 자신에게 맞는 상품을 골라 꾸준히 자동이체가 지속될 수 있도록 관리해줘야 한다. 이를 위해서는 본인의 예산 범위 내에서 살고자 하는 강력한 의지가 있어야만 한다. 구체적인 절차는 다음과 같다.

Step 1 : 불필요한 입출금 통장들은 하나로 합친다.
Step 2 : 월급을 '현재의 나'를 위한 자금과 '미래의 나'를 위한 자금으로 나눠라.
Step 3 : '미래의 나'를 위한 자금을 적금, 펀드, 보험 등에 자동이체하라.
Step 4 : 월급 잔액 범위 내에서 소비하고 남은 돈을 일하게 만들어라.
Step 5 : 매년 말 자산현황표를 만들어 점검하라.

입출금 통장은 모임의 자금을 관리하기 위한 경우가 아니라면 하나로 합쳐서 관리할 것을 추천한다. 자금의 흐름을 한눈에 파악하기 위해서는 하나의 통장을 이용하는 편이 좋기 때문이다. 게다가 통장이 많아질수록 관리에 필요한 시간과 노력도 늘어나기 마련이다.

월급을 '현재의 나'를 위한 자금과 '미래의 나'를 위한 자금으로 분리하는 것은 자신의 생활수준을 결정하면서 이미 정해졌을 것이다. 이제 '미래의 나'를 위한 자금을 어떤 식으로 운용할지 결정하면 된다. 가입해야 할 상품은 크게 두 종류다. 먼저 하나는 월급쟁이라면 누구나 반드시 가입해야 할 필수 상품들로 청약통장, 연금저축, IRP 그리고 실손의료보험 등이 여기에 해당한다. 다른 하나는 자산의 전체적인 포트폴리오 차원에서 가입해야 할 상품들이다. 본인의 성향에 따라 가입해야 할 상품의 구성과 비율이 모두 다를 것이다. 이러한 포트폴리오 구성을 위해서는 이 책의 뒷부분에 소개될 투자 부분을 활용하길 바란다. 상품 구성이 끝났다면 이제는 자동이체를 등록한 뒤에 잊고 살면 된다.

이 시스템의 성패는 자신이 결정한 생활수준을 지킬 수 있느냐 하는 것이다. 처음에는 이 범위 내에서 사는 것이 쉽지 않을 것이다. 하지만 소비는 습관이다. 몇 달 동안의 노력을 통해 올바른 소비습관이 몸에 익은 다음에는 특별히 노력하지 않아도 자연스럽게 주어진 범위 내에서 사는 것이 가능하게 된다. 따라서 주어진 범위 내에서 생활하는 방법을 체화할 수 있도록 부단히 노력해야 한다.

마지막으로 해야 할 일은 매년 말에 자산현황표를 점검하는 것이다. 자산 현황을 점검하면서 본인의 1년 동안의 자산 변동 내역도 파악해보고 내년도 자동이체 금액 및 상품 종류도 조정해보는 시간을 갖는다. 본인의 생각대로 잘되고 있는지 부족한 점은 없는지 매년 한 번 정도는 점검할 필요가 있다.

▪ 자동이체를 활용한 돈 관리 시스템 5단계 ▪

	돈 관리 5단계	자동이체를 활용한 돈 관리 시스템
1단계	인생설계	입출금 통장 합치기
2단계	자신의 생활수준 결정하기	'현재의 나'와 '미래의 나'를 위한 자금으로 나눠라
3단계	돈이 쌓이는 프로세스 구축	자동이체를 활용하라
4단계	주어진 범위 내에서 생활하기	잔액 내에서 소비하고 남은 돈을 일하게 만들어라
5단계	수익률 높이기	자산현황표 만들어라

알면 도움이 되는 금융상식 2

자동이체 통합관리 서비스

과거 주거래 계좌를 옮기기는 여간 어려운 일이 아니었다. 왜냐하면 대부분의 자동이체는 주거래 계좌에 집중되어 있는데, 이를 바꾸기 위해서는 각각의 요금청구기관별로 기존 자동이체 출금계좌를 일일이 변경해야 하는 번거로움이 있었기 때문이다. 그래서 한번 결정된 주거래 계좌는 쉽게 옮기지 못했다.

하지만 2015년 7월 1일부터 금융결제원에서 구축한 웹사이트 페이인포(www.payinfo.or.kr)를 통해 본인의 자동이체 정보를 손쉽게 변경 또는 해지할 수 있는 길이 열렸다. 페이인포에서는 보험료와 휴대전화 요금 등 요금청구기관의 청구에 의해 정기적으로 납부되는 자동이체는 물론 적금이나 월세, 동창회비 등 개인이 수취인의 계좌를 지정하여 정기적으로 이체하는 것도 조회, 변경, 해지가 가능하다. 이를 통해 금융 서비스의 편의성과 안정성이 향상되었다.

맞벌이로
끝까지 살아남기

대부분의 사람들은 더 많은 소득이 자신이 겪고 있는 돈 문제를 해결해줄 거라 기대한다. 하지만 승진이나 더 많은 연봉을 주는 회사로의 이직은 근본적인 해결책이 될 수 없다. 회사는 절대 직원들이 하는 일에 비해 더 많은 돈을 주지 않는다. 직급이 올라가고 더 많은 연봉을 받을수록 점점 더 회사에 충성할 수밖에 없고, 자연스럽게 자신만을 위해 쓸 수 있는 시간은 줄어들게 된다. 부족한 시간은 돈으로 해결할 수밖에 없다. 집안일을 위해 가사 도우미를 쓰거나, 직접 음식을 만들어 먹기보다는 마트에서 반찬을 사게 되고, 시간이 날 때마다 외식으로 끼니를 해결하고, 늦게까지 일하고 지쳐서 택시를 타게 된다. 더 많이 벌면 세금도 더 많이 내게 되고, 늘어난 소득 이상으로 소비도 함께 늘게 된다.

특히 맞벌이 부부일수록 자녀와 함께 많은 시간을 보내지 못하는 것에 대한 미안한 마음 때문에 물질적인 보상으로 이를 만회하려는 경향은 더욱 강해진다. 뿐만 아니라 부모가 없는 빈자리를 학원으로 채워가다 보니 자연히 버는 것 이상으로 더 많은 소비를 하게 된다. 이와 같은 현상은 2009년 5월 한국신용정보에서 발표한 자료를 보면 잘 알 수 있다. 20~40대 가정 중 연평균 소득이 7,000만 원 이상인 경우가 외벌이 가정에 비해 맞벌이 가정에서 두 배 가까이 높은 비율을 차지했으나, 총자산 규모에서는 큰 차이를 보이지 못하고 있다. 결국 맞벌이는 많이 벌지만 그만큼 더 많이 소비하게 되어 외벌이에 비해 자산 축적에 있어 크게 앞서나가기 어렵다.

맞벌이를 해도 삶이 팍팍한 이유

맞벌이 가구가 증가함에 따라 가구당 소득은 늘었지만 스스로를 중산층이라고 생각하는 사람들은 오히려 줄고 있다. 외환위기 이전만 하더라도 전체 가구의 70~80%가 스스로를 중산층으로 생각했지만, 2011년 통계청의 조사결과 그 비중은 52.8%로 떨어졌다. 맞벌이를 통해 소득이 두 배가 되었음에도 불구하고 많은 사람들이 삶이 여전히 팍팍하다고 생각하는 이유는 무엇일까? 이는 역설적이게도 너무 많은 돈을 벌기 때문이다. 더 나은 삶을 살기 위해 많은 것을 희생하면서 부부가 열심히 돈을 벌고 있는데 이것이 삶이 팍팍해지는 원인이라니 이해하기 어려울 것이다. 다음의 예를 통해서 한 번 살펴보자.

유명화가의 그림이 경매로 나왔다고 가정해보자. 이 그림을 사기 위해 사람들이 100만 원씩 가지고 경매에 참여했다. 경매가 시작되자마자 그림의 가격은 100만 원까지 올라갔다. 가진 돈을 모두 베팅했기 때문에 더이상 가격을 올릴 수도 없어 모두가 머뭇거리는 순간 누군가 뒷문을 열고 들어와서는 모든 사람들에게 100만 원씩 나누어준다. 100만 원을 추가로 손에 쥔 사람들은 곧바로 입찰가격을 올렸고 그림의 가격은 순식간에 200만 원까지 오르게 된다.

맞벌이 부부의 더 많은 소득이 삶을 더욱 팍팍하게 만드는 원인은 많은 돈을 손에 넣은 나머지 너무나 쉽게 베팅을 하기 때문이다. "우리 수입이 얼만데"라는 생각이 머릿속에 들어오는 순간 몇백만 원의 대출이자도, 아이의 교육비도 너무나 작게 느껴진다. 큰 빚을 내서 집을 사는 일에도, 아이의 미래를 위한 교육비 투자에도, 자신을 과시하기 위한 자동차에도 아낌없이 돈을 지불한다. 그러면서 "맞벌이 하면서 이렇게 고생하는데 이 정도는 써도 돼"라며 스스로 위안을 삼는다. 그러다 보니 자연스럽게 주거 관련 비용, 자동차 관련 비용 그리고 교육비와 같은 고정비 지출이 늘어나면서 삶에 여유가 줄어들게 되는 것이다.

재무목표를 공유하라

맞벌이 부부로 만족할 만한 삶을 살기 위해서는 먼저 부부가 자신들이 원하는 삶에 대해 허심탄회하게 이야기할 필요가 있다. 일을 통해 얻고자 하는 바가 무엇인지, 일을 더 함으로써 늘어난 소득에 비해 더 지출하게 된 비용은 무엇인지 생각해보자. 무조건 돈을 쫓아 회사에 집중하기보다는 보수는 다소 적더라도 회사와 가정 사이의 조화를 택하는 편이 가족 모두를 위해 좋을 수도 있다.

이러한 고민이 끝났다면 이제는 서로의 소득을 공개하고 부부의 재무목표를 공유해야 한다. 맞벌이 부부의 상당수는 상대방의 소득에 대해

짐작만 할 뿐 정확히 모르는 경우가 많다. 한 명의 소득으로 주택담보대출 이자 납부 및 원금 상환을 하고, 다른 사람의 소득은 생활비로 충당하는 식으로 대충의 역할을 부여하고 남은 돈은 각자 관리하는 경우가 은근히 많다. 이렇게 서로의 소득을 공개하지 않고 각자 관리할 경우 자신이 쓸 수 있는 금액이 커짐에 따라 소비 수준이 높아지는 것은 당연한 결과다. 각자의 월급이 들어오면 가장 먼저 자신들을 위해 저축하고 남는 돈으로 생활하도록 노력하자. 생활비로 쓸 수 있는 금액이 줄어듦에 따라 자신들의 소득을 과신한 나머지 너무 많은 돈을 3대 고정비(집, 자동차, 자녀교육)에 투자하는 실수를 줄일 수 있을 것이다.

사실 맞벌이는 외벌이에 비해 외형적으로는 상당히 여유 있어 보일지 몰라도 위기 상황 발생 시 재무적으로는 더 취약할 수밖에 없다. 부부가 모두 일을 함에 따라 더이상 추가적인 소득을 올릴 만한 사람이 가정 내에 존재하지 않을 뿐만 아니라 이미 금융의 힘을 이용하여 미래의 소득을 담보로 대출까지 끌어다 쓴 경우가 태반이다 보니 한 명이 아파서 더 이상 일을 할 수 없거나 실직과 같은 상황이 발생했을 때는 당해낼 방도가 없다. 물론 외벌이에게도 이런 문제는 발생할 수 있지만 외벌이에게는 일하지 않는 배우자가 남아 있기 때문에 위기 상황 발생 시에 그나마 버틸 여력이 있을 수 있다. 중년 여성의 경우 직업의 안정성은 떨어질지 몰라도 월 100만 원 정도 벌 수 있는 직장을 구하기는 남성에 비해 상대적으로 더 쉽기 때문이다. 따라서 맞벌이일수록 자신들의 미래에 대해 더욱 철저한 준비가 필요하다.

주어진 범위 내에서 생활하기

앞에서도 언급했듯이 월급에서 '미래의 나'를 위한 저축을 제외한 나머지 금액으로 생활하기는 전 과정을 통틀어 가장 중요하다. 왜냐하면 이를 제대로 실천할 수 없다면 앞에서 세운 모든 계획이 수포로 돌아갈 수 있기 때문이다. 그만큼 강력한 실천 의지가 필요한 부분이기도 하다. 주어진 범위 내에서 생활하기 위한 몇 가지 팁에 대해 알아보자.

현금이나 체크카드로 생활하라

주어진 범위 내에서 생활하기 위한 시작은 현대인의 필수품인 신용카드를 과감히 버리고 다소 불편하더라도 현금이나 체크카드로 생활하는 것이다. 각종 할인혜택이나 적립을 잘 활용한다면 신용카드로 돈을 벌 수 있는 세상이다 보니 현명한 소비자라면 신용카드를 잘 활용하는 것이 오히려 돈 관리 측면에서 경제적일 것이다. 하지만 이러한 장점에도 불구하고 신용카드는 돈 관리에 어려움을 느끼는 사람의 입장에서는 득보다 실이 더 많은 것이 사실이다.

일단 신용카드는 내가 소비하는 시점과 결제하는 시점의 불일치로 이번 달 소비 수준을 가늠하기 어려워 계획적인 소비에 방해가 된다. 또한 신용카드로 결제하면 내 주머니에서 직접 돈이 빠져나가는 것이 아니기 때문에 내 돈이라는 인식이 약해져 소비 성향이 높아지는 경향이 있다. 그래서 현금으로 결제할 때보다 신용카드를 사용할 때 씀씀이가 더 커지는 것이다. 게다가 신용카드는 카드사에서 부여한 한도마저도 내 돈으로 인식해 실제로 결제할 여력이 있든 없든 원하는 것이면 무엇이든 가질 수 있도록 하여 자신의 능력을 벗어난 소비도 쉽게 할 수 있게 만든다. 즉, 신용카드는 과소비를 조장한다. 따라서 스스로 계획적인 소비가 안 되는 사람들은 차라리 신용카드를 사용하지 않는 것이 더 현명한 방법이다. 신용카드 사용으로 얻게 되는 혜택이라는 것도 결국 카드 사용액이 많아질수록 혜택도 커지는 구조기 때문에 차라리 적게 쓰고 혜택을 보지 않는 것이 더 이익이다.

일일이 현금을 준비해서 가지고 다니는 것이 불편하다면 체크카드를 적극 활용하자. 체크카드는 연결된 통장의 잔액 범위 내에서만 소비가 가능하기 때문에 현금으로 소비하는 것과 같은 효과를 낼 수 있어 계획적인 소비가 가능하다. 체크카드로 결제를 하면 즉시 통장에서 돈이 빠져나가기 때문에 계좌 입출금 실시간 알림 서비스를 이용하면 실시간으로 남은 잔액을 확인할 수 있어 유용하다.

무이자 할부 대신 역(逆)할부적금

현금으로 생활하는 데 있어 가장 큰 걸림돌은 아무래도 세탁기나 냉장고와 같은 가전제품이나 자동차처럼 고가의 제품을 사야 할 때다. 고가의 제품을 살 때는 대부분의 사람들이 신용카드 무이자 할부를 이용한다. 하지만 할부로 사더라도 결국 내가 돈을 내야 한다는 사실에는 변함이 없다. 그렇다면 차라리 순서를 바꿔보자. 물건을 먼저 사고 그 후에 돈을 나눠서 낼 것이 아니라 먼저 돈을 모아서 물건을 사는 방식으로 바꿔보는 것이다. 이것이 바로 역(逆)할부적금이다.

신용카드 할부를 이용하여 물건을 사고 다달이 청구되는 명세서를 보면서 후회를 해본 경험이 다들 한 번씩은 있을 것이다. 하지만 후회를 해도 소용이 없다. 이미 저질러진 일이기 때문이다. 이렇듯 일단 저지르고 수습할 것이 아니라 사전에 계획해서 물건을 사다 보면 자연스럽게 과연 이 가격이 합리적인지, 이것이 나에게 꼭 필요한 물건인지 심사숙고하는 습관을 가질 수 있을 뿐만 아니라 구매 후 후회하는 경우도 줄일 수 있다. 게다가 소비의 만족도도 올라간다. 원하는 물건을 즉시 구매한 경우와 한참을 기다렸다 구매한 경우를 비교해본다면 오랜 시간을 기다려 물건을 구입했을 때의 만족감이 훨씬 더 오래 지속되기 때문이다. 쉽게 얻은 물건은 쉽게 질리는 법이다. 이제 고가의 물건을 사야 한다면 적금부터 가입해보자.

자신만의 취미생활을 찾아라

저축을 먼저 하고 남은 돈으로 생활하기란 여간 어려운 일이 아니다. 자신의 생활수준을 결정하면서 이미 자신의 소비 중 낭비요소를 모두 제거한 상태라 더욱 그럴 수밖에 없다. 처음에는 제한된 범위 내에서 생활해야 한다는 사실에 스트레스를 많이 받게 될 것이다. 하지만 이를 극복해낼 수 없다면 밑 빠진 독에 물 붓기처럼 아무리 열심히 살아도 결코 돈 문제로부터 헤어나올 수 없다. 그래서 지금부터 돈으로부터 받는 스트레스를 줄일 수 있는 방법을 소개하고자 한다. 바로 자신만의 취미생활을 갖는 것이다.

소비생활과 취미생활은 둘 다 심리적 만족감을 준다는 점에서 공통점을 갖고 있다. 과거와 달리 현대인들에게 소비는 무언가를 사용하는 행위 그 자체만이 아니다. 왜냐하면 무언가 소비한다는 것은 소비를 하는 행위 자체에도 의미가 있지만 심리적으로 무엇인가를 채워주는 역할도 하기 때문이다. 많은 현대인들이 진짜 필요한 것 이상으로 많은 소비를 하고 있는데 이러한 배경에는 심리적 공허함이 큰 비중을 차지한다고 할 수 있다. 자신감 부족이든 애정결핍이든 아니면 고독한 감정이든 심리적으로 무언가 부족하다고 느끼는 사람들이 물건을 구매함으로써 이러한 공허함을 채우려는 경향을 보인다는 것이다. 따라서 소비를 줄임으로써 받는 스트레스를 건전한 취미생활을 통해 해소하고 더 나아가 성취감과 삶의 활력도 얻는다면 일석이조라 할 것이다.

알면 도움이 되는 금융상식 3

금융거래주소 일괄변경 서비스

금융거래주소 일괄변경 서비스란 금융사 간 업무협약을 통해 한 번 신청으로 거래하는 모든 금융회사에 등록된 주소를 변경할 수 있는 서비스로 2016년 1월 18일 처음 실시되었다. 은행, 증권사, 보험사, 카드사, 저축은행, 종합금융사, 주택금융공사 그리고 우체국 등의 영업점을 방문하거나 홈페이지에 접속하여 고객이 거래하는 금융회사 중 주소 변경을 원하는 금융회사를 신청서에 기재하면 거래 금융회사의 주소가 일괄적으로 변경된다. 자택 및 직장 주소만 변경 가능하며 도로명 주소만 등록 가능하다. 현재 휴대폰 번호 및 이메일 등은 변경 불가하다.

월급통장 만들기

비상금이 필요한 이유

연말정산 프로세스

연말정산 절세 전략 : 소득공제 편

연말정산 절세 전략 : 세액공제 편

PART 2
월급쟁이, 이 정도는 알아야 중간은 간다

반드시 가입하자 : 1. 주택청약종합저축

반드시 가입하자 : 2. 연금저축/IRP(개인형 퇴직연금)

반드시 가입하자 : 3. 실손의료보험

빚 권하는 사회에서 살아남기

월급통장 만들기

직장인이 되었다는 것은 매달 월급을 받을 수 있다는 것을 의미한다. 그래서 직장인을 월급쟁이라고 부른다. 월급을 받기 위해서는 통장이 필요하다. "월급통장을 만들기 위해서는 어떤 금융회사를 선택해야 하나요?" 이 사소한 질문에서부터 어엿한 성인으로서의 첫 금융생활이 시작된다고 볼 수 있다.

요즘 증권사 CMA를 월급통장으로 이용하는 사람들이 조금씩 늘고 있다. CMA란 Cash Management Account의 약자로 은행의 입출금 통장처럼 수시로 입출금이 가능하지만 CMA에 예치된 돈을 가지고 RP나 MMF와 같이 비교적 안전한 금융상품에 투자함으로써 상대적으로 높은 이자를 주는 종합자산관리계좌를 말한다. 2016년 10월 현재 1%대 금리에 급여이체, 공과금 자동이체 등 각 증권사별로 요구하는 조건을 충족하면 2~3%의 가산금리가 더해져 3~4%의 고금리를 누릴 수 있다. 같은 기간 1년 정기예금의 이자가 1%대 중반이라는 점을 고려해본다면 수익 측면에서 상당한 혜택이 있는 것만은 분명하다. 게다가 CMA를 통해 공과금이나 관리비 자동이체는 물론 체크카드 발급까지 가능해져 은행의 입출금 통장과 비교해봤을 때 전혀 손색이 없다.

하지만 이러한 장점에도 불구하고 월급통장으로 사용하기에 CMA는 다소 부적합한 것이 사실이다. 그 이유는 무엇일까?

월급통장과 CMA

매달 300만 원의 월급을 받는다면 CMA를 통해서 얼마의 이자를 받을 수 있을까? 계산의 편의를 위해 CMA를 통해 3.6%의 금리를 받을 수 있고, 매일 10만 원씩 한 달(31일) 동안 균일하게 써서 월말이면 남는 돈이 없다고 가정해보겠다.

1일차에 300만 원이 입금되고, 2일차에 10만 원을 쓰고 나니 통장에는 290만 원이 남아 있을 것이고, 그 다음 날에는 280만 원, 그 다음 날에는

▪ 300만 원 월급을 받을 경우 월 평균 잔액 ▪

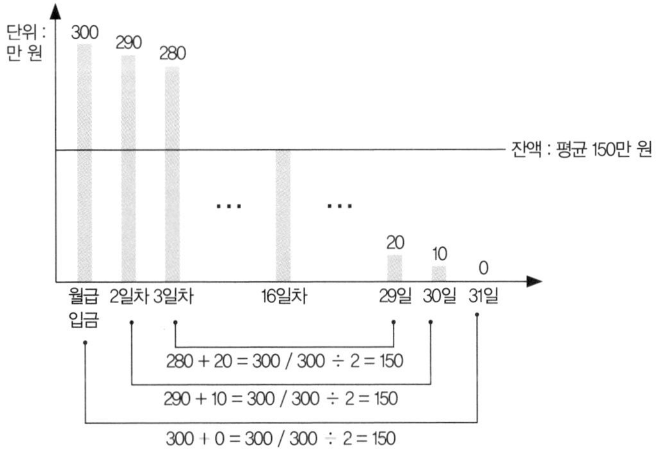

270만 원이 남아 있게 된다. 이렇게 31일째가 되면 0원이 남게 된다. 한 달 평균 150만 원이 통장에 남아 있는 셈이다. 그러면 150만 원에 대한 이자는 얼마나 될까? 보통 우리가 이야기하는 금리는 1년 기준 금리기 때문에 이를 월로 환산할 필요가 있다. 1년 기준 금리를 월 단위로 환산하기 위해서는 금리를 12개월로 나눠줘야 한다. 3.6%의 금리를 12개월로 나눠주면 매월 0.3%의 이자를 받게 된다. 즉, 150만 원에 0.3%의 금리를 적용하면 이자는 4,500원이 된다. 여기에 세금 15.4%가 적용되기 때문에 세금(4,500원 × 15.4% = 693원)을 제하고 받는 돈은 3,807원이 된다. 상대적으로 금리 자체는 높을지 몰라도 월급통장 특성상 매월 우리가 받을 수 있는 실제 이자는 4,000원이 채 되지 않는 것이다.

증권회사 CMA 이용 시 경제적 이익

1개월 이자 = 1년 이자/12개월 = 3.6%/12 = 0.3%
1,500,000원 × 0.3% = 4,500원
세금 = 4,500원 × 15.4% = 693원
매월 실제 받는 이자 = 이자 - 세금 = 4,500원 - 693원 = 3,807원

월급통장과 은행

증권회사의 가장 큰 장점은 다양한 투자상품을 보유하고 있다는 것이다. 하지만 월급쟁이들에게 있어 가장 기본이 되는 청약통장, 적금 그리고 예금 등의 수신상품은 물론 주택담보대출이나 전세자금대출과 같은 대출상품도 없다. 물론 증권회사에도 은행처럼 신용대출상품이 존재하기는 하지만 은행에 비해 금리 경쟁력이 상당히 낮은 편이다.

은행의 경우 해당 은행으로 월급이 이체되고 있다면 예금이나 적금에

가산 금리를 제공하는 것은 물론 대출을 받을 때도 금리 감면 혜택을 주고 있다. 대부분의 사람들이 주택을 구입할 때 대출을 이용한다는 점과 주택 관련 대출의 경우 금액 자체가 상당히 크다는 점을 고려해봤을 때 월급을 은행으로 받을 때의 경제적 혜택은 상당하다. 만약 1억 원을 은행에서 대출받으면서 월급통장으로 인해 0.5%의 금리 혜택을 받게 된다면 1년에 50만 원의 이자 감면 효과를 얻을 수 있다.

> 은행 입출금 통장 이용 시 대출이자 감면 효과
> 1억 원 × 0.5% = 500,000원
> 500,000원/12개월 = 41,667원

▪ 은행 VS 증권회사 월급통장의 비교 ▪

구분	은행	증권회사	비고
온라인 이체 수수료 면제	–	–	비슷
출금 수수료	V		은행 우세
카드대금/공과금/관리비 자동이체	–	–	비슷
수신상품(청약통장, 적금, 예금 등)	V		은행 우세
대출상품(주택담보대출, 전세자금대출 등)	V		은행 우세
투자상품		V	증권회사 우세
접근성	V		은행 우세

월급통장은 은행, 비상금은 CMA

필자가 추천하는 돈 관리 방법은 다음과 같다. 월급통장은 다양한 경로로 돈이 이동할 수 있는 통로로서 그 역할을 얼마나 효율적으로 하느냐가 가장 중요하다. 그런 점에서 본다면 투자상품은 물론 수신상품, 더 나아가 대출상품까지 구비한 은행에서 월급통장을 만드는 것이 가장 좋다. 통로 역할을 하는 만큼 월급통장에 남아 있는 돈 자체도 많지 않기 때문에 실제로 월급통장을 증권회사 CMA로 만듦으로써 받을 수 있는 경제적 혜택 역시 그리 크지 않다.

반면 CMA는 월급통장보다는 비상금 통장에 더 적합하다. 살다 보면 가족이나 지인들의 경조사비는 물론 병원비나 자동차 수리비 등 예상치 못한 일로 부득이하게 돈이 나가는 경우가 많다. 이때를 대비해 돈을 모으는 곳이 바로 비상금 통장이다. 비상금 통장 특성상 일정 금액이 장기간 묶여 있다는 점을 고려해봤을 때 수시 입출금이 가능하면서 금리도 높은 CMA가 제격이다.

비상금이 필요한 이유

한 포털 사이트에서 '남편의 비상금'에 대한 설문조사를 한 결과 절반이 넘는 사람들이 남편의 개인 용도를 위한 비상금은 어느 정도 필요하다고 답변했다. 이렇듯 개인 차원에서도 비상금이 필요하다고 생각하지만 의외로 가정의 비상금은 미처 준비되지 못한 경우가 대부분이다. 일반적으로 재무설계에 있어 비상금은 예기치 못한 위험에 대비하기 위한 수단으로 반드시 거론되고 있지만, 실제로 일반인들이 가장 간과하기 쉬운 항목이기도 하다.

많은 사람들이 비상금을 준비하는 대신 만약의 경우를 대비해 유동성 한도대출을 이용한다. 유동성 한도대출은 '마이너스 통장'이라고도 불린다. 이렇게 불리는 이유는 유동성 한도대출의 경우 통장의 잔고와 상관없이 자유롭게 돈을 뽑아 쓸 수 있는데, 잔액을 초과해서 출금한 금액의 경우에는 앞에 마이너스로 표시되기 때문이다. 유동성 한도대출은 쓴 만큼만 이자를 내면 되고, 통장의 잔고를 다시 플러스로 만들면 이자가 나가지 않아 일시적으로 돈이 필요할 때 요긴하게 쓸 수 있다. 하지만 금리는 한 번에 목돈을 빌려 쓰는 대출에 비해서 높은 편이다.

유동성 한도대출은 악마의 유혹과도 같다. 한두 번 쓸 때는 잘 갚겠지만 횟수가 늘어날수록 대출에 점점 둔감해지기 마련이다. 마치 우리가 지갑에 돈이 없더라도 카드로 원하는 물건을 쉽게 살 수 있듯이 어느 순간 유동성 한도대출의 한도까지도 자신의 돈으로 인식하기 때문이다. 장기적으로 봤을 때 유동성 한도대출을 수시로 이용하는 사람들은 이용금액이 점점 늘어나면서 한도를 모두 소진하는 경향을 보인다. 필자는 유동성 한도대출은 결국 과도한 빚을 지게 만드는 원인이 되기 때문에 비상금 용도로 사용하는 것에 반대한다. 만약의 상황을 대비하여 예비용으로 만들 수는 있겠지만 되도록 사용하지 않는 것이 현명한 선택이다.

비상금, 저축의 연속성을 위한 자금

비상금은 말 그대로 뜻밖의 긴급한 사태를 대비해 준비해둔 돈이다. 하지만 필자가 생각하는 비상금의 가장 중요한 용도는 어떠한 순간에도 저축이나 투자의 연속성을 유지하기 위함이다.

한국 사회에서 가장 중요하게 여겨지는 일 중 하나가 지인들의 경조사를 챙기는 것이다. 나이를 먹어감에 따라 챙겨야 하는 지인들의 수는 많아지게 되고, 이에 따라 지출해야 하는 축의금이나 부의금 역시 늘어난다. 물론 명절이나 부모님 생신과 같이 가족 내에서 챙겨야 할 경조사 비용도 의외로 많다. 이런 돈의 특징은 일단 나의 의지와 상관 없이 지출되고, 시기가 닥쳐 지출은 하지만 곧 기억 속에서 잊혀진다는 점이다. 그래서 사전에 준비하기가 쉽지 않다.

이런 일회성 비용들이 동시다발적으로 발생하게 된다면 사람들은 어떤 선택을 할까? 가장 손쉬운 방법 중 하나가 불입하고 있던 적금을 해지하든지 다달이 납부하던 적금이나 펀드의 자동이체를 중지하는 일일 것이다. 내일을 위한 투자보다는 당장 눈앞에 닥친 문제들이 더 중요하기 때문이다. 그러면서 속으로는 '나중에 상황이 나아지면 그때 다시 불입해야지'라고 생각한다. 하지만 한번 납입이 중지된 적금이나 펀드를 다시 살리는 것은 쉬운 일이 아니다. 오히려 이런 난처한 경험 때문에 향후에는 정기적으로 적금을 납입하는 것을 꺼려 하여 월급통장에 그냥 돈을 쌓아두는 선택을 할지도 모른다.

일단 재무목표를 설정하고 실행에 옮겼다면 멈춰서는 안 된다. 힘들더라도 끝까지 밀어붙여야 한다. 그런 측면에서 개개인들이 재무목표를 달성할 수 있도록 옆에서 힘이 되어줄 수 있는 것이 바로 비상금이다. 따라서 재무목표를 세우고 가장 먼저 해야 할 일은 바로 목표한 비상금부터 모으는 것이다.

비상금은 얼마나 필요할까?

재무설계 측면에서 봤을 때 가장의 실직이나 질병과 같은 가정의 위기 상황을 대비하기 위해서는 3~6개월치 생활비에 해당하는 금액을 비상금으로 준비하라고 한다. 하지만 그렇게 많은 돈을 준비하기도 쉽지 않을 뿐더러 이 금액을 MMF나 CMA로 운용하기에는 다소 아쉬운 감이 있다. 가장이 실직을 했다면 실업급여를 활용하면 되고, 질병과 같은 위기 상황을 대비해 보험에 가입하면 된다. 목돈이 필요한 일이 발생한다면 예·적금의 만기를 고려하여 중도에 해지하기보다는 예금담보대출을 받는 것도 고려해볼 수 있다.

현실적으로 저축의 연속성을 위한 용도의 비상금이라면 한 달 생활비 혹은 이의 절반 정도를 목표로 시작하는 것이 좋다. 이후 소비성 자금으로 생활하고 남는 돈이 있다면 이를 비상금 통장에 넣는 식으로 비상금의 규모를 늘려가면 된다. 돈이 쌓이는 시스템을 구축하기로 마음먹었다면 이제 비상금 통장부터 만들자.

알면 도움이 되는 금융상식 4

배우자도 모르는 나만의 계좌, 보안계좌

보안계좌란 보이스피싱이나 해킹 등 금융범죄 피해를 예방하기 위해 도입된 은행거래 제한 서비스다. 보안계좌로 등록되면 은행 창구를 통해서만 거래가 가능하기 때문에 인터넷뱅킹 등에서 거래가 제한된다. 하지만 최근에는 본래의 취지와 다르게 보안계좌가 일명 '스텔스 통장'으로 불리며 배우자의 눈을 피해 비상금을 모으기 위한 계좌로 인기를 끌고 있다. 보안계좌로 활용하기 위해서 새로 계좌를 개설하지 않고 기존 계좌를 보안계좌로 등록해서 사용할 수도 있어 간편하다. 다만, 보안계좌로 등록할 경우 계좌통합관리서비스(어카운트인포)와 계좌이동 서비스(페이인포)에서 조회가 되지 않아 해당 서비스를 이용할 수 없다.

연말정산 프로세스

미국 건국의 아버지 벤자민 프랭클린은 다음과 같은 유명한 말을 남겼다. “인간에게는 피할 수 없는 두 가지가 있다. 하나는 죽음이고, 다른 하나는 세금이다.”

근로소득자인 월급쟁이를 가리켜 ‘유리지갑’이라고 한다. 자영업자의 경우 제대로 된 소득 파악이 어렵지만 근로소득자인 월급쟁이는 소득이 명백히 공개되어 있어 소득에 따른 세금을 피하기 어렵기 때문이다. 많이 벌면 그만큼 세금을 더 내는 것이 당연한 이치겠지만 아무래도 아깝긴 하다. 그래서 월급쟁이에게 연말정산이 중요할 수밖에 없다. 연말정산은 이미 낸 세금 중 일부를 합법적으로 돌려받을 수 있는 유일한 기회기 때문이다.

연말정산이란 무엇인가?

월급에 대한 세금은 누가 낼까? 바로 회사다. 회사에서는 직원들에게 월급을 주기 전에 월급에 해당하는 세금을 제외하고 지급한다. 이렇게 회사가 국가를 대신하여 직원들에게 세금을 징수하여 납부하는 것을 원천징수라 한다.

세금의 기준이 되는 금액은 매년 말에야 정확히 산출할 수 있지만, 세금은 그 해 소득이 얼마가 될지도 모르는 1월부터 매월 내야 하기 때문에 오차가 발생할 수밖에 없다. 대략적인 금액을 가정해서 일단 세금을 낸 후 이러한 오차를 바로 잡기 위해서 1년에 한 번 정산을 실시하는데 이것이 바로 연말정산이다.

저금리 시대일수록 세테크가 각광받고 있는데, 평범한 월급쟁이가 세테크를 할 수 있는 기회는 연말정산 때가 거의 유일하다고 해도 과언이 아니다. 그래서 연말정산은 사전에 치밀한 준비가 필요하다. 연말정산을 어떻게 준비했느냐에 따라 세금을 더 낼 수도 있고 돌려받을 수도 있기 때문이다. 지금부터 연말정산의 전반적인 프로세스에 대해 알아보면서 어떠한 항목이 있는지 확인해보자.

1단계 : 근로소득금액 구하기

소득은 크게 세금이 부가되는 소득(과세소득)과 세금이 부가되지 않는 소득(비과세소득)으로 나뉜다. 회사로부터 1년 간 받은 연봉(급여 + 상여 + 수당 + 인정상여) 중 비과세소득을 제외한 나머지 금액이 총 급여다. 비

▪ 연말정산 세액계산 흐름도 ▪

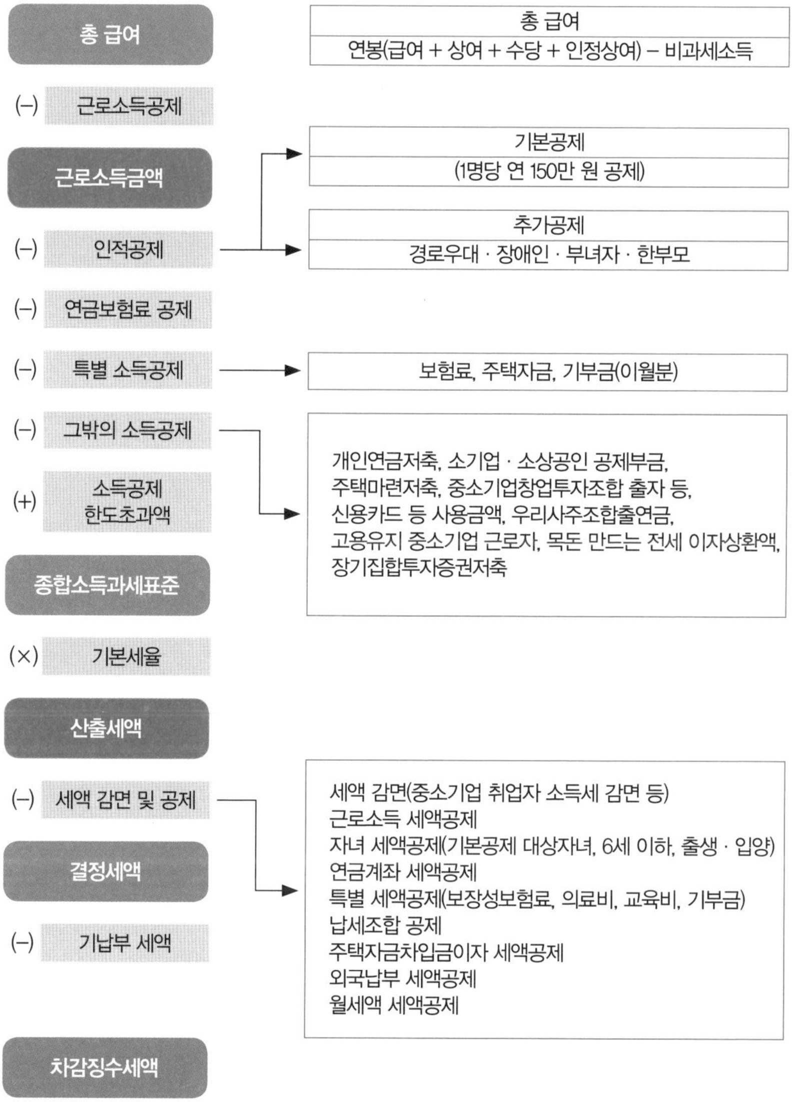

과세소득의 세부 항목에 대해서는 회사에서 알아서 분류해주기 때문에 그냥 믿고 맡기면 된다.

총 급여(연봉 – 비과세소득) – 근로소득공제 = 근로소득금액

100원짜리 빵을 만들기 위해 필요한 각종 재료비와 기타 비용이 70원이라 한다면 소득은 100원에서 70원을 차감한 30원이 된다. 이러한 개념은 근로소득에도 그대로 적용되는데 근로소득공제라는 것은 결국 일종의 필요경비인 셈이다. 회사에 출근해서 일을 하기 위해서 어쩔 수 없이 쓸 수밖에 없는 비용들, 예를 들어 출퇴근에 필요한 교통비, 점심식사 비용, 회사에 입고 다니기 위해 구입하는 의류 및 구두 구입 비용 등을 필요경비로 인정해 차감해주는 것이다. 월급쟁이의 경우 월급을 받기 위해 필요한 이러한 경비를 입증하는 것이 어렵기 때문에 총 급여액을 기준으로 법에서 정한 금액을 근로소득공제 형식으로 차감해준다.

여기까지는 나의 의지와 상관없이 법률에 의해 모든 것이 정해지기 때문에 그냥 흐름만 알면 된다. 총 급여 중 내가 회사에 출근해서 일하는데 필요한 비용을 공제한 나머지 금액이 근로소득금액이라는 것만 알면 끝이다.

2단계 : 과세표준 구하기

근로소득금액에서 인적공제, 연금보험료 공제, 특별 소득공제와 그밖의 소득공제를 해준 후 산출되는 것이 바로 과세의 기준이 되는 종합소득과세표준이 된다. 소득공제란 과세의 대상이 되는 소득 중에 일정 금액을 차감해줌으로써 세금 부담을 줄여주기 위한 수단으로 소득 창출에 필요한 개인들의 필요경비를 인정해준 개념이다.

국가에서 이렇게 다양한 소득공제 항목을 통해 세금 혜택을 주는 이유는 첫째, 개인별 상황을 고려하여 과세함으로써 조세 형평성을 유지하기 위함이다. 예를 들어, 독신인 A과장과 부모님을 부양하고 자식이 두 명인 B과장이 동일한 세금을 낸다면 혼자 사는 A과장에 비해 가족부양에 따른 생활비 부담이 큰 B과장이 피부로 느끼는 세금 부담이 상대적으로 더 클 수밖에 없다. 그래서 국가에서는 B과장의 최저생활을 보장하고 부양가족에 따른 세부담을 경감시켜줌으로써 B과장에게 혜택을 부여해주는 것이다.

둘째, 근로소득공제가 개인별 상황을 고려하지 않은 일괄적인 필요경비 차감이었다면 소득공제를 통해 개인별 필요경비의 차이를 세금에 반영하기 위함이다.

마지막으로 국가에서는 자신들의 정책목표를 달성하기 위한 수단으로 규제나 인센티브를 적극 활용하는데, 인센티브의 대표적인 방법이 바로 세금 혜택을 제공하는 것이다. 지하경제 양성화를 위해 도입한 신용카드 소득공제를 생각하면 이해가 쉬울 것이다.

▪ 대표적인 소득공제 항목들 ▪

인적공제	근로자 본인 및 배우자, 생계를 같이 하는 부양가족에 대해 당해 근로자의 생계비용 등을 고려하여 기본공제 및 추가공제 제도를 두고 있으며, 이를 총괄하여 '인적공제'라 함.
연금보험료 공제	근로자 본인 명의의 연금보험료(국민연금, 공무원연금, 군인연금, 사립학교교직원연금 등 보험료) 부담분 등을 납부한 경우 해당 연도의 근로소득금액에서 공제.
보험료 공제	근로자가 해당 과세기간에 부담하는 건강보험료, 고용보험료, 노인장기요양보험료는 해당 과세기간의 근로소득금액에서 공제.

주택자금 공제	주택을 구입하거나 임차 시 받는 대출의 일부를 소득공제함.
개인연금저축 소득공제	연 72만 원을 한도로 개인연금저축 납입액의 40% 공제.
소기업 · 소상공인 공제부금 소득공제	소기업 · 소상공인에 해당하는 대표자의 노란우산공제 불입액에 대해 최고 500만 원 한도로 소득공제(사업소득금액별 차등 적용).
주택마련저축 공제	무주택 세대의 세대주로 총 급여액이 7천만 원 이하인 근로자를 대상으로 2019년 12월 31일까지 청약저축 및 주택청약종합저축 연 납입금액 240만 원을 한도로 납입한 금액의 40%를 공제.
신용카드 등 소득공제	신용카드, 체크카드, 현금영수증 등 사용금액의 일정 부분을 소득공제.
우리사주조합 출연금 소득공제	직원이 자사주를 살 경우 최고 400만 원 한도로 소득공제.

소득공제가 중요한 이유는 소득공제를 많이 받을수록 과세표준이 줄어들기 때문이다. 근로소득금액에서 소득공제를 차감한 후의 금액이 과세표준인데, 과세표준 구간에 따라 적용되는 세율이 달라진다. 따라서 같은 급여를 받는 직장 동기라 하더라도 소득공제금액에 따라 적용되는 세율이 달라질 수 있다. 만약 근로소득금액이 6천만 원인 근로자가 소득공제를 1천5백만 원 받았다면 과세표준 금액은 4천5백만 원으로 15%의 세율이 적용되지만, 소득공제를 1천만 원 받았다면 과세표준 금액은 5천만 원으로 24%의 세율이 적용된다. 적용되는 세율 구간이 달라진다는 것은 결국 국가에 내는 세금도 달라진다는 것을 의미한다.

▪ 소득세 기본세율 ▪

과세표준	세율
1,200만 원 이하	6%
1,200만 ~ 4,600만 원	15%
4,600만 ~ 8,800만 원	24%
8,800만 ~ 1억 5천만 원	35%
1억 5천만 ~ 3억 원	38%
3억 ~ 5억 원	40%
5억 원 초과	42%

근로소득금액 - 다양한 소득공제 = 종합소득과세표준

3단계 : 세금 산출하기

종합소득과세표준이 구해지면 이제는 세금 산출이 가능하다. 소득은 구간별로 다른 세율이 적용된다. 이해를 돕기 위해 종합소득과세표준이 6천만 원인 사람을 대상으로 세금이 어떻게 산출되는지 알아보도록 하자.

▪ 예시 : 종합소득과세표준 6천만 원인 사람의 세금 산출 과정 ▪

소득 구간	해당 금액	적용 세율	세금
1,200만 원 이하	1,200만 원	6%	1,200만 원 × 6% = 72만 원
1,200만 원 초과 4,600만 원 이하	3,400만 원	15%	3,400만 원 × 15% = 510만 원
4,600만 원 초과 8,800만 원 이하	1,400만 원	24%	1,400만 원 × 24% = 336만 원
세금 합계			918만 원

종합소득과세표준 × 세율 = 산출세액

4단계 : 결정세액 구하기

2014년도부터는 일부 소득공제 항목들이 세액공제로 바뀌었다. 자녀공제, 연금저축, 보험료, 의료비 등이 소득공제에서 세액공제로 바뀐 대표적인 항목이다. 소득공제는 세금을 많이 낸 사람에게 더 많은 세금 혜택이 주어지는 구조로 고소득층의 세금감면 효과가 컸다면, 세액공제는 소득에 상관없이 동일한 비율로 세금을 감면해주고 있어 저소득층에게 더욱 유리해졌다. 소득공제에서 세액공제로 바뀌면서 고소득층의 세금감면 효과는 줄어든 반면 저소득층의 세금감면 효과는 늘어난 셈이다.

▪ 대표적인 세액공제 항목들 ▪

근로소득 세액공제	소득구간별로 50만~74만 원 한도로 세액공제.
연금계좌 세액공제	연금저축(연 400만 원 한도)이나 IRP(연금저축 한도 포함 연 700만 원 한도) 가입한 경우 납입금액의 12%(총 급여 5,500만 원 초과)나 15%(총 급여 5,500만 원 이하) 세액공제. ☞ 2017년부터는 종합소득금액 1억 원 초과(근로소득만 있는 경우 총 급여액 1억 2천만 원 초과)인 경우 연금저축 한도가 300만 원으로 줄어들었다. 하지만 연금저축 한도를 포함한 IRP의 경우 기존과 동일하게 연 700만 원 내에서 세액공제가 가능하다.
보장성보험료 세액공제	근로자가 기본공제 대상자를 피보험자로 지출한 보장성보험료의 12%를 세액공제함(최고 12만 원 한도).
의료비 세액공제	본인 및 부양가족을 대상으로 총 급여액의 3%를 초과한 의료비의 15%를 세액공제함.
교육비 세액공제	본인 및 자녀를 대상으로 교육비의 15%를 세액공제함.
기부금 세액공제	기부금을 대상으로 세액공제함.
월세액 세액공제	무주택 세대의 세대주(세대주가 주택 관련 공제를 받지 않은 경우 세대원도 가능)로서 총 급여 7천만 원 이하인 근로소득자가 국민주택 규모의 주택(주거용 오피스텔 포함)을 임차하기 위하여 지급하는 연간 월세액(750만 원 한도)의 10%(총 급여액 5,500만 원 이하인 경우 12%)를 세액공제함.

산출세액 - 세액 감면 및 공제 = 결정세액

5단계 : 연말정산 환급액 산출

3단계를 통해 결정된 세금(산출세액)에서 4단계를 통해 산출한 세액공제 금액을 차감하여 최종적으로 납부할 세금(결정세액)이 확정되었다면 이제는 결정세액과 기납부 세액을 비교해야 한다. 이를 통해 연말정산 환급 규모가 결정되는 것이다. 결정세액보다 기납부 세액이 많다면 환급을 받을 것이고, 결정세액보다 기납부 세액이 적다면 세금을 추가로 내야 한다.

결정세액 VS 기납부 세액 → 연말정산 환급액 산출

연말정산 절세 전략 : 소득공제 편

전략 1 : 맞벌이 부부라면 역할분담을 잘하자

연말정산은 크게 소득공제와 세액공제로 나뉘어져 있다. 소득공제는 세금의 기준이 되는 과표를 산출하기 전에 소득에서 차감해주기 때문에 소득이 높은 사람일수록 유리하다. 반면 세액공제는 소득의 크기에 상관없이 일정한 비율로 세금을 환급해주기 때문에 오히려 소득이 적은 사람이 더 유리하다. 특히 세액공제상품인 연금저축과 IRP의 경우에는 총 급여 5,500만 원 이하의 사람에게 더 높은 환급율을 적용하고 있어 소득이 적은 사람에게 돌아가는 혜택이 더 많아졌다.

만약 맞벌이 부부라면 어떤 항목을 누구에게 배분할 것인가를 잘 생각해보고 결정하는 것이 좋다. 왜냐하면 누진세율이 적용되는 소득세의 경우 소득구간별로 서로 다른 세율이 적용되기 때문에 무작정 소득이 높은 사람에게 소득공제를 몰아주기보다는 소득공제를 통해 더 낮은 세율이 적용될 수 있는 사람에게 적절히 배분하는 것이 절세에 도움이 된다. 게다가 신용카드 등 소득공제(총 급여액의 25%) 및 의료비 세액공제(총 급여액의 3%)처럼 최저 사용금액이 있는 경우 근로소득이 적은 사람에게 몰아주는 것이 오히려 절세에 더 도움이 될 수도 있다. 국세청 연말정산 미리보기 서비스를 이용하여 사전에 시뮬레이션을 돌려본다면 절세에 많은 도움이 될 것이다.

참고로 신용카드 등 소득공제의 경우 맞벌이 부부가 각자 명의로 사용한 카드 사용액은 합산할 수 없기 때문에 연말에 누구에게 소득공제를 몰아줄 것인가 고민해봤자 아무런 의미가 없다. 신용카드 등 소득공제의 경우 평소 소비 수준을 고려하여 누구의 카드로 몰아서 쓸 것인지 연초에 미리 고민해둘 필요가 있다.

전략 2 : 인적공제를 활용하라

인적공제는 근로자 본인 및 배우자, 생계를 같이하는 부양가족에 대해 공제를 해주는 제도다. 부양가족 1명당 150만 원의 기본공제가 적용되며 장애인, 경로우대자, 부녀자(근로자 본인에 한정) 그리고 한부모에 해당할 경우 추가공제를 해주고 있다. 본인의 가족 이외에 배우자의 부모나 형제자매도 부양가족으로 인정받을 수 있으므로 맞벌이 부부라면 인적공제를 몰아줄지 아니면 적절히 배분할지 고민해볼 필요가 있다. 일반적으로 소득이 많은 사람에게 부양가족을 몰아주는 것이 좋지만 부부간 소득의 격차가 크지 않거나 소득이 많지 않은 배우자가 부양가족 공제를 통해 적용되는 세율 자체가 바뀌게 되는 등 상황에 따라서는 부양가족을 적절히 배분하는 것이 좋을 수도 있기 때문이다.

부양가족으로 인정받기 위해서는 나이, 소득, 동거 유무 등 일정 조건을 충족해야 한다. 하지만 부모님이나 자식의 경우에는 같이 살지 않아도 나이와 소득 조건만 충족된다면 부양가족으로 인정받을 수 있다. 공제요건은 다음과 같다.

▪ 기본공제 대상자가 되기 위한 요건 ▪

기본공제 대상자	공제요건			
	나이요건*	소득요건 (100만 원 이하)	동거요건	
			주민등록 동거	일시퇴거 허용
본인	×	×	×	–
배우자	×	○	×	–
직계존속	60세 이상	○	△ (주거 형편상 별거 허용)	–
직계비속, 동거입양자	20세 이하	○	×	–
장애인 직계비속의 장애인 배우자	×	○	×	–
형제자매	60세 이상 20세 이하	○	○	○
국민기초생활보장법에 의한 수급자	×	○	○	○
위탁아동	18세 미만	○	–	–

* 장애인의 경우 나이요건 적용하지 않음.
* 나이요건은 당해 과세기간 중 해당하는 날이 있는 경우 공제 대상자로 함.

소득요건에 대해 부연설명을 하자면 본인을 제외한 나머지 부양가족은 연간 소득금액 합계액이 100만 원(근로소득만 있을 경우 총 급여액 500만 원)을 넘어서는 안 된다. 연간 소득금액에 포함되는 소득은 종합소득, 퇴직소득, 양도소득이다. 만약 부모님이 연금은 받지만 종합과세 소득자가 아니라면 부양가족으로 인정받아 공제가 가능하다.

전략 3 : 청약통장을 활용하자

과세연도 총 급여 7천만 원 이하 근로자인 무주택세대주의 경우 2019년 12월 31일까지 청약저축 및 주택청약종합저축 연 납입금액 240만 원을 한도로 납입한 금액의 40%(최고 96만 원)를 소득공제 받을 수 있다. 참고로 주택청약의 경우 주택임차차입금 원금과 이자상환액에 대한 소득공제와 합산하여 최고 300만 원까지 소득공제가 가능하다. 예를 들어, 주택임차차입금 원리금상환액에 대한 소득공제를 250만 원 받았다면 청약통장을 활용하여 받을 수 있는 소득공제 금액은 최대 50만 원까지 가능한 것이다.

그렇다면 소득공제 효과는 얼마나 될까? 예를 들어, 15%의 세율을 적용받는 근로자가 96만 원을 모두 소득공제 받는다면 96만 원의 15%인 144,000원(지방세 10% 포함 시 158,400원)을 돌려받을 수 있다. 소득공제를 받기 위해서는 세대주임을 증명하기 위한 자료인 주민등록등본을 가지고 청약종합저축 가입 은행에 방문하여 무주택확인서를 작성해야 한다.

소득공제를 받았을 때 주의해야 할 사항이 있다. 소득공제를 받은 자가 가입 후 5년 이내에 청약통장을 해지하거나 국민주택 규모(전용면적 85m^2 이하)를 초과하는 주택(국민/민영 모두 해당)에 청약하여 당첨된 경우 소득공제 받은 부분에 대해 추징당할 수 있다.

전략 4 : 주택 관련 대출을 받을 때는 소득공제 가능 여부를 확인하라

주택을 구입하면서 대출을 받거나 전세로 들어가면서 전세자금대출을 받을 경우 장기주택저당차입금 이자상환액 공제와 주택임차차입금 원리금상환액 공제 항목으로 소득공제가 가능하다. 이왕이면 다홍치마라고 하지 않는가. 가능하면 집을 구하기 전에 다음의 조건을 숙지하여 아쉽게 소득공제의 기회를 놓치는 일이 없도록 해야 할 것이다. 특히 장기주택저당차입금 이자상환액 공제의 경우 관련 세법이 지속적으로 바뀌기 때문에 변경된 사항은 없는지 미리 확인해볼 필요가 있다.

주택임차자금 원리금상환액(전세자금대출 관련)

공제금액 : 원리금상환액의 40%(연 300만 원 한도)

*** 주택마련저축 불입액 공제와 합하여 연 300만 원 한도**

공제요건

(1) 무주택 세대의 세대주(세대주가 주택 관련 공제를 받지 않은 경우 세대원도 가능)인 근로자

(2) 국민주택 규모(85m² 이하 주택, 다만 수도권을 제외한 도시 지역이 아닌 읍 · 면 지역은 100m² 이하 주택)의 주택을 임차

– 대출기관으로부터 차입한 경우

(1) 임대차계약증서의 입주일과 주민등록등본의 전입일 중 빠른 날로부터 전후 3개월 이내에 차입한 자금일 것

(2) 차입금이 대출기관에서 임대인의 계좌로 직접 입금될 것

– 대부업 등을 경영하지 아니한 거주자로부터 차입한 경우

(1) 해당 과세기간의 총 급여액이 5천만 원 이하일 것

(2) 임대차계약증서의 입주일과 주민등록등본의 전입일 중 빠른 날로부터 전후 1개월 이내에 차입한 자금일 것

(3) 기획재정부장관이 정한 이자율(1,000분의 25)보다 낮은 이자율로 차입한 자금이 아닐 것

장기주택저당차입금 이자상환액 소득공제(주택마련대출 관련)

공제금액

(1) 대출기간 15년 이상 : 500만 원
(2) 대출기간 15년 이상 & 고정금리 혹은 비거치식 분할상환 : 1,500만 원
(3) 대출기간 15년 이상 & 고정금리 & 비거치식 분할상환 : 1,800만 원

공제요건

(1) 채무자와 주택의 소유주가 동일할 것
(2) 취득 당시 무주택 세대주(2014년 1월 1일 이후 취급분은 취득 당시 무주택 또는 과세기간 종료일 현재 1주택자)
(3) 취득 당시 주택의 기준시가가 5억 원 이하일 것(기준시가는 부동산 공시가격으로 적용하며 KB시세나 담보 기준가가 아님)
(4) 주택 소유권 이전등기 또는 보존등기일로부터 3개월 이내에 차입
(5) 대출기간은 총 15년 이상일 것

참고로 오피스텔은 건축법상 업무시설로 분류되기 때문에 주거용 오피스텔을 구입하면서 받은 대출은 장기주택저당차입금 이자상환액 공제를 받을 수 없다. 하지만 주거용 오피스텔의 경우 월세액 세액공제와 주택임차차입금 원리금상환 공제는 가능하다.

전략 5 : 신용카드 소득공제보다 지출 자체를 줄이자

많은 사람들이 연말정산 절세 전략의 하나로 신용카드 등 소득공제에 대해 이야기한다. 하지만 필자는 신용카드 등 소득공제를 최대한 많이 받기 위해 소위 말하는 '신용카드와 체크카드의 황금비율(총 급여의 25%까지는 신용카드를 쓰고 나머지는 체크카드를 사용)'에 맞춰 사용하기보다는 차라리 신용카드 등 소득공제를 포기하는 편이 낫다고 생각한다. 많이 써서 소득공제를 최대 한도로 받는 것보다는 차라리 안 쓰고 소득공

제를 안 받는 편이 훨씬 이익이기 때문이다. 이 분야만큼은 절세방법에 대해 고민하기보다는 소비를 줄여 저축액을 늘리는 데 초점을 두는 것이 좋다.

신용카드와 체크카드의 황금비율이란?

신용카드 등 소득공제를 염두에 둔 직장인이라면 고민할 수밖에 없는 부분이 하나 있다. 그건 바로 소득공제율이 높은 신용카드 이외의 결제수단을 이용하는 것이 좋을지, 아니면 소득공제를 다소 포기하더라도 혜택이 좋은 신용카드를 이용하는 것이 좋을지에 대한 고민이다. 왜냐하면 신용카드 공제율은 15%인 반면 현금영수증, 직불카드, 선불카드, 직불전자지급수단 등은 30%의 공제율이 적용되기 때문이다.
이러한 고민에서 나온 것이 바로 신용카드와 체크카드 사용의 황금비율이다. 신용카드와 체크카드의 황금비율이란 총 급여의 25%까지는 상대적으로 혜택이 좋은 신용카드를 사용하고 초과분에 대해서는 소득공제율이 높은 체크카드나 현금영수증을 사용하는 것이다. 이유는 간단하다. 신용카드 등 소득공제는 전체 사용 금액에서 총 급여의 25%에 해당되는 금액을 차감한 후 나머지 금액에 대해서만 소득공제를 해주기 때문이다. 즉, 총급여의 25%에 해당하는 금액까지는 소득공제와 상관없으므로, 이 수준까지는 소득공제율은 낮아도 혜택이 좋은 신용카드를 사용하는 것이 보다 유리하다.

공제금액 : (신용카드 등 사용금액 – 총 급여액의 25%)×소득공제율(15%, 30%, 40%)
공제한도 : Min(급여 수준별 공제한도, 총 급여액의 20%)

총 급여 수준별 공제한도

총 급여액	공제한도
7천만 원 이하	300만 원
7천만 원 ~ 1억 2천만 원	250만 원
1억 2천만 원 초과	200만 원

총 급여 5,000만 원인 근로자를 기준으로 신용카드 등 소득공제를 최대한 받기 위해 써야 할 금액에 대해 알아보도록 하자. 참고로 전통시장과 대중교통 이용분에 대해서는 공제한도(Min(급여 수준별 공제한도, 총 급여액의 20%))를 초과한 금액에 대해 40%의 공제율을 적용하여 각각 100만

원씩을 한도로 추가공제해주고 있다. 여기에 2018년 7월 1일 이후부터 총급여 7천만 원 이하 근로자에 한해 도서, 공연, 박물관, 미술관 이용분에 대해 추가공제가 가능해졌다. 도서, 공연, 박물관, 미술관의 경우 30%의 공제율이 적용되며 전통시장과 대중교통 이용분과 마찬가지로 100만 원을 한도로 추가공제를 해주고 있다.

■ 총 급여 5,000만 원 근로자의 소득공제 가능 금액 ■

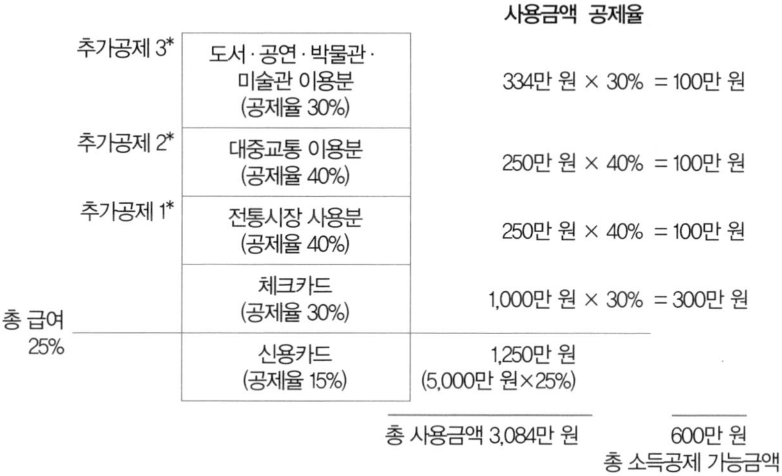

총 급여 5,000만 원의 근로자가 소득공제를 최대한 받기 위해서는 최소 3,084만 원 이상을 써야 한다. 그중 신용카드 등 소득공제를 받기 위해 써야 할 최소한의 금액은 1,250만 원(총 급여의 25%)으로 이 금액을 넘겨야 비로소 소득공제를 받을 수 있다. 매월 100만 원은 써야 비로소 소득공제가 가능한 것이다. 여기에 신용카드로 결제한 보장성보험료, 세금, 공과금, 아파트 관리비 그리고 도로 통행료 등은 신용카드 등 사용금액에서 제외된다. 특히 추가공제 항목인 대중교통 이용분의 경우 연간

250만 원을 써야만 추가적인 소득공제가 가능한데, 매월 21만 원 정도 써야 하는 셈이다. 온 가족이 모두 동원되더라도 대중교통 요금으로 매월 이 정도를 쓰기는 쉽지 않다.

이렇게 해서 받게 되는 세금 혜택은 얼마나 될까? 총 급여 5,000만 원이라면 독신자라 하더라도 근로소득공제와 인적공제 그리고 국민연금보험료, 건강보험료, 노인장기요양보험료, 고용보험료만 공제받아도 세율 15% 구간(과세표준 1,200만 원 이상, 4,600만 원 이하)에 들어간다. 신용카드 등 소득공제 600만 원으로 돌려받는 세금은 지방세를 포함해서 16.5%가 된다(지방세는 소득세의 10%다). 금액으로 환산하면 990,000원이다. 이 금액을 환급받기 위해서 매월 257만 원씩 쓰기보다는 차라리 매월 8만 원 정도 아껴 쓰는 것이 더욱 현명하다. 따라서 신용카드 등 소득공제에 대해 고민하지 말고 차라리 어떻게 하면 조금이라도 더 아껴 쓸 수 있을까 고민하자. 신용카드 등의 소득공제를 하나도 받지 못했다면 스스로를 대견하게 생각해도 좋을 것이다.

연말정산 절세 전략 : 세액공제 편

전략 6 : 의료비, 누구에게 몰아줄까?

의료비의 경우 근로자 본인이나 배우자 그리고 생계를 같이 하는 부양가족이 지출한 의료비에 대해 총 급여액의 3%를 초과한 금액부터 세액공제가 가능하다. 세액공제율은 15%다. 만약 부양가족으로 등록되어 있다면 소득이나 나이에 상관없이 공제를 받을 수 있다. 의료비의 경우에는 맞벌이 부부라 하더라도 어느 한쪽으로 몰아서 공제를 받을 수 있기 때문에 누가 받는 것이 더 유리한지를 객관적으로 판단할 필요가 있다. 의료비 세액공제의 경우 급여의 많고 적음에 상관없이 똑같이 공제를 받을 수 있으나 총 급여액의 3%를 초과하는 금액부터 세액공제를 받을 수 있기 때문에 둘로 나눠서 받기보다는 소득이 적은 쪽으로 몰아주는 것이 더 유리하다.

의료비 세액공제 한도는 700만 원이지만 근로자 본인, 65세 이상자,

장애인을 위해 지출한 의료비 그리고 난임시술비는 한도제한 없이 공제된다. 그리고 2019년부터는 총급여 7천만원 이하 근로자, 사업소득금액 6천만 원 이하 성실사업자 및 성실신고확인대상자에 한해 산후조리원 비용도 200만 원 한도로 세액공제된다. 참고로 의료비 중 시력보정용 안경이나 콘텍트렌즈(1인당 50만 원 이내), 보청기, 휠체어 등 장애인 보장구 구입비는 국세청에서 제공하는 연말정산간소화 서비스를 통해서 확인되지 않는 경우가 많으니 직접 영수증 등 증빙자료를 챙겨두는 것이 좋다.

▪ 의료비 세액공제 사례 ▪

구분	의료비 세액공제
보험회사로부터 수령한 보험금으로 지급한 의료비(선 지급 후 보험금 수령)	공제대상 아님
국민건강보험공단으로부터 본인부담상한제에 따라 보전받는 사후 환급금	공제대상 아님
맞벌이 배우자를 위하여 본인이 지출한 의료비(중복공제 안 됨)	공제대상
국민건강보험공단으로부터 수령한 출산 전 진료비 지원금액(고운맘카드)	공제대상 아님
의료기관에 해당하지 않는 산후조리원에 지급한 비용	공제대상 아님
형님이 부양하는 아버지를 위해 본인이 지출한 의료비	공제대상 아님
일반응급환자이송업체 소속 구급차 이용 비용	공제대상 아님
지방자치단체가 지정한 발달재활 서비스 제공기관에 지출한 장애인 자녀의 언어치료 비용	공제대상
외국 병원에 지출한 의료비	공제대상 아님
의료기관이 아닌 간병인에게 개인적으로 지급한 비용	공제대상 아님
진단서 발급 비용	공제대상 아님
건강기능식품 구입 비용	공제대상 아님
질병을 원인으로 유방을 절제한 후 이를 재건하기 위하여 의료기관에 지급한 비용	공제대상

전략 7 : 교육비 세액공제, 아는 만큼 챙긴다

교육비 세액공제의 경우 기본공제 대상자(나이요건 제한 없음)를 위해 지출한 교육비의 15%에 해당하는 금액을 세액공제 해주고 있다. 하지만 직계존속(본인 및 배우자의 부모)은 기본적으로 교육비 세액공제 대상이 아니다. 다만 직계존속이라 하더라도 장애인 특수교육비의 경우는 공제 가능하다. 교육비의 경우에도 평소 영수증 등 증빙서류를 잘 챙겨둘 필요가 있다. 구체적인 세액공제 대상금액 한도는 다음과 같다.

▪ 기본공제 대상자별 세액공제 대상금액 한도 ▪

구분	세액공제 대상금액 한도
근로자 본인	전액 공제 가능 (대학원 교육비, 직업능력개발훈련시설 수강료, 시간제 등록 포함)
장애인 특수교육비 (소득 · 나이 제한 없음)	전액 공제 가능 (장애인재활교육을 위해 사회복지시설 등에 지급한 비용) *** 장애아동 발달재활 서비스 제공기관 이용료는 나이요건(만 18세 미만) 제한**
기본공제 대상자인 (나이 제한 없음) 배우자, 직계비속, 형제자매, 입양자 및 위탁아동	① 유치원아, 보육시설의 영유아, 취학 전 아동, 초 · 중 · 고등학생 → 1명당 연 300만 원 ② 대학생 → 1명당 연 900만 원 ③ 대학원생 → 공제대상 아님

*** 직계존속은 교육비 세액공제 대상이 아님(장애인 특수교육비는 공제 가능)**

▪ 주요 교육비 세액공제 대상 ▪

구분	공제대상 기관	공제대상 교육비
취학 전 아동	유치원, 보육시설, 학원, 체육시설, 외국교육기관(유치원)	보육료, 입학금, 보육비용, 그밖의 공납금 및 학원 · 체육시설 수강료(1주 1회 이상 이용), 방과 후 수업료(특별활동비 · 도서구입비 포함, 재료비 제외), 급식비 *** 유치원 종일반 운영비 포함**

초 · 중 · 고등학생	초 · 중 · 고등학교, 인가된 외국인학교, 인가된 대안학교, 외국교육기관	수업료, 입학금, 방과 후 학교 수강료(도서구입비 포함, 재료비 제외), 학교급식법에 의한 급식비, 학교에서 구입한 교과서대, 교복 구입 비용(중고생 1인당 50만 원 이내)
대학생	대학교, 특수학교, 특별법에 의한 학교, 외국교육기관	수업료, 입학금 등

여기에 2017년부터는 초·중·고 자녀의 체험학습비(학생 1인당 연간 30만 원 한도)와 학자금대출 원리금상환액이 세액공제 항목에 추가되었다. 교육비 세액공제가 적용되는 학자금대출의 범위는 '한국장학재단 설립 등에 관한 법률'에 따른 취업 후 상환 학자금대출과 일반 상환 학자금대출, '농업인의 삶의 질 향상 및 농어촌 지역 개발촉진에 관한 특별법'에 따른 농어촌 출신 대학생의 학자금 융자 그리고 한국주택금융공사법에 따라 한국주택금융공사가 금융기관으로부터 양수한 학자금대출로 정해졌다. 참고로 세액공제에 포함되는 학자금대출은 등록금 대출만 해당되며 생활비 대출은 제외되었다.

전략 8 : 기부금 세액공제, 허위로 신고하면 안 된다

기부금 세액공제의 경우 기부금 종류별로 공제한도가 모두 다르다. 예를 들어, 정치자금기부금과 법정기부금의 경우 근로소득금액 범위 내에서 전액 인정받을 수 있다. 하지만 우리사주조합기부금과 종교단체를 제외한 지정기부금의 경우 근로소득금액의 30%, 종교단체 지정기부금의 경우 근로소득금액의 10% 범위 내에서만 세금 혜택을 받을 수 있다. 정치자금의 경우 10만 원까지는 기부금액의 100/110을 돌려받을 수 있으나, 10만 원 초과 3천만 원 이하 기부금은 15%, 3천만 원 초과분은 25%의 공제율을 적용하여 세금을 돌려받을 수 있다. 정치자금 이외의 기부금에 대해서는 1천만 원 이하의 경우 15%, 1천만 원 초과분은 30%의 공제율이 적용된다.

법정기부금과 지정기부금(종교단체 포함)의 경우 기본공제 대상인 배우자, 직계존속, 직계비속 그리고 형제자매 등의 기부금도 공제 가능하니 놓치지 말아야 한다. 또한 기부금의 경우 연말정산간소화 서비스를 통해 확인되지 않는 것도 많으니 기부금 영수증을 챙겨두는 것도 좋은 방법이다. 참고로 기부금 세액공제를 받은 근로자를 대상으로 과세기간 종료일로부터 2년 이내에 표본조사를 실시하여 기부금 적정성 여부를 조사하기 때문에 허위로 기부금을 신고하여 부당하게 세액공제를 받는 일은 없어야겠다.

전략 9 : 월세 세액공제, 세대원도 받을 수 있다

월세 세액공제의 경우 무주택 세대의 세대주이며 총 급여액이 7천만 원(종합소득금액 6천만 원) 이하인 근로자가 국민주택 규모의 주택(오피스텔 포함)을 임차하기 위해 지급한 월세액(연 750만 원 한도)의 10%(총 급여액 5,500만 원 이하인 경우 12%)를 공제해준다. 참고로 세대주가 주택자금공제 및 주택마련저축공제를 받지 아니한 경우에는 세대원도 세액공제를 받을 수 있다. 세액공제를 받기 위해서는 세액공제를 신청하는 근로자 본인 명의로 임대차계약서를 작성해야 하며, 임대차계약서의 주소지와 주민등록등본의 주소지가 같아야 한다. 공제를 받기 위해서는 주민등록등본, 임대차계약서 사본 그리고 주택 임대인에게 월세액을 지급하였음을 증빙할 수 있는 서류를 함께 제출해야 한다.

전략 10 : 연금계좌 세액공제, 소득이 낮은 사람에게 몰아주기

연금계좌 세액공제를 위한 대표적인 상품은 바로 연금저축과 IRP(개인형 퇴직연금)다. 연금계좌 세액공제는 소득이 낮은 사람에게 더 높은 세액공제율이 적용되기 때문에 맞벌이 부부라면 누구에게 몰아줄 것인지 잘 판단할 필요가 있다. 이에 대한 구체적인 내용은 뒤에서 자세히 살펴보도록 하겠다.

▪ 연금계좌 세액공제율 ▪

구분	세액공제율
총 급여액 5,500만 원 이하 종합소득금액 4,000만 원 이하	16.5%(지방소득세 포함)
총 급여액 5,500만 원 초과 종합소득금액 4,000만 원 초과	13.2%(지방소득세 포함)

전략 11 : 놓친 연말정산, 기회는 또 있다

연말정산 때 실수로 공제 항목을 누락하여 환급을 받지 못했다면 어떻게 해야 할까? 매년 5월에 있는 종합소득신고기간을 이용하여 주소지 관할세무서장에게 종합소득확정신고를 통해 추가로 공제 가능하다. 만약 이 기간마저 놓쳤다면 세액납부기한 경과 후 5년 이내에 주소지 관할세무서장에게 경정청구를 하면 된다. 두 가지 방법 모두 홈택스를 통해 간

편하게 신청할 수 있으니 걱정할 필요는 없다.

알면 도움이 되는 금융상식 5

연말정산 과다 신청으로 인한 가산세

국세청은 연말정산 신고가 끝나면 소득공제 적정성 여부에 대해 검증한다. 검증 결과 허위로 드러날 경우 최고 40%의 가산세가 부과될 수 있으니 각별한 주의가 필요하다.

▪ 부당공제 주요 유형 ▪

소득금액 기준 초과 부양가족 공제	근로소득, 사업소득, 양도소득, 퇴직소득 등의 연간 소득금액 합계액이 100만 원(총 급여 500만 원) 초과한 부양가족에 대해서 기본 공제, 추가 공제 및 특별 공제
부양가족 중복공제	맞벌이 부부가 자녀를 중복공제, 형제자매 간에 부모님을 중복공제
기부금 과다공제	허위 또는 과다하게 작성된 기부금 영수증 제출, 부적격 단체에 기부, 기부금 공제대상이 아닌 대가지급 금품(사주나 작명 비용 등)
의료비 과다공제	형제자매가 부모님 의료비를 나누어 공제(부모님을 기본 공제자로 공제받는 1명만 공제 가능), 부부가 자녀 의료비를 각각 공제, 보험회사나 사내근로복지기금으로부터 보전받은 의료비 공제
교육비 과다공제	자녀교육비를 부부가 중복공제 (참고로 대학원은 본인만 공제 가능하며, 교육비 중 사내근로복지기금에서 지원받거나 학교에서 받은 장학금은 교육비 공제 불가)
신용카드 중복공제	맞벌이 부부가 자녀가 사용한 금액을 중복공제

반드시 가입하자 :
1. 주택청약종합저축

월급쟁이라면 반드시 가입해야 할 상품으로 주택청약종합저축이 있다. 주택청약종합저축의 가장 큰 특징은 신규 아파트를 분양받을 수 있다는 점이다. 특히 사회 초년생일수록 청약통장에 관심을 가져야 하는 이유는 2018년 5월 신혼부부 특별공급 개선방안이 마련되면서 신혼부부를 위한 주택 특별공급물량이 2배로 확대되는 한편, 그 기준도 완화되고 있기 때문이다. 신혼부부 특별공급을 받기 위한 지원대상이 기존 혼인기간 5년 이내 유자녀 가구에서 혼인기간 7년 이내, 무자녀, 예비부부로 확대되었다. 소득기준도 완화되어 기존 도시근로자 월평균 소득 100%(맞벌이 120%)에서 120%(맞벌이 130%)로 확대되었다. 게다가 2021년 말까지 가입 가능한 '청년 우대형 주택청약 종합저축'의 경우 최대 3.3% 이율(2019년 2월 기준)은 물론 비과세 혜택까지 주어지기 때문에 반드시 관심을 가질 필요가 있다.

실수요자 위주로 개편되는 주택청약제도

최근 청약제도는 무주택 실수요자들이 내 집 마련을 할 수 있는 가능성을 높이기 위해 이들의 당첨 확률을 높이는 방향으로 지속적인 개편이 있어 왔다. 2017년 8·2 부동산 대책을 통해 투기과열지구와 조정대상지역의 1순위 자격요건이 더욱 까다로워졌다. 우선 청약 1순위 자격을 얻는 기간을 2년으로 늘리고 국민주택에 한해 납입횟수를 24회로 강화하였다. 또한 민영주택 공급 시 가점제 적용대상을 늘림으로써 무주택 실수요자들의 당첨 기회를 높여주었다.

여기에 2018년 9·13 부동산 대책의 후속조치로 변경된 청약제도가 12월 11일부터 시행됨에 따라 민영주택 추첨제 공급 시 무주택자에게 우선 공급되는 물량이 확대되었다. 기존에는 추첨제의 경우 민영주택 1순위자를 대상으로 무작위 추첨을 진행하였으나 이제는 추첨제 대상 물량 중 75%를 무주택자에게 우선 공급하고, 나머지 25%를 무주택자와 기존주택 처분 조건의 1주택 수요자에게 공급하게 되었다. 그래도 남는 물량이 있을 때 비로소 유주택 1순위자에게 공급되기는 하지만, 이번 개정안

▪ 민영주택 가점제/추첨제 적용비율 ▪

구분	85㎡ 이하		85㎡ 초과	
	가점제	추첨제	가점제	추첨제
수도권 공공택지	100%	–	가점제 50% 이하에서 지자체가 결정	
투기과열지구	100%	–	50%	50%
조정대상지역	75%	25%	30%	70%
기타지역	가점제 40% 이하에서 지자체가 결정		–	100%

※ 가점제(만점 84점) : 무주택기간 32점, 부양가족 35점, 저축기간 17점

은 유주택자의 청약제도 이용을 사실상 제한했다고 볼 수 있다.

국민주택을 노린다면, 월 10만 원 납입을 목표로 하라

국민주택은 국민주택기금으로부터 자금을 지원받아 건설하는 전용면적 85㎡이하의 주택이다. 정부가 주택공급사업의 일환으로 서민을 위해 짓기 때문에 분양가가 비교적 저렴하여 인기가 많다. 국민주택에 당첨되기 위해서는 무주택 세대원 기간, 납입 인정 회차, 저축 총액, 부양가족 수 등을 고려하여 동일 순위 내 우선공급대상자를 선발하게 된다. 이 중 납입 회차와 저축 총액이 중요한데, 납입 회차의 경우 되도록 빨리 가입해서 매월 꾸준히 납입하는 것이 가장 좋다. 하지만 저축 총액의 경우는 전략적으로 접근할 필요가 있다.

주택청약종합저축의 경우 입금 회차별로 2만 원부터 50만 원 내에서 자유롭게 납입하면 되지만, 국민주택에 청약할 때는 회차별로 최대 10만 원까지만 납입금액을 인정받게 된다. 따라서 저축 총액에서 밀리지 않기 위해서는 되도록 10만 원을 채워서 넣는 것이 중요하다. 동일한 납입 인정 회차라도 매번 2만 원씩 납입한 사람은 10만 원씩 납입한 사람에 비해 순위가 뒤쳐질 수밖에 없기 때문이다. 여유가 된다면 50만 원씩 넣어도 좋겠지만, 주택청약종합저축의 경우 일부 인출이 불가하기 때문에 너무 많은 돈을 청약통장에 묶어두는 것은 자금 운용에 있어 부담으로 작용할 수도 있다. 따라서 국민주택을 노린다면 최고 인정 금액인 10만 원을 목표로 납입하는 것이 가장 효과적이다.

청년 우대형 주택청약종합저축

저소득, 무주택 청년의 주택 구입 및 임차자금 마련 지원을 위해 기존 주택청약종합저축의 기능은 그대로 유지하면서 우대금리 및 비과세혜택을 주는 청년 우대형 주택청약 상품이 출시되었다. 가입대상은 만 19세 이상 만 34세 이하로 직전년도 신고소득 3천만 원 이하인 거주자이다. 세대주 여부는 무주택 세대주이거나 3년 이내 무주택 세대주 예정자 또는 무주택 세대의 세대원이면 가능하다. 3년 이내 무주택 세대주 예정자도 가입할 수 있기 때문에 주택임차자금 부족으로 부모로부터 독립하지 못한 세대주가 아닌 청년도 가입이 가능해졌다(참고로 병영증명서에 의한 병역 이행기간이 있는 경우, 최대 6년까지 병영이행기간을 인정받을 수 있기 때문에 이 기간을 제외한 연령이 만 34세 이하라면 신청 가능하다).

청년 우대형 주택청약종합저축의 경우 원금 5천만 원에 한해 최대 10년간 주택청약종합저축의 이율에 1.5% 가산된 이자를 받을 수 있다. 2019년 2월 현재 2년 이상 보유한 주택청약종합저축의 이자가 1.8%이므로 청년 우대형 주택청약종합저축의 경우 최대 3.3%의 이율을 받을 수 있는 셈이다. 또한 무주택 세대주라면 2년 이상 유지 시 최대 10년간 이자소득

▪ 청년 우대형 주택청약종합저축 가입조건 ▪

	내용
나이	만 19세~34세(병역기간 최대 6년까지 인정)
소득	직전년도 신고소득 3천만 원
세대주 여부	1. 무주택 세대주 2. 3년 이내 무주택 세대주 예정자 3. 무주택 세대의 세대원

500만 원을 한도로 비과세 혜택도 가능하다. 물론 요건 충족 시 주택청약종합저축에 대한 근로소득공제도 가능하다.

참고로 현재 주택청약종합저축을 보유한 사람이라도 청년 우대형 주택청약종합저축으로 전환 가능하다. 전환 시 기존 가입기간 및 납입 인정 회차를 연속하여 인정받을 수 있다.

반드시 가입하자 :
2. 연금저축/IRP(개인형 퇴직연금)

월급쟁이라면 반드시 가입해야 할 상품 두 번째는 노후 준비와 세테크를 동시에 할 수 있는 연금저축과 IRP다. 연금저축과 IRP는 국가가 개인들로 하여금 스스로 노후를 준비하도록 독려하는 차원에서 세금 혜택을 주고 있는 상품들로 향후 국민연금과 더불어 노후생활의 안전판 역할을 톡톡히 해줄 것으로 기대되고 있다. 한 번 가입하면 55세 이후에나 연금으로 받을 수 있어 자금이 장기간 묶인다는 부담은 있지만 은퇴 준비는 젊어서부터 시작해야 한다는 점을 고려해봤을 때 본인이 여력이 되는 범위 내에서는 적극 활용할 필요가 있다.

연금저축과 IRP의 세금 혜택

연금저축은 누구나 가입 가능한 상품으로 소득에 따라 연간 300만~

400만 원을 한도로 납입한 금액 전부에 대해 세액공제가 가능하다. 과거 IRP의 경우 퇴직연금(DB/DC) 가입자나 퇴직금 수령자만 가입할 수 있어 퇴직연금 가입 대상이 아닌 자영업자나 공무원, 군인, 교사 등은 가입할 수 없었다. 하지만 2017년 7월 26일부터 가입대상이 확대됨에 따라 IRP도 연금저축처럼 소득이 있는 누구나 가입 가능하도록 바뀌었다. IRP는 연금저축 한도와 합산하여 최고 700만 원까지 세액공제가 가능하다. 예를 들어, 연금저축으로 매년 400만 원을 납입하고 있는 근로자라면 IRP로 300만 원 추가 세액공제가 가능하다. 만약 연금저축이 없는 근로자라면 IRP 하나만으로도 700만 원까지 세액공제가 가능하다.

참고로 2017년부터는 고소득자에 대한 연금저축 세액공제 한도가 축소되었다. 종합소득금액 1억 원 초과(근로소득만 있는 경우 총 급여액 1억 2천만 원 초과)인 경우 연금저축 한도가 300만 원으로 줄어들었다. 하지만 연금저축 한도를 포함한 IRP의 경우 기존과 동일하게 연 700만 원 내에서 세액공제가 가능하다. 따라서 연금저축과 IRP를 모두 가지고 있는 종합소득금액 1억 원 초과 고소득자라면 연금저축 한도를 300만 원으로 줄이는 대신 IRP 한도를 400만 원으로 늘려두는 것이 좋다.

연금저축과 IRP는 소득 구간에 따라 다른 세액공제율이 적용된다. 근로자의 경우 총 급여가 5,500만 원 이하라면 납입금액의 16.5%(지방소득세 포함)를 세액공제 받을 수 있지만, 총 급여 5,500만 원을 초과하는 근로자라면 13.2%(지방소득세 포함)를 적용받게 된다. 만약 총 급여 5,500만 원 이하의 근로자라면 최대 700만 원까지 납입금액의 16.5%(지방소득세 포함)를 세액공제 받을 수 있어 최대 1,155,000원의 세금을 돌려받을 수 있게 된다.

▪ 소득 구간에 따른 연금저축과 IRP의 세액공제율 ▪

납입액	연금저축 400만 원	IRP 300만 원	연금저축 + IRP 700만 원
총 급여액 5,500만 원 이하 종합소득 4,000만 원 이하 16.5%(지방소득세 포함)	660,000원	495,000원	1,155,000원
총 급여액 5,500만 원 초과 1억 2천만 원 이하 종합소득 4,000만 원 초과 1억 원 이하 13.2%(지방소득세 포함)	528,000원	396,000원	924,000원

나에게 맞는 연금저축 고르기

연금저축에는 펀드, 신탁, 그리고 보험, 이렇게 세 종류가 있다. 각 상품별 특징은 다음과 같다. 연금저축신탁과 펀드는 자유롭게 납입이 가능하고, 운용 실적에 따라 수익률이 달라진다. 연금저축신탁은 100% 채권으로 운용되는 채권형과 90%는 채권으로 운용하고 10%만 주식으로 투자하는 안정형, 이렇게 두 가지 형태가 있다. 주식의 비중이 적은 만큼 상대적으로 안정적인 운용이 가능하며 납입한 원금을 보장해주는 특징이 있다. 반면 연금저축펀드는 공격적인 운용으로 고수익을 추구할 수 있으나 원금손실 가능성이 존재한다. 대신 MMF에서부터 채권형, 혼합형 그리고 주식형까지 다양한 펀드가 존재하며 투자대상도 국내에 국한되지 않고 해외까지 가능하다. 펀드 내에서 상품 변경이 자유로워 시장 상황에 맞는 전략을 구사할 수도 있다.

연금저축보험은 공시이율로 운용되는 상품으로 매월 동일한 금액을 입금해야 한다. 금리에 연동해서 운용되기 때문에 원금이 보장되며, 생명보험사 상품의 경우 죽을 때까지 연금을 받을 수도 있다(종신형). 매월 정기적으로 납부해야 하는 부담은 있지만 납입유예제도를 활용하여 일정기간 납입을 연기할 수 있다. 신탁과 펀드 대비 보험의 장점은 가입기간이 길어질수록 수수료가 저렴해진다는 점이다. 보험의 경우 매월 납입해야 하는 돈에서 설계사 수당 등 사업비 명목으로 보험사가 수수료를 차감하기 때문에 가입 초기에는 수수료 부담이 상대적으로 크지만 일정기간이 지나면 다른 상품에 비해 수수료가 훨씬 저렴해진다. 반면 신탁과 펀드는 적립액 기준으로 수수료를 매기기 때문에 납입기간이 길어질수록 더 많은 수수료를 차감하게 된다. 연금저축의 경우 장기상품이라는 점을 고려해봤을 때 수수료도 잘 따져봐야 할 것이다.

▪ 연금저축 상품별 특징 ▪

구분	연금저축		
	펀드	신탁	보험
납입방법/한도	연간 1,800만 원 한도 자유납입		월 보험료 5만~150만 원 매월 정액 납입 (납입중단 시 실효) – 납입유예 신청 가능
수익률	실적배당	실적배당	공시이율
운용	상대적으로 공격적 운용	안전자산 위주 투자	안정적 운용
상품유형	다양한 연금전용 펀드로 구성 – MMF, 채권형, 혼합형 주식형	안정형 (채권 90%, 주식 10%), 채권형(채권 100%)	금리연동형 (유배당, 무배당)
원금보장	원금 비보장	원금보장	원금보장
연금수령 기간	확정기간형(10년 이상)	확정기간형(10년 이상)	종신형 (최소 보증기간 있음), 확정기간형(10년 이상)

※연금저축신탁은 원리금 보장 상품 위주의 판매관행 개선을 목적으로 2018년 1월 1일부터 신규가 중지됨

▪ 나에게 맞는 연금저축 고르기 ▪

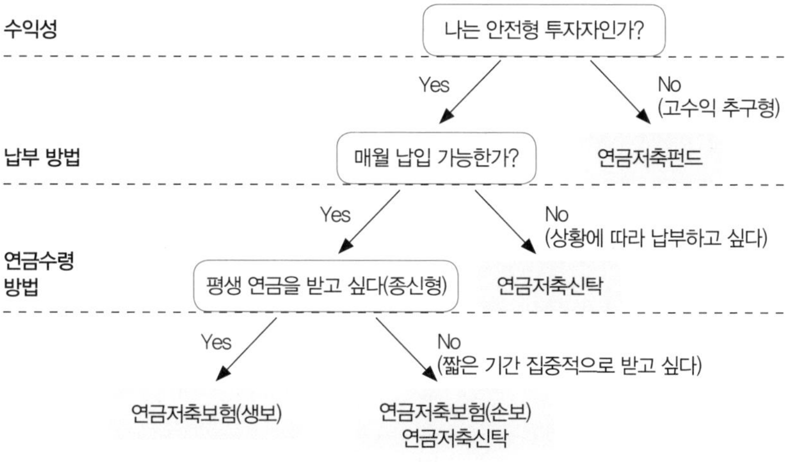

IRP는 연금저축펀드와 비슷하나 상품의 구성이 더욱 다양하다고 생각하면 된다. 연금저축펀드 상품 라인업에 확정이율상품인 정기예금까지 가입이 가능해 상품 선택에 따라 안정적인 운용부터 공격적인 운용까지 다양한 전략을 구사할 수 있다.

▪ 개인형 퇴직연금(IRP) ▪

구분	개인형 퇴직연금(IRP)
납입방법/한도	연간 1,800만 원 한도/자유납입
수익률	실적배당, 확정이율 복합구성 가능
운용	상품 선택에 따라 안정적 운용부터 공격적 운용까지 다양
상품유형	다양한 상품 구성 – 정기예금, 채권형 펀드, 혼합형 펀드, 주식형 펀드 등
원금보장	상품에 따라 원금보장 여부가 각기 다름
연금수령 기간	확정기간형(10년 이상)

반드시 가입하자 : 3. 실손의료보험

아파서 병원에 갔을 때 의료비를 보장받을 수 있는 보험이 바로 실손의료보험이다. 안 그래도 팍팍한 살림살이에 갑자기 아파서 병원에 가야 한다면 부담이 이만저만이 아닐 것이다. 이런 위험에 대비하기 위해 실손의료보험 하나쯤은 가입해둬야 한다. 그래서 필자는 월급쟁이라면 누구나 묻지도 따지지도 말고 가입해야 할 세 번째 금융상품으로 실손의료보험을 추천하는 바다.

실손의료보험은 사고 발생 시 보험약관에 정해진 약정금액만을 지급하는 것이 아니라 실제 소요된 비용에 대해 보상하는 보험이다. 보험이 기본적으로 장기상품이라는 점을 고려한다면 정해진 금액을 지급하는 정액보험은 처음 가입할 때는 보장금액이 커 보일지 몰라도 시간이 지남에 따라 그 가치가 떨어진다는 단점이 있다. 하지만 실손의료보험의 경우 실제 들어간 비용을 보장하기 때문에 의료비의 물가 상승에 따른 부담을 충분히 상쇄시킬 수 있다. 뿐만 아니라 질병에 대해 포괄적인 방식으로 접근하여 약관에서 정하고 있는 몇몇 보장이 안 되는 질병을 제외하고는 희귀질병이나 앞으로 새로 등장하게 될 질병까지도 보장하고 있다. 그래서 실손의료보험은 현존하는 보험 중에서 가장 폭넓은 보장 범위를 자랑한다.

▪ 의료비용 부담 주체 ▪

급여 부분	공단 부담분(A)	본임 부담분(B)
비급여 부분	C	

* 국민건강보험공단 부담분 : A
* 보험사 실손의료비담보 보장 부분 : B + C

과거에는 실손의료보험이 주로 다른 보험계약의 특약 형식으로 판매되어 주계약과 특약을 합쳐 가격이 10만 원 내외로 상대적으로 높았다. 보통 전체 계약의 15% 비중을 차지하는 실손의료보험의 경우 초기 부담은 낮지만 갱신을 통해 그 가격이 지속적으로 오르는 특징이 있다. 과거에는 3년에서 5년 단위로 갱신되는 상품들이 주를 이루었는데, 갱신주기가 길다 보니 상승폭 또한 컸던 것이 사실이다. 초기 부담금이 낮았던 만큼 초반에는 상승폭이 큰 부담으로 다가오지 않지만, 결국 시간이 지남에 따라 부담감이 커질 수밖에 없는 구조인 셈이다.

▪ 실손의료보험 상품구조 ▪

구분		보험료 비중	납입보험료		
정액	사망(기본)	40%	비갱신		
	생존(특약)	45%	비갱신(일부 갱신)		
실손(특약)		15%	갱신(3년)	…	갱신(3년)

보험은 기본적으로 장기상품으로 만기까지 유지하는 비율도 상당히 낮은 편이다. 실손의료보험의 경우에도 10년차까지 유지하는 비율이

15% 내외에 불과했다. 가격이 10만 원 내외로 부담이 커서 경기가 불황으로 살림살이가 어려워지면 지금 당장 쓸모가 없는 보험부터 해지하는 경우가 많기 때문이다. 그래서 나이가 들어 정작 실손의료보험이 필요할 때는 보장받기 어렵다는 문제도 제기되었다. 이러한 이유로 소비자들의 부담을 확 낮춘 단독 실손의료보험이 2013년부터 판매 개시되었다. 단독 실손의료보험의 특징에 대해 알아보자.

단독 실손의료보험, 제대로 알고 가입하자

- 가입 전 보험료를 비교하자

단독 실손의료보험은 손해보험사나 생명보험사 어디를 통해서 가입하든 동일한 내용으로 가입할 수 있는데 보장 내용은 다음과 같다. 아파서 병원에서 수술을 한다면 5,000만 원 한도로 의료실비를 보장하고, 통원치료의 경우 최대 30만 원 한도로 보장한다. 발생한 의료비의 20%를 본인이 부담하는 표준형과 급여 항목에 대해서는 10%만 부담하고 비급여 항목에 대해서는 20%를 본인이 부담하는 선택형Ⅱ가 있다. 단독 실손의료보험의 경우 실제 발생한 손해에 대해서만 보장하기 때문에 가격이 저렴한 것이 특징인데, 남성이 표준형에 가입할 경우 매월 부담하는 비용을 비교해보자.

보험회사별 보장 내용이 모두 표준화되어 있음에도 불구하고 단독 실손의료보험의 보험료에서 차이가 발생하는 이유는 보험회사별로 사업비 구조나 적용하는 위험률 등에서 차이가 발생하기 때문이다. 따라서 보험 가입 전에 금융소비자정보포털 파인, 보험다모아, 생·손보 홈페이지를 통해 보험료를 비교해볼 필요가 있다.

▪ 남성이 표준형에 가입할 경우 매월 부담 비용 ▪

(2016. 10. 29 기준)

구분	최저가격	최고가격
보험나이 30세	9,340원	13,920원
보험나이 40세	11,880원	17,660원
보험나이 50세	16,700원	25,200원
보험나이 60세	24,620원	38,250원

출처 : 온라인 보험슈퍼마켓 보험다모아(http://www.e-insmarket.or.kr)

- 의료비 본인 부담비율

의료비에 대한 본인 부담비율이 높을수록 보험료는 싸진다. 그래서 표준형이 선택형보다 보험료가 다소 싼 것이다. 하지만 부담율이 10%든 20%든 연간 자기부담 한도는 200만 원으로 동일하기 때문에 병원비가 많이 드는 중증 질병의 경우 큰 차이는 없다. 다만 기존에는 본인 부담비율이 일괄적으로 10%로 설정되어 있어 보험 가입 시 선택의 여지가 없었지만 이제는 소비자들의 선택권이 넓어지게 되었다. 병원을 잘 이용하지 않는 소비자라면 본인 부담율을 높여 보험료 부담을 낮추는 것이 좋다.

- 1년 단위 갱신, 15년마다 재가입

단독 실손의료보험의 경우 매년 보험료가 갱신된다. 매년 보험료가 갱신된다면 3년이나 5년 단위로 갱신되는 상품들에 비해 보험료 부담이 더 높아지는 것은 아닌지 걱정되는 것은 당연하다. 하지만 크게 걱정할 필요는 없다. 갱신주기가 길어질 경우 보험회사는 장기간 보험료를 인상할 수 없어 발생할 수 있는 만일의 위험까지도 보험료 갱신 시점에 모두 반영하기 때문에 갱신 시점마다 보험료를 큰 폭으로 인상하게 된다. 하지만 1년 단위로 보험료가 갱신되면 불확실성으로 인한 위험이 사라지게 되어 오히려 합리적인 수준의 보험료 상승이 가능해진다. 게다가 매년 보험료를 과다하게 인상할 수 있는 가능성을 없애기 위해 보험료 변동 폭이 산업 평균보다 일정 범위(예 +/- 10%)를 초과할 경우 사전 신고하도록 하여 보험료 적정성을 심사할 수 있는 제도적 장치를 마련하고 있어 안심해도 좋다.

기존 보험상품이 80세 혹은 100세까지 보장해주고 있는 반면 단독 실손의료보험의 경우 15년마다 재가입을 해야 한다. 15년마다 재가입 절차를 거쳐야 한다면 중간에 병에 걸릴 경우 재가입이 거절되어 오히려 소비자에게 불리하게 변경된 것은 아닌지 걱정할 수도 있다. 하지만 단독 실손의료보험의 경우 가입 이후 질병이 발생하더라도 기존 보험회사는 이를 이유로 가입을 거절할 수 없기 때문에 소비자에게는 불리할 것이 없다. 오히려 건강한 사람이라면 15년마다 재가입을 통해 본인에게 더 유리한 보험회사를 선택할 수 있어 궁극적으로는 소비자의 선택권이 더 넓어지게 된 것이다. 즉, 가입 이후 질병에 걸렸다면 기존 보험사를 통해 100세까지 보장받으면 되는 것이고, 건강하다면 15년마다 본인에게 더 유리한 보험회사로 옮길 수 있어 소비자 입장에서는 더 좋아진 셈이다.

- **실손의료보험 업그레이드**

실손의료보험이 2017년 4월 또 한 번 개편되었다. 지금까지는 실손의료보험이 표준화된 단일 상품뿐이었지만, 2017년 4월부터는 기본형과 세 개의 특약으로 나눠 가입할 수 있게 되었다. 특약의 경우 그동안 과잉진료가 많았던 항목들로 ① 도수치료, 체외충격파치료, 증식치료, ② 비급여 주사제, ③ 비급여 MRI의 세 개 항목으로 분리된다. 이제는 '기본형' 또는 '기본형 + 특약(①~③)'의 형태로 가입할 수 있으며, 기본형만 선택할 경우 기존 상품에 비해 보험료가 25% 정도 저렴해진다. 기본형의 경우 자기부담비율과 보장한도는 기존 수준을 유지하고 있으나, 특약의 경우 자기부담비율을 20~30%로 상향함과 동시에 보장 가능한 누적 보장한도와 횟수를 설정하고 있다. 여기에 2년 동안 보험금 미청구자에 대해서는 보험료를 10% 이상 할인함으로써 합리적인 의료 이용을 유도하고 가입자간 형평성을 제고하였다.

하지만 무조건 새로운 실손의료보험으로 갈아타야 하는 것은 아니다. 현재 본인이 가입한 실손의료보험과 보험청구 패턴 등을 고려하여 결정하는 것이 좋다. 실손의료보험의 경우 가입 시점에 따라 보장비율이 다르기 때문이다. 2009년 10월 실손보험이 표준화된 뒤에는 보장비율이 90%로 통일됐지만 그 전에 가입하였다면 보장비율이 100%인 경우도 있다. 따라서 먼저 본인이 가입한 실손의료보험에 대해 확인하고 새로운 상품과 비교해보는 것이 좋다. 참고로 평소 보험금 청구를 거의 하지 않았다면 보험료가 더 싼 신상품으로 갈아타는 것도 좋다.

빚 권하는 사회에서 살아남기

요 근래 대한민국은 너무나 쉽게 빚을 권하는 사회가 되었다. 케이블 TV에서는 친근한 이미지로 무장한 대부업체 광고를 쉽게 볼 수 있고, 정부도 적극적으로 빚내서 집을 사라고 장려하고 있다. 불과 몇 년 전만 하더라도 가계부채가 1,000조 원이 넘으면 큰일 날 것처럼 난리였는데, 어

■ 1,500조 돌파한 가계부채 ■

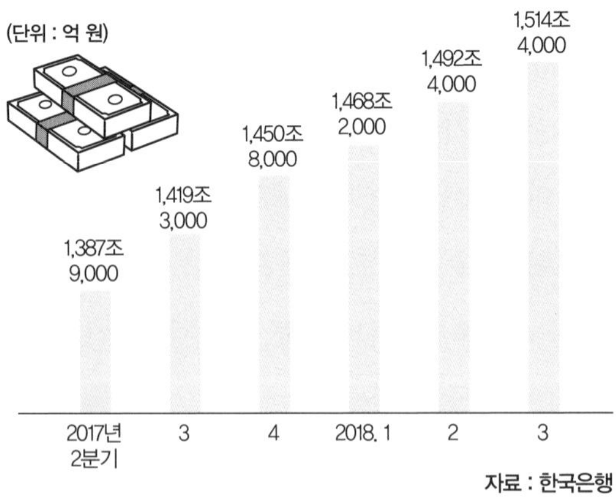

자료 : 한국은행

느덧 가계부채가 1,500조 원을 넘어섰다. 가구당 평균 빚은 7천만 원을 넘어섰고, 소득이 없는 대학생이나 주부도 마음만 먹으면 손쉽게 돈을 빌릴 수 있는 시대가 된 것이다.

▪ 대부업체 대출 잔액 ▪

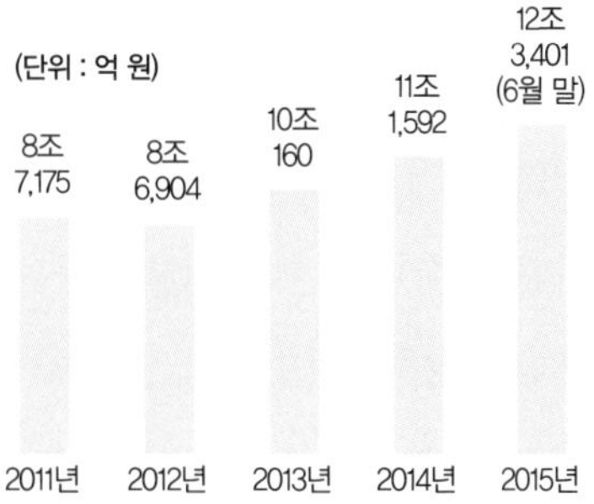

* 연말 기준 자료 : 금융위원회

30일 무이자 혜택은 독이 든 성배다

한 대부업체에서는 30일 무이자 혜택을 내세워 인기를 끌었다. 합리적인 소비자라면 은행에서 돈을 빌리는 것보다 30일 동안 무이자로 대부업체를 이용하는 편이 훨씬 경제적이라고 생각할 수 있다. 하지만 이런 혜택은 달콤해 보이지만 실은 독이 든 성배나 다름 없다.

30일 동안 무이자로 돈을 사용하고 잘 갚으면 아무 문제가 없어 보인다. 하지만 대부업체를 이용했다는 것만으로도 자신의 신용등급이 하락할 수 있다는 사실을 아는 사람은 많지 않다. 신용평가 시 거래하는 금융기관이 어디인지는 중요한 요소기 때문이다. 신용도가 떨어지는 것은 사실 큰 문제는 아니다. 한번 신용등급이 떨어졌더라도 앞으로 잘 관리한다면 다시 올라갈 수도 있기 때문이다.

진짜 문제는 30일 동안 무이자로 돈을 사용한 다음에 예상과 달리 돈을 제때 갚지 못했을 때 발생한다. 30일 무이자 기간이 끝나면 높은 금리의 대출이자를 감수해야 한다. 2015년 금융위원회가 국회 정무위원회에 제출한 '최근 5개년간 상위 7개 대부업체 무이자 대출 현황(2011~2015년 6월)'에 따르면 무이자 대출 기간이 끝나면 대부업체에서는 하나같이 법정 최고금리(당시 34.9%)를 적용한 것으로 나타났다. 이자가 단지 조금 올라가는 수준이 아니라 폭등이라고 해도 과언이 아니다.

▪ 주요 저축은행 : 대부업체의 30일 무이자 대출 현황 ▪

자료 : 금융감독원

물론 대부업체 대출을 금리가 저렴한 은행 대출로 바꿀 수 있다면 다행이다. 하지만 대부업체를 이용하는 사람들 상당수에게 대부업체 대출을 은행권으로 옮기는 것은 쉽지 않은 일이다. 대부업체의 경우 불특정 다수를 대상으로 제대로 된 신용평가 없이 대출을 해주지만 은행은 대출을 해주기 전에 상환 능력을 꼼꼼히 살펴보기 때문이다. 게다가 대부업체를 이용했다는 사실 때문에 신용등급이 하락하여 은행에서 요구하는 최소 수준을 충족시키지 못할 가능성도 높다.

소비성 대출과 투자성 대출

'공짜 치즈는 쥐덫 위에만 있다'는 러시아 속담이 있다. 세상에 공짜는 없다는 말이다. 대출을 이용해서 자신의 분수에 맞지 않는 생활을 했다면 언젠가는 그 대가를 치러야 한다. 모든 대출에는 만기가 있기 마련이고 만기 시점까지는 대출을 모두 상환해야 하기 때문이다. 진짜 지옥은 대출을 제때 상환하지 못할 때 시작된다. 대출은 현명하게 사용해야 한다.

대출은 크게 소비성 대출과 투자성 대출로 나뉜다. 소비성 대출이란 쉽게 말해 쓰고 없어지는 대출이다. 예를 들어, 자동차나 가전제품 또는 고가의 명품을 구입하기 위해 받은 대출이 바로 소비성 대출이다. 무이자 할부도 결국은 대출이기 때문에 주의해야 한다. 이 책을 읽고 있는 독자들은 소비성 지출을 위한 대출은 꿈도 꾸지 마라. 이러한 소비를 위해서는 대출보다는 앞에서 언급했던 역할부적금을 이용하는 것이 경제적 측면뿐만 아니라 만족도 측면에서도 좋다.

투자성 대출은 창업자금이나 주택마련 대출 등 투자를 위해 받는 대출이다. 특히 주택의 경우 대출을 받지 않고 집을 산다는 것 자체가 쉽지 않기 때문에 거의 대부분의 사람들이 주택 구입을 위해 대출을 받는 실정이다.

투자성 대출은 잘 쓰면 약이 될 수 있지만, 잘못하면 오히려 독이 될 수도 있다. 그래서 투자성 대출은 크게 두 가지를 염두에 둬야 한다. 첫째, 대출을 받기 전에는 반드시 상환 계획을 세워야 한다. 그리고 그 상환 계획은 대출을 받은 바로 다음 달부터 시작되어야 한다. 둘째, 현재 금리를 기준으로 계획을 세우기보다는 지금 금리보다 2~3% 높은 수준을 가정해서 대출 계획을 세우는 것이 좋다. 만약의 상황이 발생하더라도 견딜 수 있어야 하기 때문이다. 대출 상환 계획은 다소 보수적으로 접근하는 것이 좋다. 그래야 자신의 상황을 과소평가한 나머지 너무 많은 대출을 받는 불상사를 미연에 방지할 수 있다.

알면 도움이 되는 금융상식 6

카드사 선지급 포인트는 혜택 아닌 빚

카드사 선지급 포인트란 제품 구매 시 카드사가 일정 부분을 대신 결제해주고 소비자는 카드를 이용함으로써 받게 될 포인트로 이를 상환해가는 방식이다. 약정된 기간 동안 매월 의무적으로 상환해야 할 최소 포인트가 존재하기 때문에 정해진 금액 이상으로 카드를 써야 한다. 카드마다 포인트 적립률이 다르겠지만 여기서는 1%라 가정해보자. 이 경우 50만 원을 카드사로부터 할인받았다면 이를 갚기 위해서는 3년간 매월 140만 원 이상을 써야 한다는 계산이 나온다(140만 원 × 1% = 14,000원, 14,000원 × 36개월 = 504,000원, 계산의 편의를 위해 원금만 상환한다고 가정).

만약 카드 사용 실적이 낮아 쌓인 포인트가 부족하다면 부족한 금액만큼 카드대금에 청구되어 현금으로 결제해야 한다. 현금으로 상환할 때는 할부 수수료도 같이 부담해야 한다. 참고로 선지급 포인트 관련 현금청구상환액 비중이 2016년 상반기 39.7%에 달했다.

위험으로부터 나를 보호하는 보험

보험료는 어떻게 산출될까?

보험에 빨리 가입해야 하는 이유

보험 가입에도 순서가 있다

보험 가입 시 알아두어야 할 사항

PART 3
월급쟁이, 인생에 있어 위험을 대비하라

남은 가족을 위한 종신보험

한국인이라면 꼭 필요한 암보험

자동차보험 / 운전자보험

보험 리모델링

위험으로부터 나를 보호하는 보험

살다 보면 우리는 다양한 위험에 직면하게 된다. 가장의 갑작스러운 죽음, 질병, 화재, 교통사고 등 예상치 못한 사고나 질병으로 인해 경제적 어려움을 겪기도 한다. 위험을 관리하는 방법은 위험의 발생빈도나 손실 규모에 따라 크게 네 가지로 나뉜다.

▪ 위험 발생빈도와 손실 규모에 따른 위험관리방법 ▪

구분		발생빈도	
		높다	낮다
손실 규모	크다	위험회피	위험전가
	작다	위험축소	위험수용

① 위험회피

위험 상황이 자주 발생하고 손실 규모도 크다면 피하고 보는 것이 상책이다. 예를 들어, 분쟁지역으로는 아예 여행을 가지 않는 것이 좋다. 스스로가 위험한 상황에 놓이지 않도록 노력하는 수밖에 없다.

② 위험축소

위험축소는 위험의 발생빈도 자체를 줄이도록 노력하는 동시에 일단 위험이 발생하더라도 피해를 최소로 줄이기 위한 대비책을 같이 준비하는 방법이다. 예를 들어, 화재 발생 가능성이 높은 작업장에서 금연을 실시하는 동시에 작업장 내 소화기를 설치하여 화재 발생 시 신속히 진압할 수 있도록 대비한다.

③ 위험전가

위험전가의 대표적인 방법이 바로 보험에 가입하는 것이다. 위험 발생 가능성이 높을수록 보험료도 같이 올라가는 경향이 있기 때문에 발생 가능성이 높은 위험의 경우에는 보험을 통해 위험에 대한 손실을 전가하는 것이 그리 효율적인 방법은 아니다. 하지만 발생 가능성은 낮지만 손실 규모가 클 경우 보험을 통해 위험을 전가하는 것이 가장 효율적이다.

보험은 예기치 못한 위험 발생 시 본인 및 가족들이 평생에 걸쳐 필요

▪ 보험 가입과 위험전가 ▪

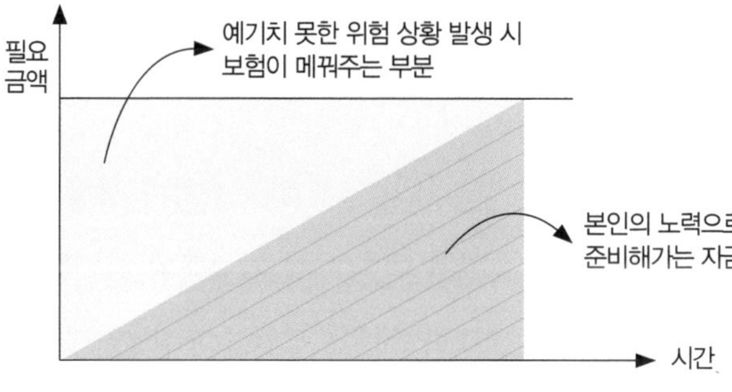

한 자금을 효과적으로 메꿔주는 역할을 한다. 가장이 아무런 사고 없이 은퇴 시점까지 일을 할 수 있다면 시간이 흐름에 따라 노후 생활비나 의료비 등 필요한 자금을 꾸준히 모을 수 있을 것이다. 하지만 중간에 갑작스러운 사고로 가장이 죽거나 다쳐서 더이상 돈을 벌 수 없다면 본인은 물론 남은 가족들도 정상적인 생활이 어렵게 된다. 이때 필요로 하는 금액에서 부족한 부분을 메꿔주는 것이 바로 보험이다.

④ 위험수용

위험 발생 가능성도 낮고 손실액도 작다면 그냥 보유하는 것도 한 방법이다. 감기처럼 걸려도 쉽게 나을 수 있는 질병이나 사고에 대해서는 위험 그 자체를 보유해도 큰 문제는 없다.

보험 가입을 통해 전가할 수 있는 위험

- 가장이 일찍 죽는다면?

가장이 일찍 죽는다는 것은 매달 받던 월급이 사라진다는 것을 의미한다. 매달 받던 월급이 사라지면 남은 가족들의 삶은 점점 힘들어질 수밖에 없다. 이러한 위험에 대비하기 위해 필요한 보험이 바로 사망보장보험이다. 사망보장보험은 남은 가족을 위한 보험으로, 대표적인 것이 종신보험과 정기보험이다.

종신보험은 보험기간을 한정하지 않고 피보험자가 사망할 때까지를 보장하는 보험이다. 보통 사망에 대한 보장과 저축의 기능을 동시에 가지고 있는데, 일정 기간이 경과한 후에는 연금으로 받을 수도 있다. 반면 정기보험은 보험기간을 정해놓고 그 기간만 보장받는 보험이다. 순수 보장성 보험으로 보험료가 종신보험에 비해 상당히 저렴하다. 그래서 소득은 적지만 높은 보장을 받기를 원하는 사람들에게 적합하다.

종신보험과 정기보험 모두 암, 상해, 입원비, 수술비, 의료비 등에 대한 보장을 특약의 형태로 추가할 수 있다.

- 가족 중 누군가 아프다면?

아프거나 다쳐서 병원에 가면 비용이 발생한다. 감기처럼 가벼운 질병이나 사고라면 부담이 없겠지만, 큰 수술이 필요한 경우라면 의료비가 가정 경제에 상당한 부담이 될 수밖에 없다. 그런데 젊은 사람일수록 자신의 건강을 자신한 나머지 또는 본인이 다니고 있는 회사에서 복지 혜택으로 의료비를 지원하고 있다고 하여 보험 가입을 뒤로 미루는 경향이 있다. 하지만 회사에 다닐 때 아프면 회사의 지원을 받을 수 있겠지만, 실제로 전 생애를 걸쳐 발생하는 의료비의 절반 이상이 회사를 퇴직하고 난 65세 이후에 지출된다. 실질적인 퇴직연령이 50대 초반인 점을 고려해본다면 회사를 떠나고 나서 지출하는 의료비의 비중은 더 커질 수밖에 없다. 자신의 건강 상태나 회사의 지원과는 별개로 건강보험은 젊을 때일수록 그리고 건강할수록 미리 가

▪ 생애 의료비 중 65세 이후 의료비 비중 ▪

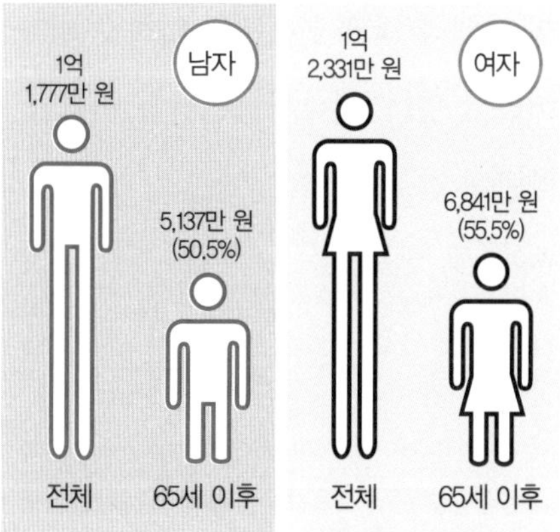

자료 : 한국보건산업진흥원, 2013

입하는 것이 좋다.

- 아끼는 물건이 파손되었다면?

자신이 살고 있는 집에 불이 났다면, 자동차를 타고 가다 사고가 났다면, 집이나 자동차, 스마트폰 등 고가의 물건이 사고로 파손되어 더이상 쓸 수 없게 되었다면, 이 경우 금전적인 손실이 상당할 것이다. 한국인의 재산목록 1호가 바로 주택이라는 점을 고려해봤을 때 화재로 살고 있던 집이 사라진다면 평생 동안 힘들게 모은 재산이 한순간에 사라지게 되는 셈이다. 이러한 위험으로부터 보장받기 위한 보험이 바로 재산보험이다. 재산보험에는 화재보험, 자동차보험, 해상보험 등이 있다.

- 누군가를 다치게 하거나 남의 물건을 망가뜨렸다면?

소유하고 있는 주택의 담장이 무너져 지나가던 행인을 다치게 하거나 아이들이 야구를 하다가 주차해 있던 자동차의 유리창을 깨뜨렸다면 이에 대한 피해를 본 사람에게 정당한 보상을 해야 한다. 이처럼 다른 사람의 신체나 재산에 손해를 입혀 손해배상을 해야 하는 것을 배상책임위험이라고 한다. 배상책임위험은 위험 중 가장 추상적이면서도 광범위하기 때문에 전문가와의 상담을 통해 가입하는 것이 좋다.

알면 도움이 되는 금융상식 7

이런 것도 보험으로?

가수 머라이어 캐리는 자신의 다리에 10억 달러를, 영화배우 줄리아 로버츠는 자신의 미소에 3,000만 달러를, 그리고 축구선수 데이비드 베컴은 다리와 발, 발가락에 1억 9,500만 달러를 보장해주는 보험에 가입했다. 한국에서는 보아가 자신의 목소리에 50억 원의 보험을 가입했고, 비는 월드 투어 콘서트 기간에 100억 원짜리 성대 보험에 가입했다. 피아니스트 서혜경은 손가락에 10억 원 상당의 보험을 가입했다. 이렇게 연예인, 운동선수 그리고 기타 유명인사가 자신의 신체 중 일부가 불의의 사고를 당할 경우를 대비해 가입하는 보험을 키퍼슨(Key Person) 보험이라고 한다.

보험료는 어떻게 산출될까?

앞에서 단독 실손의료보험에 대해 살펴보면서 혹자는 보험회사별로 보장내용이 동일함에도 불구하고 보험료가 다른 이유에 대해 궁금했을 것이다. 그래서 이번에는 보험료가 어떻게 산출되며, 동일한 보장을 해주는데도 보험료가 달라지는 이유는 무엇인지에 대해 좀 더 자세히 알아보도록 하자.

보험료는 크게 순보험료와 부가보험료로 구성되어 있다. 순보험료는 보험금을 지급해야 할 사유가 발생했을 때 보험금을 지급하기 위한 재원이 되는 보험료고, 부가보험료는 보험회사를 운영하기 위해 필요한 자금이다.

보험료 = 순보험료 + 부가보험료

보험금 지급 재원이 되는 순보험료

종신보험에 가입 후 가입자가 사망했을 때, 암보험에 가입 후 실제로 암에 걸렸을 때, 보험 가입 후 다행히 아무런 사고가 없어 만기 시에 만기 환급금을 받을 때 우리는 보험 가입 시 최초 약정했던 금액의 보험금을 받을 수 있다. 이때 보험회사가 보험금을 지급하기 위한 재원이 되는 보험료가 순보험료다.

순보험료 = 위험보험료 + 저축보험료

순보험료는 크게 질병, 상해, 사망 등 보험사고가 발생했을 때 지급되는 보험금의 재원이 되는 위험보험료와 만기환급금, 해약환급금 등 보험사고와 관계없이 보험 가입자가 돌려받을 수 있는 보험금의 재원이 되는 저축보험료로 나뉜다.

위험보험료는 예정위험률이라고 하는 보험사고의 발생 가능성을 토대로 산출된다. 예정위험률은 과거에 발생됐던 보험사고의 통계를 기초로 앞으로 일어날 사고의 확률을 예측한 자료다. 그런데 각 회사별로 사용되는 예정위험률은 다를 수밖에 없다. 왜냐하면 예전에는 통계청에서 발표하는 경험률을 사용했으나 가격자유화정책에 따라 각 보험사별로 축적된 데이터를 기초로 예정위험률을 산출하기 때문이다. 각 보험사별로 사용하는 예정위험률의 차이는 보험료의 차이로 직결될 수밖에 없다. 참고로 예정위험률이 높을수록 보험금을 지급할 가능성이 높기 때문에 보험료는 높아질 수밖에 없다.

저축보험료는 보험 가입자가 중도에 해지하거나 만기에 돌려줄 금액을 마련하기 위한 재원이 되는 돈이다. 보통 보험회사는 고객으로부터 받은 저축보험료를 가지고 국공채, 회사채, 주식 그리고 부동산 등에 투자하여 수익을 낸다. 수익을 많이 낼수록 보다 저렴한 보험료를 책정할 수 있다. 보험료를 산출할 때 보험회사는 납입한 보험료를 기반으로 얼마의 이익을 낼 수 있는지 예상되는 수익률, 즉 예정이율을 기반으로 보험료를 산출하기 때문에 보험회사의 투자 능력 또한 보험료에 영향을 줄 수밖에 없다.

보험회사 운영자금이 되는 부가보험료

부가보험료는 보험회사가 사업을 영위하는 데 필요한 운영자금의 재원이 된다. 부가보험료는 신계약비, 수금비, 유지비의 세 가지 항목으로 구성되어 있다. 신계약비는 계약 체결에 따라 설계사들에게 지급되는 수수료 및 건강진단 등 계약을 새로 성사시키는 데 필요한 비용이고, 수금비는 보험료 수금에 필요한 경비다. 그리고 유지비는 계약 유지와 자산운용에 필요한 비용이다.

부가보험료 = 신계약비 + 수금비 + 유지비

예정사업비율은 보험회사를 운영하는 데 필요한 경비, 즉 모집수당, 전산비용, 본점 및 영업소 운영비 등을 고려하여 산출하는데 부가보험료 책정을 위해 사용된다. 예정사업비율의 수치가 낮을수록 부가보험료가 낮게 책정되어 보험료가 낮아지는 효과가 있다.

▪ 보험료 산출 기준과 보험료의 관계 ▪

<table>
<tr><th colspan="4" rowspan="2">보험료의 구성</th><th colspan="2">보험료 산출 기준과 보험료와의 관계</th></tr>
<tr><th>보험료 상승</th><th>보험료 하락</th></tr>
<tr><td rowspan="5">보험료</td><td rowspan="2">순보험료</td><td colspan="2">위험보험료 : 예정위험률</td><td>↑</td><td>↓</td></tr>
<tr><td colspan="2">저축보험료 : 예정이율</td><td>↓</td><td>↑</td></tr>
<tr><td rowspan="3">부가보험료</td><td>신계약비</td><td rowspan="3">예정사업비율</td><td rowspan="3">↑</td><td rowspan="3">↓</td></tr>
<tr><td>수금비</td></tr>
<tr><td>유지비</td></tr>
</table>

결국 동일한 보장을 해줌에도 불구하고 보험회사마다 보험료가 다른 이유는 보험회사별로 보험료를 산출하기 위해 사용하는 예정위험률, 예정이율, 예정사업비율이 다르기 때문이다. 보험료가 떨어지기 위해서는 예정위험률은 낮을수록, 예정이율은 높을수록, 예정사업비율은 낮을수록 좋다. 반면 예정위험률이 높아지거나 예정이율이 낮아진다면 또는 예정사업비율이 높아진다면 보험료는 올라갈 수밖에 없다. 따라서 소비자 입장에서는 보험 가입에 앞서 보험사별 보험료를 비교하여 선택할 필요가 있다.

보험에 빨리 가입해야 하는 이유

최악의 경우 보험 가입이 거절될 수 있다

일반적으로 사람들은 건강할수록 보험 가입을 미루는 경향이 있다. 보험료는 매월 빠져나가지만 보험을 가입함으로써 받을 수 있는 혜택이 상대적으로 적어 보이기 때문이다. 하지만 최악의 경우 정작 필요한 시점에 보험 가입이 거절될 수도 있다는 점을 기억해야 한다.

보통 20~30대는 대부분 자신의 건강에 대해 자신한다. 하지만 최근 과도한 스트레스와 서구화된 식생활로 인해 젊은 층에서도 당뇨병, 심혈관 질환 및 암 발병률이 높아지고 있어 정작 필요한 시기에 가입이 거절될 수 있음을 유념할 필요가 있다.

또한 질병 이외에도 각종 사고는 나이를 고려하지 않고 찾아온다. 보험은 위험을 대비하기 위한 수단이라는 점을 고려해봤을 때 질병이 생기거나 갑작스러운 사고를 당하기 전에 가입하는 것이 좋다.

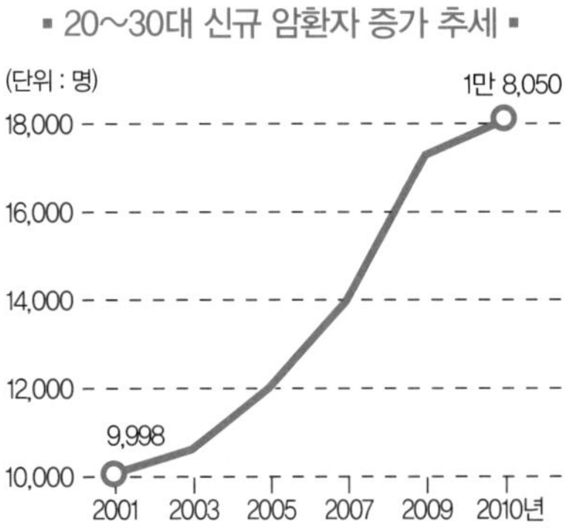

자료 : 보건복지부, 2010

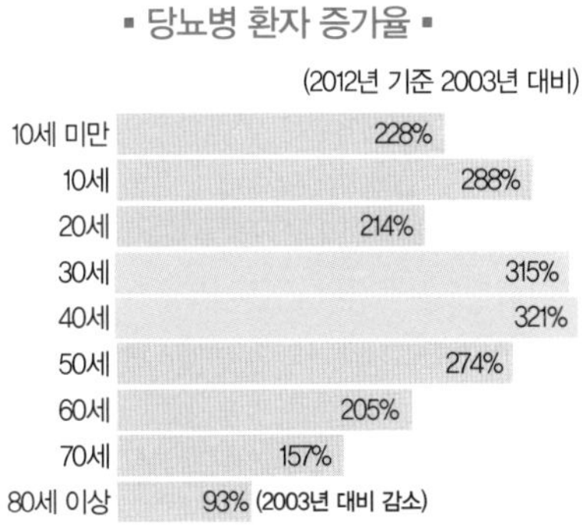

자료 : 국민건강보험공단

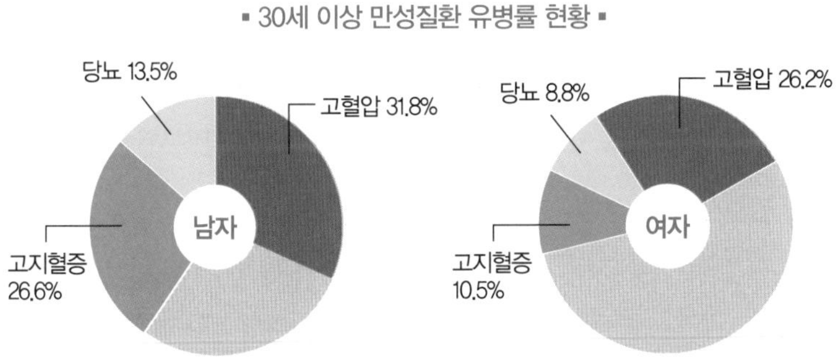

출처 : 보건복지부, 국민건강영양조사, 2014

일찍 가입할수록 보험료 부담이 낮아진다

다음의 표는 종신보험 1억 원을 가입했을 때 부담해야 할 보험료의 크기를 비교한 것이다. 동일한 수준의 보장을 받기 위해 지불해야 할 금액은 나이가 어릴수록 더 낮아지게 된다. 즉, 나이가 어릴 때 보험에 가입하면 더 적은 보험료로 더 긴 기간을 보장받을 수 있다는 것이다.

▪ 10년 납 종신보험 1억 원 가입 남성의 납입 보험료 ▪

구분	30세	40세	50세	60세
월 납입 보험료	385,000원	477,000원	597,000원	758,000원
총 납입 보험료	46,200,000원	57,240,000원	71,640,000원	90,960,000원

출처 : S생명사 2019년 3월 기준

예정이율이 높을수록 보험료가 낮아진다

보험회사는 보험료 중 일부를 이용하여 법에서 허용하는 테두리 내에서 투자하여 수익을 올린다. 이렇게 벌어들인 수익을 가지고 보험금 지급에 사용할 추가적인 자금을 마련하는데, 이러한 수익이 많으면 많을수록 고객들이 부담하는 보험료 수준을 낮출 수 있다. 앞에서 살펴본 바와 같이 보험회사의 투자성과는 예정이율에 영향을 미치고, 예정이율은 보험료 산출에 영향을 준다. 좋은 보험사일수록 상당한 수준의 투자성과를 올리고 있는 보험사일 가능성이 높다.

하지만 최근 저금리 기조가 심화되면서 보험회사의 투자수익률도 점

▪ 한국은행 기준금리 추이 ▪

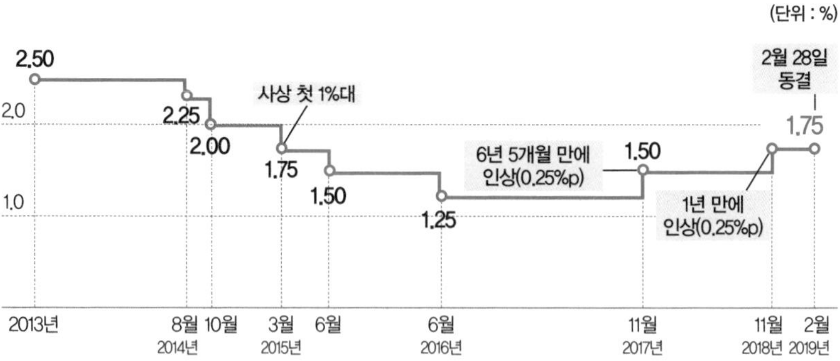

자료 : 한국은행

점 떨어지고 있다. 금리는 투자의 기준이 되는데, 금리가 5% 수준일 때 예상되는 투자수익률과 1% 수준일 때 예상되는 투자수익률은 그 수준 자체가 다를 수밖에 없다. 보통 예정이율이 0.25% 하락한다면 보험료는 5~10% 인상되는 경향이 있다. 앞으로 저금리 기조가 고착화된다면 고객이 부담해야 할 보험료 수준은 지속적으로 올라갈 수밖에 없다.

▪ 한국경제 중장기 전망 ▪

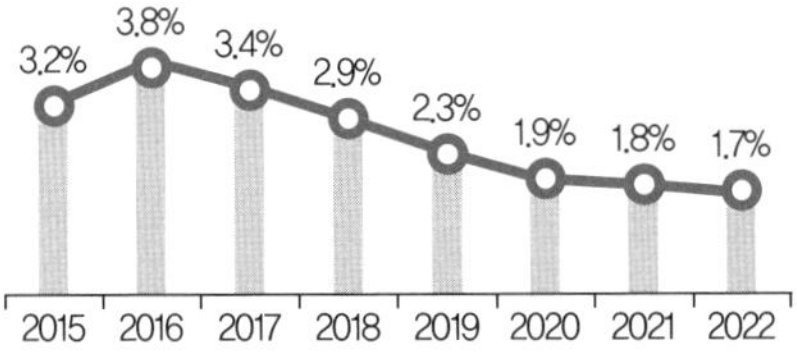

자료 : 옥스포드 이코노믹스, 2015년 초

현재 판매하는 보험상품이 가장 좋은 상품이다

보험상품은 현재 판매되고 있는 상품이 가입할 수 있는 가장 좋은 상품이다. 왜냐하면 과거의 상품일수록 보장의 내용과 범위 면에서 더 좋을 수밖에 없기 때문이다.

보험회사에서는 어떠한 일이 발생할 가능성인 확률에 근거하여 보험료를 산출한다. 그런데 의미 있는 확률 값을 산출해내기 위해서는 상당한 양의 데이터가 필요하다. 왜냐하면 우연히 사고가 발생할 확률은 표본의 수가 커지면 커질수록 실제 발생된 결과 값에 가까워지는 경향이 있기 때문이다.

동전 던지기를 예로 들어 설명해보자. 동전을 던져서 앞면이 나올 확률은 1/2이다. 하지만 10번 정도 동전을 던졌는데 동전 앞면이 딱 5번 나오는 경우는 거의 드물다. 대부분은 앞면이나 뒷면 중 어느 한 면이 압도적으로 많이 나온다. 그렇지만 던지는 횟수를 늘려 10번이 아니라 100번, 1000번을 던져보면 결국에는 앞면이 나온 횟수와 뒷면이 나오는 횟수는 비슷해진다. 즉, 조사하는 표본 수가 많아질수록 확률 값과 사고의 실제 발생 가능성이 비슷해지게 되는 것이다.

보험상품 개발 후 시간이 지날수록 보험회사에는 관련 데이터가 충분히 축적된다. 이것은 보험 가입자에게 어떤 영향을 미칠까? 보험회사에서는 장기간 축적된 데이터를 가지고 보다 세밀한 확률 산출이 가능해짐에 따라 자연스럽게 보험료에 비해 과도하게 보상되고 있는 부분에 내해 지속적으로 보장 내용을 빼거나 보장의 크기를 줄이는 방향으로 상품을 개정해나가게 된다. 기존 가입자에 대해서는 변경된 내용을 적용할 수 없겠지만 신규 가입자들은 예전 상품에 비해 보장 내용이나 범위가 축소된 상품에 가입할 수밖에 없다. 물론 동일한 수준의 보장을 요구할 수는 있겠지만 이를 위해서는 보험료가 높아지게 된다.

대표적인 경우가 갑상선암이다. 과거 갑상선암은 일반 암으로 분류되었지만 전체 암 중에서 가장 많이 발병하고 있고, 치료도 다른 암에 비해 비교적 쉬워지면서 지금은 보험사에 따라서 소액암 혹은 유사암으로 분류되고 있다.

보험 가입에도 순서가 있다

보험은 어디까지나 만약에 발생할지도 모르는 위험을 대비하기 위한 수단이다. 따라서 보험으로 이익을 보려는 생각을 가져서는 안 된다. 보험료가 매월 꾸준히 빠져나가지만 이에 대한 혜택을 하나도 받지 못했다면 보험료가 아깝다는 생각이 들 수도 있다. 그렇지만 보험료를 오늘 하루도 아무런 사고 없이 무사히 보낼 수 있게 해준 데에 대한 일종의 감사헌금이라고 생각한다면 마음에 여유가 좀 생길 것이다. 이러한 관점에서 본다면 보험료는 순전히 '비용'이다. 비용은 너무 과해서는 안 된다. 제한된 범위 내에서 최대한 가성비를 고려하여 지출하는 것이 좋다.

보통 보험료는 자기 소득의 8% 수준이 적당한데 제한된 범위 내에서 효과적으로 보험에 가입하기 위해서는 필요에 의해 그때그때 보험에 가입하기보다는 전체적인 관점에서 계획적으로 접근하는 것이 좋다. 지금부터 보험 가입 전에 고려해야 할 것들을 순서대로 살펴보겠다.

보험 가입 우선순위 정하기

보험 가입 전에 가장 먼저 해야 할 일은 나를 둘러싼 수많은 위험 중 무엇에 우선순위를 두고 보험에 가입할지를 결정하는 것이다. 일반적으로 가장이라면 실비의료보험, 종신보험, 암보험 그리고 연금보험 순으로 가입하는 것이 좋다. 하지만 모두가 이러한 순서로 가입할 필요는 없다. 직업 특성상 운전을 오래하는 사람이라면 운전자보험을 우선적으로 가입하는 것이 더 현명할 수 있기 때문이다.

필자의 직장동료 중 한 명은 본인과 배우자의 친척들이 대부분 암으로 사망했다고 한다. 이처럼 양가에 암 가족력이 있는 사람의 경우 암보험에 가장 큰 비중을 두고 보험 가입을 고려할 것이다. 반대로 가족들이 모두 건강체질이고 가족력도 없다면 암보험은 우선순위에서 밀릴 수도 있다. 늦은 나이에 얻은 나이 어린 자녀가 있다면 종신보험에 관심을 갖겠

지만, 독신자라면 굳이 종신보험에 가입하기보다는 자신의 노후 생활비를 위해 연금보험에 더 초점을 둘 수도 있다. 상황에 따라서는 부모님의 간병비 준비를 위한 보험이나 주택화재보험을 더 중요하게 생각할 수도 있다.

필요한 보장의 크기 산출하기

가입해야 할 보험의 순서를 정했다면 이제는 보장의 크기를 정해야 한다. 보장의 크기를 정하기 위해서는 본인의 나이와 성별, 가족 수, 자녀의 나이, 맞벌이 여부, 원하는 생활수준 및 현재 자산 규모 등을 고려해야 한다.

예를 들어, 여성보다는 남성이, 부양해야 할 가족의 수가 많다면, 배우자가 소득이 없다면, 상환해야 할 주택담보대출이 많거나 아직 모아놓은 재산이 많지 않다면 상대적으로 보장의 크기를 크게 할 필요가 있다. 보장의 크기는 본인이 생각하는 남은 가족들을 위한 월 생활비에 기간을 곱해서 산출하면 된다. 대체로 필요한 기간은 나이 어린 자녀가 대학을 졸업하는 시점까지로 하는 것이 좋다.

본인이 필요로 하는 보장의 크기를 산출했다면 이제는 본인이 가입된 보험의 보장 내용을 확인할 필요가 있다. 기존에 가입된 보험의 내용은 보험증권이나 회사별 홈페이지를 통해 알아볼 수 있다. 간혹 지인의 부탁으로 별 생각 없이 보험에 가입하고 잊고 살거나, 어릴 때 부모님께서 보험에 가입하고 보험료를 납부해주시는 경우도 있다. 따라서 생명보험협회(www.klia.or.kr)나 손해보험협회(www.knia.co.kr) 홈페이지에 있는 보험계약조회 서비스를 통해 본인이 가입한 보험 내용을 확인해보는 것도 좋은 방법이다. 원하는 보장의 크기에서 기존에 가입한 보장을 차감하면 신규로 가입해야 할 보장의 크기가 결정된다.

보험상품별 비교하기

일반적으로 보험을 가입하고자 한다면 주변 지인들의 추천을 받아 두세 명의 보험설계사와 접촉하여 상담을 받고 가입하거나 직접 인터넷 검색을 통해 가입하는 경우가 일반적이다. 하지만 이 경우 상품에 대한 제대로 된 비교가 쉽지 않다. 왜냐하면 회사별로 추천하는 보장 항목이나 보장의 크기가 모두 달라서 어떤 상품이 더 좋은지 비교하기가 쉽지 않기 때문이다. 사실 보험 가입에 있어서 정해진 답은 없다. 각 보험회사별로 각자의 논리대로 최적의 보장 내역을 구성하고 제시하는데 서로 다른 내역을 가지고 우열을 정한다는 것이 여간 어려운 일이 아니다. 그렇다면 좀 더 비교가 쉽도록 방법을 바꾸어보는 것도 좋을 것이다.

보험사에서 제안한 것들을 가지고 고민을 하기보다는 본인이 원하는 보장 항목과 보장의 크기를 의뢰하여 보험설계서를 받아보자. 본인 스스로 결정하기 힘들다면 보험설계사와 접촉하여 상담을 한 후 이를 기준으로 다른 보험사에도 동일한 내용으로 설계서를 뽑아달라고 요청하는 것도 좋은 방법이다. 만약 보장의 내용이 동일하다면 상품 선택의 기준이 되는 것은 보험료가 될 것이고, 어떤 상품에 가입할지 결정하는 것이 한결 수월해질 수 있다.

상품별 비교를 할 때는 전체 보험료를 가지고 비교하는 것보다는 본인이 요청한 세부 항목별 보험료를 가지고 비교하는 것이 좋다. 본인이 요청한 것 이외에도 소소한 보장 항목들이 추가될 수 있는데 이런 것들은 회사별로 다 다르기 때문이다.

특약추가 가능 여부 체크하기

각각의 보험에 가입하는 것보다는 특약의 형식으로 추가하여 하나의 보험으로 가입하는 것이 보험료를 절약하는 길이다. 왜냐하면 각각의 보험료에 녹아 있는 사업비를 아낄 수 있기 때문이다. 예를 들어, 암보험을 개별적으로 가입해서 보장의 크기를 크게 할 수도 있지만, 암에 대한 보장 필요가 크지 않다면 특약의 형식으로 종신보험이나 다른 보험에 추가할 수도 있다. 과거 상해보험은 개별 상품으로 많이 판매되었으나 요즘은 건강보험에 특약 형식으로 많이 판매되고 있고, 운전자보험의 경우에도 개별 보험보다는 특약의 형식으로 하는 것이 더 유리하다.

알면 도움이 되는 금융상식 8

보험도 주기적으로 업그레이드하자

보험은 한 번 가입했다고 끝나는 것이 아니다. 지속적인 관리가 필요하다. 자녀가 생기거나 맞벌이를 하다가 한쪽이 더이상 일을 하지 않게 되었을 경우에는 보장금액을 좀 더 늘릴 필요가 있다. 게다가 소득이 늘어남에 따라 소득 대비 보장금액이 상대적으로 줄어들게 되어 이에 대한 대비도 필요하다. 자신의 환경이 변화함에 따라 주기적으로 보험을 점검하는 것이 좋다.

보험 가입 시 알아두어야 할 사항

제 상황은요, 고지의무

보험은 신의성실의 원칙을 기본으로 하고 있어 상대방의 이익을 배려하여 신뢰를 저버리는 행위를 해서는 안 된다. 즉, 고객의 입장에서는 보험에 가입하기 전에 보험 가입 가능 여부 및 보험료 산출 등에 영향을 줄 수 있는 내용에 대해서 보험회사에 알려야 한다. 이를 가리켜 계약 전 알릴 의무(고지의무)라고 한다.

고지의무의 대상이 되는 내용은 주로 현재 및 과거의 질병이나 장애, 직업 등이 해당되며, 이러한 내용을 고의 또는 중대한 과실로 제대로 알리지 않았다면 보험회사는 이를 알게 된 날로부터 1개월, 계약이 체결된 날로부터 3년 내에 계약을 해지할 수 있다.

참고로 고지 수령권은 보험회사나 계약대리점만 가지고 있다. 따라서 계약 체결 전에 보험설계사에게 단순히 알리는 행위는 인정받지 못한다.

반드시 청약서에 서면으로 기재하여 보험회사에 제대로 고지가 이루어질 수 있도록 해야 한다.

마음이 바뀌었어요, 청약철회권

사람들은 보통 물건을 구매하는 시점에는 꼼꼼히 따져보지 않고 일단 구입한 후에 이것저것 알아보는 경우가 많다. 보험도 마찬가지다. 가입하기 전에는 설계사를 믿고 가입했는데 가입한 직후부터 상품에 대한 걱정이 밀려와 본격적으로 상품에 대해 연구하는 사람들이 의외로 많다. 보험은 보험설계사 등의 권유를 통해 계약이 체결되는 일이 많고 상품에 대한 내용을 자세히 알기도 어려워 이러한 경우가 더 많은 편이다. 이런 사람들을 위해 청약철회권이라는 제도가 있다.

청약철회란 보험 가입 후 단순히 마음이 바뀌거나 상품이 마음에 들지 않는 경우에 특별한 제한 없이 사용할 수 있는 권리로 보험계약자는 보험계약을 청약한 날 또는 최초로 보험료를 납입한 날로부터 30일 이내에 보험계약을 철회할 수 있다. 청약을 철회할 경우 보험회사는 3일 이내에 보험료를 돌려줘야 한다.

청약철회를 할 수 없는 보험

- 보험기간이 1년 미만인 보험
- 보험에 가입하기 위해 피보험자가 건강진단을 받는 보험
- 자동차보험 중 '자동차손해배상보장법'에 의해 의무적으로 가입하는 보험
  – 대인배상 I, 대물배상(보상한도 1천만 원까지)
- 타인을 위한 보증보험. 단, 보험계약자(채무자)가 타인의 동의를 얻는 경우에는 청약철회 가능

제대로 설명해주지 않았어요, 계약 취소

설계사가 보험약관을 교부하지 않거나 약관의 중요 내용에 대해 제대로 설명하지 않았을 때 또는 보험계약자가 청약서에 자필서명을 하지 않았을 때는 보험계약이 성립한 날로부터 3개월 이내에 해당 보험계약을 취소할 수 있다. 이처럼 보험의 기본적인 절차가 제대로 지켜지지 않아 계약이 취소될 경우에는 보험회사는 보험계약자가 낸 보험료는 물론 이에 대한 이자까지도 돌려줘야 한다.

해지된 보험 다시 살려주세요, 계약부활권

보험계약 해지 후 계약자가 해약환급금을 찾아가지 않았다면 해약일로부터 2년 미만의 경우에는 보험을 다시 살려줄 것을 요청할 수 있다. 이것이 바로 계약부활권이다. 보통 보험료가 연체되어 해지된 경우 보험회사가 정한 절차에 따라 연체보험료 및 이자를 지급함으로써 부활이 가능하다(보험 불가 사유는 약관 참조). 하지만 해지한 날로부터 2년이 지났다면 해약환급금을 돌려받지 못할 수도 있다.

보험료 깎아주세요, 보험료 감액청구권

보험계약자는 보험계약 내용에 포함되어 있던 특정 위험이 제거됐을 때 이에 따른 보험료 감액을 요구할 수 있다. 예를 들어, B형 감염을 이유로 할증된 보험료를 납입했는데 보험 가입 이후 항체가 생겨 보험 가입 할증 요인이 사라졌다면 관련 증빙서류를 보험회사에 제출하여 보험료 감액을 청구할 수 있다. 이때 항체 생성 이후에 납입되었던 할증보험료도 환급받을 수 있다. 이밖에도 상품에 따라서는 이직으로 인해 고위험군의 직업이 안정적인 직업으로 바뀌었다거나 금연을 할 경우 보험료가 낮아질 수도 있으니 한 번 확인해볼 필요가 있다.

남은 가족을 위한 종신보험

가장의 죽음만큼 남은 가족에게 큰 위험도 없다. 가장의 죽음은 곧 소득의 단절을 의미하기 때문이다. 모아놓은 돈이 많지 않은 상태에서 가장이 죽는다면 십중팔구 남은 가족의 삶은 점점 힘들어질 수밖에 없다. 특히 외벌이 가장의 죽음이 남은 가족에게 심각하게 다가올 수밖에 없는 이유는 결혼해서 애까지 딸린 여성이 할 수 있는 일이라는 것이 제한적일 뿐만 아니라 급여 수준도 낮은 경우가 대부분이기 때문이다. 이러한 위험을 대비하기 위해 필요한 것이 바로 사망보장보험이다. 사망보장보험은 남은 가족을 위한 보험인데 대표적인 것이 종신보험과 정기보험이다.

종신보험 VS 정기보험

종신보험은 보험기간을 한정하지 않고 피보험자가 사망할 때까지를 보장하는 보험이다. 반면 정기보험은 보험기간을 정해놓고 그 기간만 보장받는 보험이다. 종신보험의 경우 시기의 문제일 뿐 언젠가는 정해진 사망보험금을 반드시 받을 수 있지만, 정기보험은 순수 보장성 보험으로 보장기간이 끝날 때까지 죽지 않고 살아 있다면 돌려받을 돈이 없다. 그래서 일반적으로 종신보험 보험료가 정기보험 보험료보다 2~3배 정도 비싸다.

종신보험이나 정기보험 둘 다 다양한 특약을 설정하여 암, 상해, 입원비, 수술비, 질병 그리고 재해 등에 대한 추가적인 보장을 받을 수 있다. 일부에서는 실손의료보험이 있는데 굳이 이런 특약이 필요한지 의문을 제기할 수도 있다. 실손의료보험의 경우 실제로 발생한 의료비에 대한 보장은 가능하지만 장기간 치료를 요하는 질병의 경우 병원비 이외에 가족들의 생계비 문제는 보장하지 않는다. 그래서 상해나 질병 등 장기간 치료를 요하는 사건이 발생할 경우 정액 보험금을 받아 이를 생활비에 활용한다면 상당히 유용할 것이다. 참고로 종신보험의 경우 주계약인 사망보험금은 평생토록 보장되지만, 암이나 질병과 같은 특약의 경우 정기보험처럼 정해진 기간만 보장받을 수 있기 때문에 특약의 보험기간을 확인할 필요가 있다.

종신보험이나 정기보험처럼 사망을 이유로 보험금을 지급하는 보험의 경우 비흡연, 혈압, 체격 등 보험사에서 정한 일정 조건을 충족할 경우 보험료를 할인해주는 건강특약이 있다. 가입 시점에는 건강특약에 해당되지 않아 보험료 할인을 받지 못했다 하더라도 이후 조건이 충족되면 보험사에 요청하여 사후적으로 할인받을 수 있기 때문에 본인이 해당되는지 여부를 수시로 확인해보는 것이 좋다.

▪ 종신보험과 정기보험의 비교 ▪

구분	종신보험	정기보험
보장기간	평생 보장(사망할 때까지)	정해진 기간만 보장 (10년, 20년, 60세, 70세 등)
사망보험금	사망 또는 80% 이상 장애 시 (무조건 1회는 지급됨)	보장기간 중 사망 또는 80% 이상 장애 시만 지급
보험료	정기 보험료의 2~3배 수준, 동일 보험료 납부	보험료가 저렴, 보험기간 만료 후 재가입 필요, 재가입 시 보험료 상승
공통점	피보험자 사망 시 사망보험금 지급, 다양한 특약 설정 가능	

종신보험, 연금전환 특약 살펴보기

대부분의 종신보험은 일정 기간 경과 후 연금으로 전환하여 사망보험금 대신 연금으로 수령할 수 있다. 그래서 일부 설계사들은 종신보험의 연금전환 기능을 부각시켜 종신보험을 연금보험처럼 판매하는 경우도 있다. 하지만 연금전환형 종신보험의 경우 연금수령액이 일반 연금보험에 비해 낮다는 점을 간과해서는 안 된다. 종신보험의 연금전환 특약을 이용하는 것은 종신보험을 해지한 후 해지환급금을 가지고 새로운 연금에 가입하는 것과 다를 바 없다. 왜냐하면 연금전환 당시의 해지환급금을 재원으로 연금을 지급하면서 동시에 종신보험의 주계약인 사망에 대한 보장은 사라지기 때문이다.

종신보험의 연금전환 특약은 가입자 입장에서는 다소 불리한 것이 사실이다. 이유는 다음과 같다. 첫째, 일반적으로 종신보험의 경우 위험보장을 주된 목적으로 하기 때문에 위험보험료 및 사업비가 높아 연금의 재원으로 사용할 수 있는 해지환급금이 생각보다 많지 않다. 둘째, 종신보험의 최저보증이율이 연금보험에 비해 높기는 하지만 연금전환 시에는 하락하기 때문에 해지환급금이 더 적어질 수밖에 없다. 마지막으로 연금보험의 경우 가입 시점의 경험생명표를 사용하지만 대부분의 종신보험의 경우 연금으로 전환할 때의 경험생명표를 사용하기 때문에 동일 조건이라면 연금보험이 종신보험에 비해 연금액이 더 많다. 경험생명표는 쉽게 말해 인간의 수명을 예측한 표인데, 시간이 지날수록 인간의 수명이 늘어나고 늘어난 수명을 감안하여 연금을 지급해야 하기 때문에 상대적으로 평균수명이 짧은 과거의 경험생명표를 적용할수록 연금액은 더 늘어나게 되는 것이다.

▪ 종신보험과 연금보험의 비교 ▪

구분	종신보험(연금전환 특약)	연금보험
가입 목적	사망보험금으로 유족 보장 * 단, 사망 이전에 연금으로 전환 가능	노후를 대비한 연금
장점	고액의 사망보험금 설계 가능	안정적인 목돈(연금액) 설계 가능
단점	연금전환 시 연금보험 대비 적은 연금액	사망 등 보장 기능 미흡

출처 : 금융감독원

정기보험과 종신보험 중 무엇에 가입할까?

사망보장보험은 가장의 죽음으로부터 가족을 보호하기 위한 수단이다. 하지만 가족을 위해 평생 거액의 사망보험금을 준비할 필요는 없다. 왜냐하면 60세 정도가 되면 가족의 생계를 책임져야 한다는 부담감도 많이 줄기 때문이다. 자녀들이 장성하여 대학을 졸업할 때쯤이면 자녀에 대한 지원 부담도 상당 부분 해소될 뿐만 아니라 어느 정도 자산을 모은 상태기 때문에 굳이 거액의 사망보험금을 준비할 필요는 없다.

물론 죽을 때 자식들에게 뭔가 물려줄 재산이 있다는 것은 부모된 입장에서는 좋을 수 있다. 하지만 이를 위해서 오랜 기간 동안 높은 보험료를 부담해야 한다는 사실은 보험의 유지 관점에서 볼 때 위험요인이 아닐 수 없다. 경제가 어려워지고 삶이 팍팍해질수록 사람들이 보험을 제일 먼저 해약한다는 점을 고려해봤을 때 보험료가 가계 경제에 얼마나 부담을 주는가도 우선적으로 고려해야 할 사항이기 때문이다. 그런 측면에서 본다면 보험료가 저렴한 정기보험을 통해 일정 기간 가장의 죽음으로부터 가족들의 삶을 보호하면서 여유자금을 이용하여 적극적으로 재산증식에 나서는 것도 좋은 방법이다.

물론 상대적으로 여유 있는 경우에는 종신보험의 사망보험금을 가지고 다양한 형태의 상속 수단으로 활용이 가능하다. 예를 들어, 자식들에게 거액의 상속재산을 남겨주기 위한 수단으로 혹은 금융자산에 비해 보유한 부동산이 많은 경우에 상속세 납부를 위한 현금마련 수단으로 종신보험을 활용한다면 유용하게 쓸 수 있다.

한국인이라면 꼭 필요한 암보험

우리나라 사람들이 가장 무서워하는 질병은 무엇일까? 바로 암이다. 암은 우리나라 사람들의 사망원인 순위에서 항상 1위를 차지하고 있다. 국립암센터에서 2014년에 발표한 자료에 따르면 우리나라 국민들이 평균

■ 성별 사망원인 순위(2015년) ■

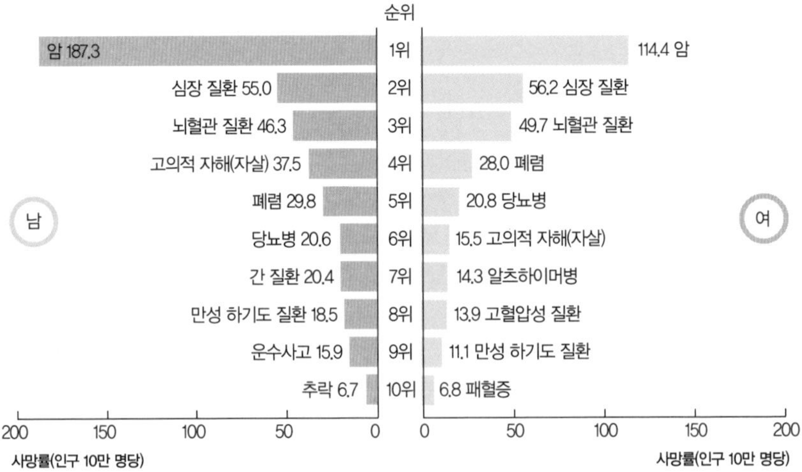

수명(2012년 기준 81세)까지 산다고 가정했을 때 암 발생 확률이 37.3%라고 한다. 쉽게 말하면 우리나라 국민 5명 중 2명은 암에 걸린다는 이야기다. 남성의 암 사망률은 여성에 비해 1.6배나 높으며, 30대는 위암, 40~50대는 간암, 60세 이상은 폐암으로 인한 사망률이 가장 높다.

▪ 주요 사망원인별 사망률 추이 ▪

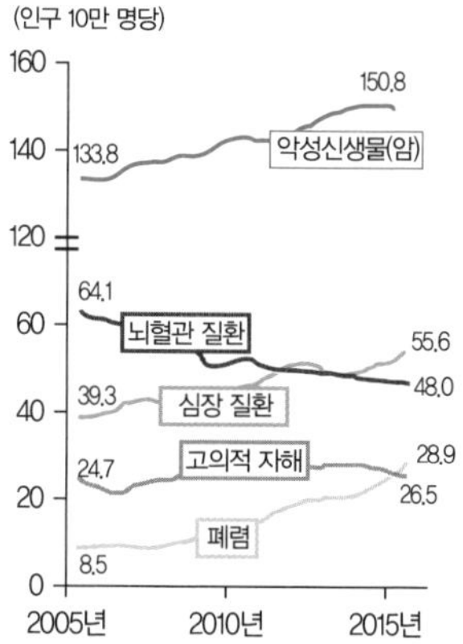

출처 : 통계청

그래도 다행인 것은 암에 걸리는 사람들은 지속적으로 늘고 있지만 동시에 암에 걸려도 생존할 가능성 또한 높아지고 있다는 사실이다. 이제는 더이상 과거처럼 암에 걸리는 것이 곧 죽음을 의미하지 않는다. 의학기술 발달로 치료 후 관리를 잘하면 생존율을 더욱 높일 수 있는 있기 때문이다.

그렇다면 암에 걸렸을 때 진짜 문제는 무엇일까? 이제는 암으로 죽고 사는 것이 문제가 아니라 경제적 부담이 가장 큰 문제로 대두되고 있다.

▪ 모든 암의 5년 상대생존율(1993–2013) ▪

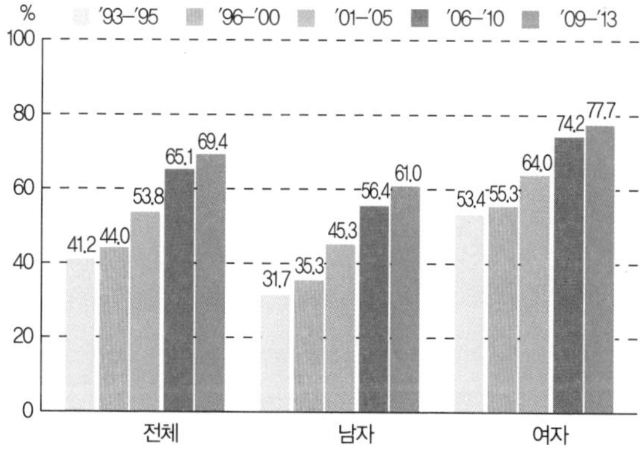

출처 : 국가암정보센터

암은 대표적인 중증 질환으로 투병기간도 길고 치료비용도 많이 든다. 게다가 암에 걸리면 10명 중 8명이 직장을 잃게 되는 현실은 가족들의 생계 문제와도 직결된다. 정확히 말하자면 암은 누구나 치료 가능한 질병이 아니라 돈이 많아야 치료하고 살 수 있는 질병이 된 것이다.

암 걸리면 10명 중 8명이 직장 잃어

엎친 데 덮쳐 생활고… 암환자 14% "돈 때문에 치료 포기한 적 있다"

서울 강북구에 사는 임 모(57) 씨는 건설현장 일용직으로 1남2녀를 길렀다. 살림은 빠듯해도 집안은 단란했다. 그런데 암이 임 씨 가족의 행복을 파괴했다. 그는 2007년 온몸이 시름시름 아파 동네 병원에 갔다가 "큰 병원 가보라"는 말을 들었다. 고려대 안암병원에 갔더니 췌장암이었다. 2008년 4월 췌장암 수술을 받고 그해 연말까지 매달 일주일씩 입원해 항암치료를 받았다. 2,500만 원이 들었다. 3남매 키우느라 바빠 보험도 저축도 없었다. 임 씨가 일을 못해 수입도 끊어졌다. 그는 넉 달 만에 의료급여 대상자(집안 형편이 어려워 정부로부터 의료비를 지원받는 사람)가 됐다. 그래도 치료비와 생활비로 빚이 3,000만 원까지 불어났다.

국회 보건복지위원회 소속 원희목 의원(한나라당)은 13일 "암 환자 대다수가 암에 걸린 뒤 직장을 잃고 빈곤층으로 내려앉는다"는 내용의 국가암관리사업단 조사결과를 공개했다. 암도 암이지만 일자리를 잃고 고액의 치료비에 시달리는 바람에 경제적으로 추락한다는 것이다.

사업단 측이 올 들어 정부에서 암 치료비를 지원받은 사람 600명을 대상으로 조사한 결과, 전체 암 환자 10명 중 8명 이상(83.5%)이 암 진단을 받은 뒤 실직한 것으로 나타났다. 계층별로 쪼개 살펴보면, 일반적인 건강보험 가입자는 10명 중 7명(71%)이 실직한 반면 임 씨 같은 의료급여 대상자들은 10명 중 9명(91.5%)이 일자리를 잃고 막막해졌다. 배움과 기술이 적은 저소득층일수록 암으로 인한 타격이 크다는 뜻이다.

출처 : 조선일보
http://news.chosun.com/site/data/html_dir/2010/10/14/2010101400065.html

▪ 주요 암 종류별 환자 1명당 비용 부담 ▪

*교통비, 간병비 등 포함한 의료비(단위 : 원)

자료 : 국립암센터(2009)

소액암 보장 수준을 확인하라

과거에는 암에 걸리면 무조건 고액의 보험금을 지급하는 구조였지만 이제는 암 관련 데이터가 축적되면서 암을 고액암, 일반암 그리고 소액암으로 분류하여 보험금을 차등 지급하고 있다. 여기서 중요한 것은 보험회사가 암에 대해 동일한 분류를 하지는 않는다는 점이다. A 보험사에서는 고액암으로 분류하는 암이 B 보험사에서는 일반암으로 분류되기도 하고, C 보험사에서는 일반암으로 분류되는 암이 D 보험사에서는 소액암으로 분류되기도 한다. 대표적인 경우가 유방암이다. 유방암은 회사에 따라 일반암 혹은 소액암으로 분류되고 있어 암보험 가입 전에 반드시 확인해볼 필요가 있다.

암에 대한 분류를 확인하면서 동시에 소액암에 대한 보장 수준도 알아둘 필요가 있다. 보통 소액암은 일반암에 비해 걸릴 확률이 높아 일반암의 10~40% 수준의 보장을 받을 수 있다. 하지만 발생 가능성이 높은 만큼 소액암 보장 수준이 높은 보험사를 고르는 것도 한 방법이다.

갱신형과 비생신형, 무엇이 유리할까?

암보험은 일정한 기간이 지나면 보험료가 오르는 갱신형과 보험료가 동일한 비갱신형이 있다. 현 상황만 놓고 본다면 나이가 들수록 암에 걸릴 확률이 점점 높아지기 때문에 지금 당장은 몰라도 갱신시기가 도래한다면 보험료가 상당히 오를 가능성이 높다. 그래서 전체적인 보험료 수준을 비교해봤을 때 갱신형 보험은 초기에 상대적으로 낮은 보험료를 부담하지만 전 기간에 걸쳐 비교해봤을 때는 비갱신형에 비해 더 많은 보험료를 부담할 가능성이 높다.

하지만 이는 전적으로 현재의 의학기술 수준을 기반으로 생각해본 것이고, 앞으로 의학기술 발달로 고혈압이나 당뇨처럼 암도 수술하지 않고 약으로 치료 가능한 시기가 온다면 오히려 보험료는 낮아질 수도 있다. 그래서 솔직히 갱신형이 좋을지 비갱신형이 좋을지는 단정지어 말하기 어렵다.

하지만 한 가지 확실한 것은 암보험에 가입했다면 보험료는 최대한 길게 납입하는 것이 유리하다는 점이다. 왜냐하면 상당수의 암보험에서는 암에 걸리거나(소액암 제외) 또는 보험사에서 정하고 있는 일정 요건(50% 이상 장애 시 / 상해 또는 질병후유장해 80% 이상 발생 시 등)을 충족할 경우 보험료를 면제해주고 있기 때문이다.

암보험 가입 전에 다양한 상품을 알아보자

최근 암보험이 다양한 형태로 진화하고 있다. 암이 재발해도 보험금을 지급하는 상품이 있는가 하면 암 진단 시 일정 기간 생활비를 지급해주는 상품도 있다. 게다가 보험료 납입 후 일정 기간이 지나면 원금을 연금처럼 돌려받고 이자로 100세까지 보장해주는 상품도 있다. 따라서 암보험 가입 전에 다양한 상품에 대해 조사해보는 것이 좋다.

암보험은 대표적인 정액보험상품이다. 상황별 보장금액이 정해져 있어 개별적으로 보장금액을 늘리거나 줄일 수 없다. 그래서 더 많은 보장을 받기 위해서는 여러 개의 상품을 중복 가입하는 것도 한 방법이다. 특히 가족들 중에 암에 걸린 사람이 많다면 암에 대한 보장을 크게 하기 위해 여러 개의 보험에 가입하는 것도 좋은 방법이다. 이때는 동일한 상품으로 두세 개 가입하기보다는 서로 다른 컨셉의 상품으로 가입하거나 동일한 상품이라도 갱신형과 비갱신형으로 섞어서 가입하는 것이 좋다. 다른 보험에 특약의 형식으로 암보험에 가입해서 보장금액을 늘리는 방법도 있다.

자동차보험 / 운전자보험

2014년 우리나라의 자동차 등록대수가 세계에서 15번째로 2천만 대를 돌파했다. 경제성장과 국민소득 증가에 따라 수입차의 비중도 급격히 늘고 있는데, 서울시의 경우 2016년 6월 기준으로 전체 자동차 중에서 수입차의 비중이 12.15%로 10대 중 1대는 수입차다. 수입차는 대부분이 고가의 차량들로 사고 발생 시 수리하는 데 상당한 비용이 소요된다. 한

▪ 자동차 등록 대수 추이 ▪

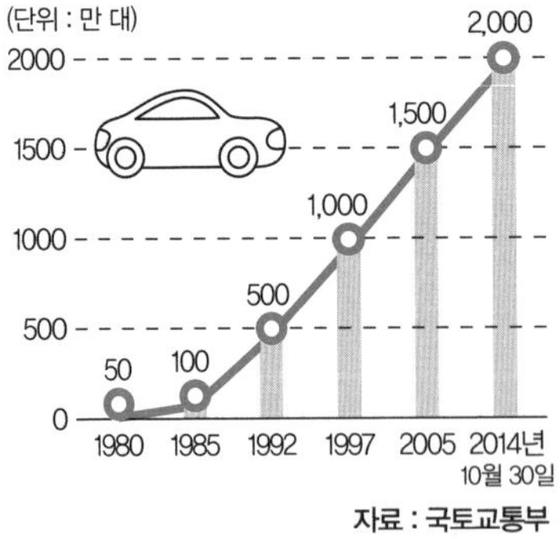

자료 : 국토교통부

▪ 국산차와 수입차 보험금 비교 ▪

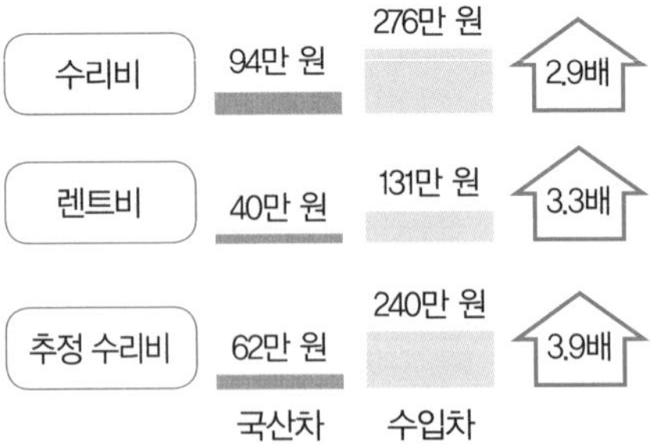

자료 : 보험개발원

자료에 따르면 사고 발생 시 수입차에 지급하는 보험금이 국산차의 세 배에 이르는 것으로 나타났다. 수입차가 늘어나면서 교통사고로 경제적 어려움에 처하는 일도 다반사가 되었다.

완벽하지는 않겠지만 그래도 대비책은 있다. 가장 중요한 것은 안전운전이다. 하지만 교통사고는 나만 조심한다고 피할 수 있는 일이 아니다. 아무리 안전운전을 생활화한다고 해도 언제 어디서든 사고 발생 가능성은 존재한다. 그래서 필요한 것이 만약의 사고를 대비한 보험이다. 자동차와 관련된 보험에는 크게 자동차보험과 운전자보험이 있다.

민사적 책임은 자동차보험으로, 형사적 · 행정적 책임은 운전자보험으로

보통 교통사고 발생 시 민사적 · 형사적 · 행정적 책임이 발생하게 된다. 민사적 책임은 쉽게 말해 상대방이 입은 손해를 배상하는 것이다. 교통사고로 사람이 다치거나 자동차나 물건이 파손됨에 따라 피해자가 입은 손실을 보상해주는 것이다. 민사적 책임은 자동차보험으로 처리 가능하다. 하지만 형사적 책임과 행정적 책임은 운전자보험을 통해서만 보장이

▪ 운전자보험과 자동차보험의 주요 특성 비교 ▪

구분	운전자보험(자신을 위한 보험)	자동차보험(타인을 위한 보험)
민사적 책임	보상하지 않음	사망/부상 (대인배상 I, II, 자기신체사고)
형사적 책임	사망/부상(형사 합의금), 변호사 선임(방어비용), 벌금(벌금)	보상하지 않음

행정적 책임	면허 취소 및 정지(위로금)	보상하지 않음
자동차 사고로 인한 기타 비용 손해	비용 손해 보상(긴급 견인비용, 자동차보험료 할증 지원금, 렌트비 지원금, 차량손해 위로금 등)	보상하지 않음
무면허 · 음주운전 자동차 사고	보상하지 않음	보상(자기부담금 발생, 무면허 자동차 사고는 대인배상 II 에서는 보상하지 않음)
보험 의무가입 여부	의무가입 아님	대인배상 I 및 대물배상(1천만 원)은 의무가입

출처 : 금융감독원

▪ 11대 중과실 교통사고 ▪

출처 : 국가법령정보센터

가능하다.

형사적 책임은 가해자가 사망사고, 뺑소니사고, 11대 중과실 사고, 중상해사고 등으로 형사처벌을 받게 되는 경우고, 행정적 책임은 교통사고 가해자에게 벌금 및 과태료, 면허 정지 및 취소 등의 행정적 처분이 적용되는 것을 말한다. 운전자보험은 이러한 상황에 대비해 벌금, 변호사 선임비용, 형사 합의금 그리고 교통사고 처리 지원금 등을 보장해주고 있다. 자동차보험이 타인을 위한 보장의 성격이 강한 반면 운전자보험은 자신을 위한 보장의 성격이 강하다.

자동차보험, 제대로 알고 가입하자

자동차보험은 자동차를 소유한 사람은 누구나 의무적으로 가입해야 하는 책임보험(대인배상 I 및 대물배상(1천만 원))과 책임보험에 다양한 담보를 추가한 종합보험으로 나뉜다. 책임보험은 의무적으로 가입해야 하는 보험으로 타인에게 입힌 인적·물적 손해에 대해 제한된 범위 내에서만 보장이 가능하다. 이를 뒤집어 생각해보면 고가의 수입차량과의 사고 시 보상한도를 초과한 부분과 본인이 입은 신체적 피해와 자신의 차량 파손에 따른 손실은 보상받을 수 없다는 이야기가 된다. 따라서 다소 비용이 들더라도 반드시 종합보험에 가입할 필요가 있다.

하지만 종합보험 가입률은 그리 높지 않다. 보험개발원에 따르면 수입차 증가에 따라 고가의 자동차가 늘어나고 자연재해가 빈번해지면서 종합보험 가입률이 크게 늘고는 있지만, 2013년 9월 기준으로 종합보험 가입비율은 59.1%로 여전히 낮은 편이다. 가장 큰 이유는 비싼 보험료다.

▪ 보장 항목별 보상 내용 ▪

대인배상 I	자동차 사고로 다른 사람을 죽게 하거나 다치게 한 경우에 자동차손해배상보장법에서 정한 한도 내에서 보상
대인배상 II	대인배상 I을 초과한 손해를 보상
대물배상	자동차 사고로 다른 사람의 재물을 없애거나 훼손한 경우 보상
자기신체 자동차 상해	피보험자가 죽거나 다친 경우에 보상
무보험차 상해	무보험 차나 뺑소니 차로 피보험자가 죽거나 다친 경우 보상
자기차량 손해	피보험 자동차가 파손된 경우 보상

* 각 담보의 가입 한도 내에서 보장

그래서 이번에는 자동차보험을 좀 더 저렴하게 가입하기 위한 방법에 대해 알아보도록 하자.

첫째, 안전운전을 생활화한다

각 보험사별로 보험료를 산출할 때 운전자의 사고 경험을 반영하기 때문에 안전운전은 자동차보험료를 낮추는 데 상당한 도움이 된다. 만약 무사고 운전을 계속한다면 최대 70%까지 보험료를 할인받을 수 있다. 반대로 교통사고가 났다면 보험료는 할증되는데, 할증의 크기는 사고 횟수와 피해 규모를 감안하여 결정된다. 여기에 음주와 무면허 그리고 상습 교통법규 위반자에 대해서도 보험료를 할증하고 있으니 보험료 절감 차원에서라도 반드시 안전운전을 생활화할 필요가 있다.

둘째, 운전자의 범위를 한정하라

자동차를 운전할 수 있는 사람의 범위를 어떻게 지정하느냐에 따라서도 보험료 할인폭이 달라진다. 운전자의 범위는 보통 나이나 구성원별로 분류한다. 구성원별 분류는 1인 한정, 부부 한정, 가족 한정, 가족과 형제 한정 그리고 누구나 운전할 수 있도록 지정하는 방법이고, 연령별 분류는 26세 이상, 30세 이상, 35세 이상 그리고 누구나 등으로 운전자를 지정하는 방법이다. 운전자의 범위를 최소화할수록 보험료는 낮아지게 된다. 참고로 운전자를 지정해놓았다 하더라도 장거리 운행 등의 이유로 지정한 운전자 이외에 다른 사람이 운전할 일이 발생한다면 추가 보험료를 내고 일정 기간 다른 운전자를 추가 지정할 수도 있다.

셋째, 다양한 특약을 활용하라

보험사별로 운용하고 있는 다양한 특약제도를 활용하여 보험료를 할인받을 수 있다. 예를 들어, 자동차 운행이 많지 않은 운전자라면 마일리지 특약, 승용차요일제 특약 그리고 대중교통이용할인 특약 등을 이용하여 보험료를 할인받을 수 있다. 차량 내 블랙박스가 설치되어 있다면 블랙박스 특약을 이용할 수도 있다. 여기에 어린 자녀가 있는 운전자일수록 안전운전을 실천하는 경향이 높다는 점에 착안하여 다양한 형태의 자녀할인 특약도 선보이고 있다. 보험사별로 운용하고 있는 특약이 다르고 할인율도 다르기 때문에 가입 전에 꼼꼼히 따져볼 필요가 있다.

▪ 다양한 특약제도 ▪

마일리지 특약	2,000km, 3,000km, 4,000km, 5,000km, 1만km 등 주행거리에 따라 보험료를 할인해준다. 참고로 주행거리가 짧을수록 할인폭이 커진다.	할인폭 2~35%
승용차요일제 특약	평일 중 하루를 지정해서 운전하지 않으면 할인해준다.	할인폭 최대 8%
대중교통이용할인 특약	지하철, 버스, 시외버스 등 대중교통 이용요금이 최근 3개월간 15만 원 이상이라면 할인해준다.	할인폭 4~10%
블랙박스 특약	블랙박스를 설치했다면 할인해준다.	할인폭 1~5%
자녀할인 특약	일정 연령 미만의 자녀가 있다면 할인해준다. 지녀의 나이에 따라 할인율이 달라지고, 아직 태어나지 않은 태아까지도 할인 혜택을 제공하고 있다.	할인폭 4~10%

넷째, 온라인 자동차보험을 비교하라

동일한 보험에 가입해도 가입채널에 따라 가격이 달라진다. 인터넷으로 직접 자동차보험에 가입했다면 보험설계사를 통해 가입했을 때보다 13~17% 정도 보험료가 저렴하다. 여기에서 한 발 더 나아가 각 회사별 자동차보험상품을 비교해보는 노력도 필요하다. 왜냐하면 보험회사별로 적용하는 할인, 할증률이 다를 뿐만 아니라 적용하는 특약도 제각각이기 때문이다. 참고로 '보험다모아' 사이트를 이용한다면 집에서도 클릭 몇 번으로 자동차보험을 한눈에 비교할 수 있어 편리하다.

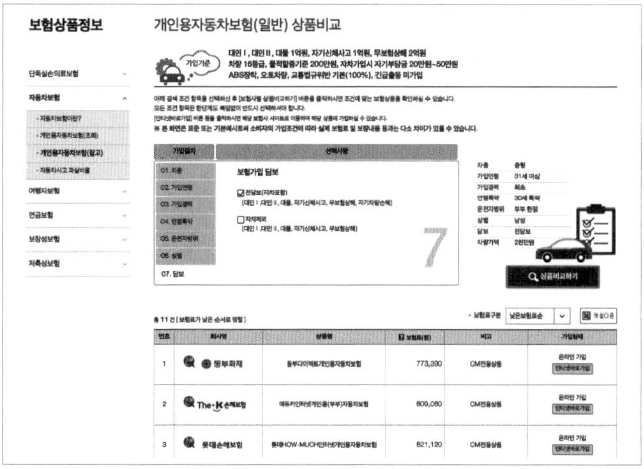
보험상품정보
개인용자동차보험(일반) 상품비교
가입기준
7
상품비교하기

보험 리모델링

보험 리모델링이란 현재 가입되어 있는 보험상품을 분석하여 소득 대비 보험료는 과하지 않은지, 보장 범위는 충분한지, 중복 가입하여 새고 있는 보험료는 없는지 등을 고려하여 불필요한 부분을 줄이고 부족한 부분은 채우는 형태로 보험 구성을 변화시키는 것이다.

그런데 보험 리모델링은 한 번 했다고 해서 끝나는 것이 아니다. 보험은 대표적인 장기 상품이다. 10년이면 강산도 변한다고 했는데, 20~30대 때 가입했던 보험으로 100세 시대를 온전히 보장받기에는 시간이 너무 길다. 따라서 자신의 상황에 변화가 생길 때마다 기존에 가입했던 보험을 확인해보고 부족한 부분은 없는지 주기적으로 점검해볼 필요가 있다.

시간이 지남에 따라 기존에 가입했던 보험의 보장금액은 가치가 떨어질 수밖에 없다. 왜냐하면 소득이 늘어나고 인플레이션으로 돈의 가치가 떨어진다면 사회 초년생 때는 충분해 보였던 보장금액도 부족해질 수밖에 없기 때문이다. 게다가 결혼을 해서 아이가 생긴다면 늘어난 가족 수에 걸맞게 보장금액도 커져야 한다. 물론 처음부터 이러한 변화를 예상하여 충분한 보장금액을 설정할 수도 있겠지만 보험은 순전히 비용이라는 점을 고려해봤을 때 처음부터 무리하게 보험에 가입하기보다는 본인의 상황이 변화됨에 따라 보험을 추가하는 형태로 지속적으로 관리해 나가는 편이 보다 현명하다.

보험 리모델링의 기준

일부 부도덕한 보험설계사나 재무설계사들이 보험 리모델링을 새로운 영업수단으로 활용하는 경우가 간혹 있다. 보장 내용을 분석해주겠다고 접근해서는 기가입된 보험의 단점을 부각시키면서 새로운 상품을 가입시키는 마케팅 도구로 보험 리모델링을 활용하는 것이다.

하지만 보험 해지는 매우 신중하게 접근해야 한다. 일단 보험을 중간에 해지하게 되면 경제적 손실은 물론 보장의 공백이 생기기 때문이다. 가장 문제가 되는 경우는 기존 보험을 해지하고 비슷한 보장의 새로운 상품으로 갈아타는 경우다. 상식적으로 생각했을 때 새로운 상품일수록 내용이 좋을 것으로 예상되지만, 보험의 경우에는 과거의 상품이 오히려 보장 내용이 더 좋을 확률이 높다. 앞에서도 언급했듯이 보험은 시간이 지날수록 보험사의 손실률을 반영하여 보장 내용을 축소하는 방향으로 새로운 상품을 출시하기 때문이다. 그래서 보험 리모델링을 위해서는 몇 가지 기준이 필요하다.

첫째, 기가입된 보험은 최대한 살려두자

보험 리모델링은 기존 보험을 최대한 살려두면서 부족한 부분을 채우는 방향으로 진행되어야 한다. 물론 중복된 부분이 있다면 둘 중 하나를 해지할 수 있겠지만 기가입된 보험이 안 좋으니 새 상품으로 갈아타는 식으로 접근한다면 한 번 의심해볼 필요가 있다.

참고로 보험 리모델링의 대상이 되는 상품은 보장성 보험으로 저축보험이나 변액보험은 해당되지 않는다. 저축보험이나 변액보험은 보험의 형식을 빌리고 있지만 투자형 상품이기 때문이다. 저축보험은 10년짜리 적금상품으로, 변액보험은 주식형 투자상품으로 생각하면 좋다. 따라서 이 두 개의 상품을 계속 보유할 것인지 아닌지는 전적으로 투자의 관점에서 생각해야 한다.

둘째, 보험료가 부담된다고 무조건 해지하지 마라

보험에 가입한 지 오래되었다면 무조건 해지하는 것보다는 보장 내용을 축소하면서 보험료를 낮추는 것도 좋은 방법이다. 가입한 상품별로 이용할 수 있는 제도가 다를 수 있으니 반드시 상담을 통해 본인에게 맞는 제도를 선택해서 사용해야 한다.

셋째, 해지를 고려해도 좋은 상품

우선 홈쇼핑이나 전화를 통해 누구나 쉽게 가입할 수 있는 보험은 해

▪ 보험 보장 내용의 축소 ▪

감액제도	• 보장 수준을 낮춰 보험료를 낮추는 제도. 예) 종신보험 보장한도 1억 → 5천만 원
감액완납제도	• 해지환급금을 이용하여 매월 내야 하는 보험료를 대신함. • 해지환급금의 규모에 따라 보장금액이 달라짐. • 최소한의 보장을 유지하고 싶을 때 활용.
연장정기보험 제도	• 보험료를 납입하지 않는 대신 보장기간을 축소. • 감액완납제도가 보장금액을 줄이는 대신 보장기간은 동일하게 유지한다면 연장정기보험은 보장금액은 유지되지만 보장기간은 축소됨.
보험료자동대출 납입제도	• 보험약관대출이 이뤄져 보험료가 자동납부. • 해약환급금 범위 내에서 대출을 이용하여 보험료를 납입하는 제도로 언젠가는 대출 원금과 이자를 상환해야 한다.
납입유예제도	• 보험료 납입을 일시적으로 중지할 수 있는 제도. • 납입중지기간에도 보장은 유지된다. • 1회 신청 시 1년까지 납입을 중지할 수 있으며, 최대 3회까지 이용 가능하다.
특약해지	• 보험은 주계약과 특약으로 이루어져 있다. • 중요하지 않은 특약을 해지함으로써 보험료를 낮출 수 있다.

지를 고려해도 좋다. 일명 '묻지도 따지지도 않는' 보험의 경우 가입절차가 간단해 현재 질병을 앓고 있는 사람들도 쉽게 가입할 수 있어 상대적으로 건강한 사람에게는 불리하다. '묻지도 따지지도 않는' 보험은 저렴한 보험료를 앞세워 판매에 열심이지만 그나마 제값을 못할 가능성이 높다. 이런 보험일수록 보장내역 대비 보험료는 비쌀 뿐만 아니라 갱신 시 보험료가 큰 폭으로 오를 가능성이 높아 좋지 않다.

그리고 CI보험도 해지를 고려해볼 만하다. CI보험의 CI는 Ciritical Illness의 약자로 치명적 질병을 보장하는 보험이다. 보통 종신보험에 CI 보장을 결합하여 중대한 질병에 걸리거나 중대한 수술을 해야 할 경우 치료자금 용도로 사망보험금의 일부를 선지급하는 보험상품이다. 하지만 문제는 중대한 질병이나 중대한 수술의 '중대한'이라는 용어가 상당히 까다롭다는 점이다. 일반적으로 CI보험에서는 약관에 중대한 질병과 중대한 수술에 대해 상세히 서술하고 있어 암에 걸리더라도 약관에 부합하지 않으면 보험금 지급이 거절될 수도 있다. CI보험은 고액의 보험금을 받을 수 있는 대신 보험료가 다른 보험에 비해 높은 편이지만 보장범위가 상당히 제한적이기 때문에 보험금을 탈 수 있는 가능성이 적어 대표적으로 민원이 많은 보험이기도 하다.

마지막으로 중복 보상이 되지 않는 보험은 해지해야 한다. 실손의료보험이나 운전자보험의 경우 중복 보상이 되지 않는 대표적인 상품들이다. 예를 들어, 두 개의 보험사에 각각 실손의료보험을 가입했다고 하자. 고객이 200만 원의 보험금을 청구했더라도 두 개의 보험사에서 각각 200만 원이 지급되는 것이 아니라 200만 원에 대해 두 개의 보험사에서 개별적으로 100만 원씩만 지급된다. 보험료는 두 배를 내지만 혜택은 두 배가 되지 않기 때문에 중복 보상이 되지 않는 보험상품은 하나만 남겨두고 해지하는 것이 좋다.

넷째, 자녀 → 아내 → 남편 순으로 리모델링하자

보험료가 부담되어 보험 리모델링이 필요하다면 자녀, 아내 그리고 남편 순으로 리모델링에 나서자. 아무래도 질병이나 사고로 다쳤을 경우 가정 경제에 미치는 영향이 작은 순으로 먼저 손을 대는 편이 좋기 때문이다.

보험료는 보통 소득의 8% 정도가 적정한데, 맞벌이 부부라면 부부 합산 소득을 기준으로 생각하기보다는 둘 중 소득이 많은 사람 혹은 가장 오랫동안 일을 할 수 있는 사람을 기준으로 소득의 8%를 생각하면 좋을 것이다. 아무래도 여성의 경우 자녀양육이나 기타 여러 가지 사정에 의해 중간에 회사를 그만둘 가능성이 높기 때문에 이러한 부분에 대해서는 미리 감안해둘 필요가 있다.

알면 도움이 되는 금융상식 9

보험료를 낮추는 방법

1. 납입기간을 최대한 늘려라

납입기간이 길어질수록 부담해야 하는 보험료는 낮아진다. 보험료를 10년 동안 납부하는 것보다는 15년이나 20년 동안 납부할 때 매월 내는 보험료는 더 낮아진다. 단, 보험료 납부기간이 늘어날수록 납부하는 보험료 총액은 늘어난다.

2. 보장의 크기를 줄여라

사망보험금을 3억 원이 아니라 1억 원으로 낮출 경우 보험료는 낮아진다.

3. 보장기간을 줄여라

100세 보장보다는 80세 보장이 보험료가 더 저렴하다. 80세 이후에 발생하는 문제에 대해서는 본인이 미리 준비한 자금으로 해결하는 것도 한 방법이다.

4. 순수보장형 보험을 선택하라

만기에 환급이 되지 않는 상품은 만기에 환급되는 상품에 비해 저축보험료 부담이 없어 보험료가 낮다. 순수보장형 상품을 이용하는 것이 보험료 부담에 있어서는 상당히 도움이 될 것이다.

내 집 마련의 디딤돌

등기부등본 보는 법

전월세 구하기 전 반드시 확인해야 할 사항들

전세보증금, 안전하게 지키자

PART 4
월급쟁이, 자신만의 보금자리를 만들어라

임대인과 임차인 모두가 알아야 하는 주택임대차보호법

월급으로 내 집 마련하기

주택담보대출, 알고나 받자

내 집 마련의 디딤돌

내 집을 마련하기 위해서는 반드시 일정 수준 이상의 자기 자금이 있어야 한다. 하지만 자금이 모일 때까지는 시간이 필요하다. 부모님으로부터 주택 마련에 필요한 자금 중 일부를 지원받을 수 있다면 좋겠지만, 대부분은 전적으로 자신의 힘으로 내 집 마련의 꿈을 이뤄나갈 수밖에 없다. 월세에서 전세로, 전세에서 자가로 가는 과정을 거쳐서야 비로소 내 집 마련이 가능한 것이 현실이다.

국가에서는 사회적 약자나 서민들을 대상으로 다양한 형태의 주거복지 서비스를 제공하고 있다. 주거복지 서비스는 크게 주택공급과 주거급여로 나뉜다. 주택공급은 사회적 약자나 서민들의 주거안정을 위해 소득계층별로 다양한 형태의 임대주택을 공급하는 서비스고, 주거급여는 주거안정과 주거생활 향상을 위해 중위소득 44% 이하를 대상으로 임차료 또는 주택개량을 지원해주는 서비스다. 이러한 서비스를 잘 활용한다면 시세에 비해 저렴한 가격으로 주거의 안정성을 얻을 수 있을 수 있어 내

집 마련을 위해 필요한 종잣돈 마련에도 상당히 유리할 수 있다.

임대주택에는 영구임대주택, 국민임대주택, 장기전세주택, 공공임대주택, 전세임대주택, 행복주택, 뉴스테이 그리고 주거복지동주택이 있는데 이 중 신혼부부와 사회 초년생이 관심을 가질 만한 유형의 주택들을 선별하여 소개해보겠다. 보다 자세한 내용은 주거복지와 관련된 유용한 정보를 제공하고 있는 마이홈포털(www.myhome.go.kr)을 통해 확인할 수 있다.

신혼부부, 사회 초년생, 대학생 등을 위한 행복주택

행복주택은 대학생, 신혼부부 그리고 사회 초년생 등을 위한 공공임대주택으로 주변 시세보다 20~40% 정도 임대료가 저렴한 것이 특징이다. 과거 도시 외곽이나 그린벨트에 지어졌던 공공주택과 달리 요즘에는 철도부지와 도심 내 유휴부지를 활용하여 직장과 학교가 가까운 곳이나 대중교통이 편리한 곳에 건설하고 있어 접근성 또한 뛰어나다.

행복주택은 전용면적 45㎡ 이하 규모로 공급되고 있으며 그동안 주거복지 혜택에서 소외되었던 젊은층이 80% 입주하게 되고, 나머지는 노인계층과 취약계층에 20%가 배정된다. 다만 산단형 행복주택의 경우 젊은계층(대학생, 청년, 신혼부부)에 90%, 노인계층에 10%가 배정된다.

거주기간은 대학생, 청년, 산업단지근로자 등은 최대 6년이고 고령자 및 주거급여 수급자는 최대 20년이다. 신혼부부는 무자녀의 경우 최대 6년, 자녀가 있을 경우 최대 10년까지 가능하다. 2년 단위로 계약을 체결하는데 임대차 기간 종료 시 입주 자격을 재확인한 후 갱신계약을 체결한다.

대학생 및 취약계층은 청약통장 보유와 관계 없이 신청 가능하나 그 외에는 금액에 관계없이 청약통장을 보유하고 있어야 신청 가능하다. 입주 6개월~1년 전에 LH공사나 지방공사 홈페이지를 통해 입주자 모집 공고를 확인한 후 인터넷을 통해 청약 가능하다. 참고로 행복주택에 입주가 확정된다 하더라도 청약통장은 유효하므로 추후 다른 분양주택이나 임대주택을 신청할 수 있다. 다음의 표에서 2018년도 행복주택 입주 자격을 참고하면 된다. 다만 시기별로 세부사항에 있어 변동이 있을 수 있으니 사전에 마이홈포털 또는 행복주택 공식 블로그 등을 통해 관련 내용을 반드시 확인하기 바란다.

■ 2018년 행복주택 입주 자격 ■

계층		입주 자격	소득 기준
대학생 계층	대학생	· 대학에 재학 중 또는 입.복학 예정인 혼인 중이 아닌 무주택자	· 본인 및 부모 소득합계가 도시근로자 월평균 소득의 100% 이하
	취업 준비생	· 대학(또는 고등학교)을 졸업 또는 중퇴한 지 2년 이내인 혼인 중이 아닌 무주택자	
청년 계층	청년	· 만 19세 이상 만 39세 이하 혼인 중이 아닌 무주택자	· 해당세대 소득합계가 도시근로자 월평균 소득 100% 이하(본인은 80% 이하)
	사회 초년생	· 소득이 있는 업무에 종사 중인 자이거나 예술인 또는 직장 퇴직 후 1년 이내의 자 중 구직급여 수급자격을 인정받은 자로 소득이 있는 업무에 종사한 기간의 합이 5년 이내이며, 혼인 중이 아닌 무주택자	
신혼부부 계층	신혼 부부	· 신청인 혼인합산 기간 7년 이내 무주택세대구성원	· 해당세대 소득 합계가 도시근로자 월평균 소득 100% 이하
	예비 부부	· 신청인 혼인합산 기간 7년 이내 혼인을 계획 중인 무주택자	
고령자		· 해당 주택건설지역 거주 65세 이상 무주택세대구성원(무주택기간 1년 이상)	· 해당세대 소득 합계가 도시근로자 월평균 소득 100% 이하
주거급여 수급자		· 해당 주택건설지역 거주하는 주거급여수급자인 무주택세대구성원(무주택기간 1년 이상)	–
산업단지 근로자		· 해당 주택건설(연접)지역에 소재하는 산업단지의 입주기업 등에 재직중인 무주택세대구성원	· 해당세대 소득 합계가 도시근로자 월평균소득 100% 이하

*2018년 적용 소득 및 자산기준
– 소득 : 3인 기준 5,002,590원/4인 가구 5,846,903원 등
– 자산 : · 대학생(본인) : 총자산 7,400만 원, 자동차를 소유하지 않을 것
· 사회초년생(본인이 세대주가 아닌 경우는 본인) : 총자산 21,800만 원, 자동차 2,545만 원
· 그 외 : 총자산 24,400만 원, 자동차 2,545만 원

출처 : 행복주택 공식 블로그 blog.naver.com/happyhouse2u

신혼부부와 생애 최초 주택 구입자는 공공임대 특별공급을 노려라

공공임대는 전용면적 85㎡ 이하 주택의 보증금과 임대료를 시중 전세 시세의 90% 수준에서 제공하고 있으며, 임대기간 종료 후 살던 집을 그대로 분양받을 수 있다. 공공임대에는 5년(10년) 공공임대주택이나 분납임대주택이 있다. 5년(10년) 공공임대주택은 임대의무기간인 5년(10년)간 임대 후 분양 전환하며 입주자가 우선하여 소유권을 이전받을 수 있다. 분납임대주택은 입주자가 입주 시까지 집값의 일부만을 초기 분납금으로 납부하고 입주 후 단계적으로 잔여 분납금을 납부하여 임대기간 종료 후 소유권을 이전받는 주택으로, 목돈이 없어 분양 주택에 청약하기 어려운 무주택자에게 내 집 마련의 기회를 제공한다.

일반적으로 공공임대는 청약저축 또는 주택청약종합저축에 가입한 기간이나 납입금액을 감안하여 당첨자를 선정하게 된다. 따라서 청약통장 가입기간이 짧은 신혼부부나 사회 초년생의 경우에는 불리할 수밖에 없다. 하지만 이들을 대상으로 한 특별공급을 잘 활용한다면 당첨 가능성을 높일 수 있다.

특별공급은 일정한 조건을 갖춘 경우 일반인과 경쟁하지 않고도 우선적으로 당첨받을 수 있는 권리를 주는 것이다. 세 자녀 이상인 자, 노부모 부양자, 국가유공자 그리고 기관 추천자를 대상으로 특별공급을 해주고 있는데, 사회 초년생의 경우 신혼부부와 생애 최초 주택 구입자를 대상으로 한 특별공급을 활용하면 된다. 특별공급에 신청하기 위해서는 다음과 같은 조건이 필요하다.

1) 입주자 조건

신혼부부	입주자 저축(청약저축, 주택청약종합저축)에 가입하여 6개월 이상 경과된 자로서 매월 약정 납입일에 월납입금을 6회 이상 납입한 자 중 입주자 모집 공고일 현재 혼인기간이 5년 이내고, 그 기간에 출산(임신 중이거나 입양한 경우 포함)하여 자녀가 있는 무주택세대구성원으로서 해당 세대의 월평균 소득이 전년도 도시근로자 가구당 월평균 소득의 100%(배우자가 소득이 있는 경우 120% 적용) 이하인 자 ※ 신혼부부 입주자 선정 순위 – 1순위 : 혼인기간 3년 이내 임신 또는 출산(입양 포함)하여 자녀가 있는 자 – 2순위 : 혼인기간 3년 초과 5년 이내 임신 또는 출산(입양 포함)하여 자녀가 있는 자
생애 최초 주택 구입자	입주자 모집 공고일 현재 생애 최초(세대에 속한 모든 자가 과거 주택을 소유한 사실이 없는 경우로 한정)로 주택을 구입하는 자로서 아래 조건을 모두 갖춘 자 – 입주자 저축(청약저축, 주택청약종합저축) 1순위에 해당하는 무주택세대구성원으로서 저축액이 선납금을 포함하여 600만 원 이상인 자 – 입주자 모집 공고일 현재 혼인 중이거나 자녀가 있는 자 – 입주자 모집 공고일 현재 근로자, 자영업자, 과거 1년 내에 소득세를 납부한 자로서 5년 이상 소득세를 납부한 자 – 해당 세대의 월평균 소득이 전년도 도시근로자 가구당 월평균 소득(4명 이상인 세대는 가구원 수(신청자 직계존속은 1년 이상 같은 주민등록표에 올라 있는 경우만 가구원 수에 포함한다)별 가구당 월평균 소득을 말함)의 100% 이하인 자

2) 소득기준(2017년 적용 기준)

구분	3인 이하	4인~5인	6인
도시근로자 가구당 월평균 소득의 100%	4,884,448원	5,630,275원	5,952,668원

3) 자산보유 기준(2017년 적용 기준)

- 부동산(토지 및 건축물) 21,550만 원 이하
- 자동차 2,825만 원 이하(출처 : 마이홈 www.myhome.go.kr)

* 입주자 조건 및 소득과 자산 기준은 매년 바뀔 수 있으니 사전에 확인 바람.

중산층의 주거불안 해소하는 공공지원민간임대주택(구 뉴스테이)

뉴스테이는 전월세난에 지친 중산층의 주거불안을 해소하기 위해서 시행하는 민간 기업형 임대주택사업을 말한다. 임대주택 시공은 민간건설에서 담당하고 있어 주택 품질이 우수할 뿐만 아니라 전문적인 임대관리업자가 체계적으로 관리하고 있어 수준 높은 주거 서비스를 제공받을 수 있었다.

하지만 단점도 많았다. 민간 주도로 제공되는 임대주택의 특성상 기업 입장에서는 이윤을 남길 수밖에 없었다. 초기 임대료는 보증금과 월 임대료를 주변 시세의 80~90% 수준에서 결정하는데, 임대료에 대한 별도의 규정이 없다 보니 되도록 높게 잡으려는 경향이 강했다. 게다가 만 19세 이상의 대한민국 국민이라면 누구나 입주 가능하기 때문에 중산층의 주거불안 해소라는 목적을 달성하는 데 한계가 있었다.

이에 따라 뉴스테이의 장점을 살리면서 공공성을 강화하는 방향으로 개편하게 되었는데, 이것이 바로 공공지원민간임대주택이다. 공공지원민간임대주택의 특징은 8년간 안정적인 거주가 가능하고, 임대료 상승률도 연 5%로 제한하는 뉴스테이의 장점은 살리면서 공공성을 강화했다는 점이다. 대표적인 예가 무주택자 우선 공급, 시세보다 저렴한 임대료, 그리고 청년과 신혼부부 등에게 전체 물량의 20% 이상 특별공급 등이다. 참고로 임대료의 경우 기존 뉴스테이의 경우 초기 임대료 제한이 없었으나 이번 제도 개편을 통해 일반 공급의 경우 시세의 90~95%, 청년, 신혼부부 및 고령자의 경우 시세의 70~85% 이하로 책정함으로써 입주자의 부담을 낮췄다.

등기부등본 보는 법

정부에서 제공하는 주거복지 서비스를 이용할 수 없다면 이제는 개별적으로 자신만의 보금자리를 마련해야 한다. 정부라는 확실한 거래 상대가 있을 때는 안심하고 거래할 수 있었지만, 이제는 생전 처음 보는 사람과 거래해야 하기 때문에 거래 상대방이 얼마나 확실한 사람인지 알아볼 필요가 있다. 나와 거래하는 사람이 정말 집주인이 맞는지, 내가 들어가려는 집이 얼마나 안전한지 등에 대해 제대로 알아보지도 않은 채 부동산 중개업자의 말만 믿고 덜컥 계약을 했다가는 보증금을 모두 날리는 불상사가 발생할 수도 있다.

주택 거래뿐만 아니라 모든 부동산 거래에 있어서 등기부등본을 보는 것은 기본 중의 기본이다. 등기부등본이란 부동산의 현황 및 권리관계를 자세히 기록해둔 장부다. 해당 부동산의 지번, 지목, 면적 등의 현황과 소유권, 저당권, 전세권, 가압류 등의 권리설정 여부를 등기부등본을 통해 확인할 수 있다. 등기부등본은 누구나 쉽게 열람하고 발급받을 수 있다.

지금부터 등기부등본을 열람하는 방법에서부터 등기부등본을 구성하고 있는 표제부, 갑구 그리고 을구에 대해 좀 더 자세히 알아보자.

인터넷등기소를 이용하자

등기부등본을 출력하는 가장 손쉬운 방법은 대법원에서 운영하고 있는 인터넷등기소(www.iros.go.kr)를 이용하는 것이다. 인터넷등기소의 초기 화면은 아래와 같다.

참고로 부동산 등기부등본을 열람하기 위해서는 굳이 회원가입을 하지 않아도 가능하다. 초기 화면에서 '부동산 등기' 옆에 '열람하기'를 클릭하면 부동산 등기부등본을 열람할 수 있는 화면으로 넘어간다. 원하는 주소의 부동산 등기부등본을 열람하기 위해서는 '간편 검색', '소재지번으로 찾기', '도로명주소로 찾기', '고유번호로 찾기' 그리고 '지도로 찾기' 중 본인이 원하는 방식을 선택하여 검색하면 된다. 우리가 일반적으로 아는 주소를 가지고 부동산 등기부등본을 출력하기 위해서는 '소재지

번으로 찾기'와 '도로명주소로 찾기'를 선택하면 된다. 예전 주소가 익숙한 사람은 '소재지번으로 찾기'를 선택하면 되고, 도로명 주소가 익숙한 사람은 '도로명주소로 찾기'를 선택하면 된다.

본격적으로 주소를 입력하기 전에 먼저 '부동산 구분'을 선택해야 한다. '부동산 구분'은 크게 '토지 + 건물', '집합건물', '토지' 그리고 '건물'로 구성되어 있다. 쉽게 생각해서 아파트, 연립주택, 오피스텔처럼 한 동의 건물을 여러 개로 구분하여 각각을 등기한 후 이를 독립적인 부동산으로 소유하는 형태의 집이면 '집합건물'을 선택하면 되고, 단독주택처럼 건물 전체가 하나로 등기되어 있어 소유주가 같다면 '토지 + 건물'을 선택하면 된다. '건물'이 아닌 '토지 + 건물'을 선택하는 이유는 간혹 토지의 소유자와 건물의 소유자가 다른 경우가 있기 때문이다. 게다가 토지와 건물의 권리관계가 다른 경우도 있으니 반드시 '토지 + 건물'로 등기부등본을 출력하여 토지와 건물 각각에 대해 확인해봐야 한다.

부동산의 소재지 및 현황에 대해 알 수 있는 표제부

표제부는 부동산의 외관을 나타낸다. 해당 부동산의 주소, 면적, 지목 등이 표시되어 있다. 아파트처럼 집합건물의 경우 표제부는 크게 건물 전체에 대한 내용이 나와 있는 부분과 건물 내 개별세대가 차지하는 부분(전유 부분)으로 나뉘어져 있다. 표제부를 볼 때는 계약서 상의 주소, 등기부등본 상의 주소 그리고 실제 거주할 집의 주소가 일치하는지를 반드시 확인해야 한다. 물론 주소의 일치 여부와 더불어 면적이 일치하는지까지 확인한다면 더욱 확실할 것이다.

참고로 면적은 '㎡'로 표시되는데 여기에 표시된 면적에 0.3025를 곱해주면 우리가 흔히 사용하는 부동산의 단위인 '평'으로 환산된다(1㎡ = 0.3025평). 보통 등기부등본상에는 전용면적으로 표시되기 때문에 공용부분까지 고려하여 더해줘야 우리가 알고 있는 평수가 된다. 84㎡가 우리가 제일 선호하는 30평대 초반인데, 84㎡에 0.3025를 곱해주면 25.41평이 된다. 여기에 공용면적인 7~8평 정도를 더해주어야 비로소 32~33평이 되는 것이다.

등기사항전부증명서(말소사항 포함) - 집합건물

[집합건물] 서울특별시 도봉구 아파트 제 동 제 층 제1208호 고유번호

【 표 제 부 】 (1동의 건물의 표시)				
표시번호	접 수	소재지번,건물명칭 및 번호	건 물 내 역	등기원인 및 기타사항
~~1~~ ~~(전 1)~~	~~1987년7월27일~~	~~서울특별시 도봉구~~ ~~아파트 제~~ 동	~~철근콘크리트조 슬래브지붕~~ ~~12층 아파트~~ ~~1층 1113.11㎡~~ ~~2층 1113.11㎡~~ ~~3층 1113.11㎡~~ ~~4층 1113.11㎡~~ ~~5층 1113.11㎡~~ ~~6층 1113.11㎡~~ ~~7층 1113.11㎡~~ ~~8층 1113.11㎡~~ ~~9층 1113.11㎡~~ ~~10층 1113.11㎡~~ ~~11층 1113.11㎡~~	

소유권과 관련된 내용을 알 수 있는 갑구

갑구에는 소유권과 관련된 내용들이 기재된다. 예전 소유주부터 쭉 표시되기 때문에 마지막 부분에 나오는 소유주를 최종적인 소유주로 봐도 무방하다. 단독 소유라면 '권리자 및 기타사항'에 '소유자'로 표시되고, 공동 소유자라면 '공유자'로 표시된다. 갑구에는 소유권 이외에도 가등기, 가압류등기, 가처분등기, 예고등기, 압류등기, 환매등기, 경매기입등기 등이 표시되는데, 이러한 권리는 향후 소유권에 대한 분쟁의 소지가 있기 때문에 각별히 주의해야 한다.

【 갑 구 】 (소유권에 관한 사항)				
순위번호	등 기 목 적	접 수	등 기 원 인	권 리 자 및 기 타 사 항
1 (전 3)	소유권이전	1995년10월2일 제61062호	1995년9월1일 매매	소유자 김 -******* 서울 도봉구 부동산등기법 제177조의 6 제1항의 규정에 의하여 2001년 04월 06일 전산이기
2	소유권이전	2003년2월10일 제9953호	2003년1월10일 매매	소유자 오 -******* ~~성남시 분당구~~

순위번호	등 기 목 적	접 수	등 기 원 인	권 리 자 및 기 타 사 항
2-1	2번등기명의인표시변경	2006년1월2일 제279호	2005년12월19일 전거	~~오 의 주소 서울 도봉구~~
2-2	2번등기명의인표시변경	2007년9월7일 제73172호	2006년6월21일 전거	~~오 의 주소 경기도 성남시 분당구~~
2-3	2번등기명의인표시변경	2008년6월18일 제60085호	2008년4월17일 전거	오 의 주소 서울특별시 도봉구
~~3~~	~~압류~~	~~2008년11월7일~~ ~~제101943호~~	~~2008년11월6일~~ ~~압류(자격징수부 3635)~~	~~권리자 국민건강보험공단도봉지사~~
~~4~~	~~압류~~	~~2009년4월3일~~ ~~제21567호~~	~~2009년3월30일~~ ~~압류(부가소득세과 3165)~~	~~권리자 국~~ ~~처분청 평택세무서~~
5	4번압류등기말소	2009년4월10일 제23189호	2009년4월3일 해제	
6	3번압류등기말소	2009년8월28일 제60983호	2009년8월28일 해제	
~~7~~	~~압류~~	~~2010년11월30일~~ ~~제72359호~~	~~2010년11월30일~~ ~~압류(부가소득세과 19334)~~	~~권리자 국~~ ~~처분청 평택세무서~~
8	7번압류등기말소	2011년1월27일 제5412호	2011년1월25일 해제	

부동산 소유주의 권리를 제한하는 내용의 을구

을구에는 소유권 이외의 권리들이 표시된다. 예를 들어, 저당권, 전세권, 지역권, 지상권 등이 있다. 이 중 을구에서 가장 흔히 볼 수 있는 것이 근저당권이다. 근저당권이란 은행으로부터 부동산을 담보로 대출을 받고 설정하는 것이다. 근저당권의 채권최고액은 대출받은 금액의 120% 금액을 기재한다. 만약 은행으로부터 1억 원을 대출받았다면 채권최고액은 1억 2천만 원이 되는 것이다.

참고로 근저당권 채권최고액과 전세보증금의 합계액이 경매 시 낙찰예상대금보다 적을수록 세입자 입장에서는 안전하다. 보통 주택의 경우 경매 시 일반적인 시세의 70~80% 수준에서 낙찰된다는 점을 고려해봤을 때, 근저당권 채권최고액과 전세보증금을 합한 금액이 주택가격의 70~80% 수준을 초과한다면 보증금의 안정성은 낮아지게 된다. 이 경우 전세보증금으로 대출을 일부 상환하여 채권최고액을 감액하도록 요구할 필요가 있다.

【 을 구 】 (소유권 이외의 권리에 관한 사항)				
순위번호	등 기 목 적	접 수	등 기 원 인	권 리 자 및 기 타 사 항
~~1~~	~~근저당권설정~~	~~2003년2월10일~~ ~~제9954호~~	~~2003년2월7일~~ ~~설정계약~~	~~채권최고액 금96,000,000원~~ ~~채무자 오~~ ~~성남시 분당구~~ ~~근저당권자 주식회사제일은행 110111-0013419~~ ~~서울 종로구 공평동 100~~ ~~(씨에스씨여신운용팀)~~
2	근저당권설정	2006년1월2일 제280호	2005년12월30일 설정계약	채권최고액 금118,800,000원 채무자 오 서울 도봉구 근저당권자 주식회사한국스탠다드차타드제일은행 110111-0013419 서울 종로구 공평동 100 (담보여신운영팀)
3	1번근저당권설정등기말소	2006년1월3일 제494호	2006년1월2일 해지	
~~4~~	~~근저당권설정~~	~~2007년9월7일~~ ~~제73173호~~	~~2007년8월31일~~ ~~설정계약~~	~~채권최고액 금4,030,000,000원~~ ~~채무자 오~~ ~~경기도 성남시 분당구~~

갑구와 을구, 이렇게 읽어보자

갑구와 을구는 순위번호, 등기목적, 접수, 등기원인 그리고 권리자 및 기타사항으로 이루어져 있다. '순위번호'는 등기한 순서다. 부동산 소유권 등의 권리관계가 발생하거나 변경되었을 때는 등기가 되어야 비로소 효력이 발생한다. 또한 여러 개의 권리관계가 등기되었을 때는 등기한 순서에 따라 우선적인 권리가 인정된다. 즉, 등기된 순서대로 자신의 권리를 주장할 수 있는 것이다.

'등기목적'에는 소유권 이전, 가압류, 근저당권 설정 등 등기의 원인에 대해서 표시한다. '접수'는 등기가 신청된 날을 의미하며 접수된 순서에 따라 순위가 결정되기 때문에 중요하다. '등기원인'은 등기의 원인이 되는 날이 언제인지를 표시하는 것이다. 보통 등기원인이 되는 날은 접수일과 같거나 이전의 시점일 가능성이 높다. 하지만 등기원인의 시점은 순위를 결정하는 데 있어 영향을 미치지 않기 때문에 크게 신경 쓰지 않아도 된다. 마지막으로 '등기원인 및 기타사항'에는 등기목적과 관련된 자세한 내용이 기재된다. 참고로 빨간색으로 줄이 처져 있는 것은 말소되었다는 의미기 때문에 더이상 신경 쓸 필요가 없다.

전월세 구하기 전
반드시 확인해야 할 사항들

같은 아파트 단지 내의 집이라고 해서 모두 똑같을 수는 없다. 집주인이 직접 살면서 지속적으로 관리를 한 집과 계속해서 전세나 월세로 돌린 집은 시간이 지날수록 집 상태에 있어 차이가 날 수밖에 없다. 여기에 전세나 월세로 들어가는 집의 복잡한 권리관계로 인해 발생할지도 모르는 여러 스트레스 상황까지 고려해본다면 겉모습만 대충 보고 덜컥 계약을 했다가는 이래저래 마음 고생할 일이 발생할지도 모른다. 그래서 이번에는 내 돈 내고 당당하게 살 집을 사전에 꼼꼼하게 따져보고 들어가기 위해서 반드시 확인해야 할 사항들에 대해 알아보도록 하자.

전세를 구하는 단계에서 살펴볼 것

전세를 구하는 단계에서는 집의 상태와 권리관계 그리고 자신의 자금 스케줄을 반드시 점검한다.

- 집 상태 점검하기

집의 내부 상태를 점검하기 전에 먼저 향과 층에 대해서 반드시 염두에 두어야 한다. 맞벌이 부부처럼 낮 시간 동안에 집을 비워두는 경우라면 동향이든 서향이든 큰 상관이 없겠지만 집에 누군가 계속 머물고 있다면 이야기는 달라진다. 집에 들어오는 빛의 양은 머물고 있는 사람의 컨디션에도 많은 영향을 주기 때문에 가능하면 남향일수록 좋다.

저층부의 경우에는 창문이 나무에 가려져 빛이 제대로 못 들어오는 경우가 있다. 특히 지하주차장 입구에서 가까운 집의 경우에는 밤에 소음이 심할 수 있다. 그리고 꼭대기 층은 여름에는 더 덥고 겨울에는 더 추운 경향이 있어 한국의 사계절을 몸소 체험할 수도 있다. 이런 점들을 사전에 어느 정도 감안하고 선택해야 한다.

집의 내부 상태를 볼 때는 가벼운 마음으로 쭉 둘러보고 올 것이 아니라 꼼꼼하게 하나하나 관심을 가지고 확인해볼 필요가 있다. 대표적으로 신경써야 할 부분은 소음, 수압, 곰팡이/결로현상 그리고 고장 여부다. 소음은 되도록 창문을 열었을 때와 닫았을 때의 소음을 모두 확인한다. 도롯가에 인접한 집은 소음으로 인해 여름에도 문을 열지 못하고 사는 경우가 있기 때문이다. 오래된 아파트의 고층 혹은 빌라는 수압이 낮아 답답한 경우가 있다. 반드시 주방과 화장실의 물을 틀어 눈으로 확인해본다. 곰팡이나 결로현상은 쉽게 발견하기 어려운 부분이다. 이런 부분은 의도적으로 가려놓은 경우도 많기 때문이다. 벽면을 만져보면서 벽에 물기는 없는지, 도배나 페인트를 새로 한 부분은 없는지 등을 통해 꼼꼼하게 살펴봐야 한다.

마지막으로 고장 여부를 확인해야 하는데, 하자가 있는 부분은 체크해

뒀다가 계약서 작성 시 특약으로 집어넣어 반드시 입주 전에 집주인이 수리를 해줄 수 있도록 한다. 만약 사는 데 큰 지장이 없어 꼭 수리가 필요하지 않더라도 이런 부분에 대해서는 계약서에 해당 상태에 대해 서술해둬 나중에 억울하게 물어주는 경우가 발생하지 않도록 해야 한다. 만약 집 상태를 제대로 보지 못했다면 나중에라도 부동산 중개업자를 통해 집을 확인해볼 수 있으니 반드시 내부 상태를 꼼꼼히 확인하기 바란다.

- 권리관계 파악하기

등기부등본을 통해 집주인이 누구인지, 권리관계가 어떻게 되는지 반드시 확인해야 한다. 은행으로부터 받은 대출이 과도하게 많거나 압류나 가압류 등이 걸려 있는 집이라면 되도록 피하는 것이 좋다. 하지만 잔금만큼 대출액을 상환하거나 입주 전까지 압류나 가압류 관련 문제를 해결할 수 있다면 관련 내용을 특약으로 서술하고 이행 여부를 반드시 확인해야 한다.

- 자금 스케줄 확인하기

새로 구한 집으로 이사 가는 날에 맞춰 잔금을 마련할 수 있는지도 확인해야 한다. 만약 잔금이 부족할 경우 전세자금대출을 이용할 수밖에 없는데 이를 위해서는 집주인의 동의가 반드시 필요하기 때문이다. 사전에 전세자금대출을 받아야 한다는 사실을 집주인에게 알리고 전세자금대출을 받는 것에 대해 협조한다는 내용의 특약을 집어넣는 것이 좋다. 은행에서 전세자금대출을 취급하다 보면 집주인의 변심으로 애를 먹는 경우도 간혹 있기 때문이다. 대출을 취급하는 담당자가 의무적으로 집주인에게 전세자금대출이 어떻게 진행되고 향후 문제가 되었을 경우 어떠한 절차를 거치게 되는지에 대해서 설명해야 하는데, 이런 이야기를 듣다 보면 집주인이 부담을 느껴 동의를 안 해주는 경우도 종종 발생한다.

계약 단계에서 살펴볼 것

집의 상태를 확인했다면 이제는 본격적으로 계약서 작성에 돌입한다. 계약서 작성 시 반드시 체크해야 할 사항들 위주로 살펴보자.

- 반드시 집주인을 확인한다

계약서 작성 시 반드시 집주인을 확인해야 한다. 등기부등본 상의 집주인과 계약 당사자가 동일인인지 여부를 신분증으로 확인하는 것이 좋다. 그런데 신규 분양 아파트의 경우 계약을 하고 나서도 등기부등본을 확인할 수 없는 경우가 많다. 분양대금을 완납했다 하더라도 소유권을 등기하는 데 시간이 오래 걸리기 때문이다. 이런 경우에는 시공사 분양사무실을 통해 반드시 소유자를 확인해둘 필요가 있다.

계약은 보통 집주인과 직접 만나서 하는 것이 가장 확실하다. 하지만 집주인을 대신해서 가족 중 한 명과 계약을 하는 경우도 많은데, 대리로 계약을 하는 경우에는 반드시 집주인의 인감증명서(3개월 이내 발급)가 첨부된 위임장과 대리인의 신분증을 요구해야 한다. 그리고 보증금이나 월세를 지불할 때도 원칙적으로 집주인 명의의 통장으로 입금하는 것이 안전하다.

- 집주인의 밀린 세금도 꼭 확인하자

집주인의 세금 체납 여부는 등기부등본을 통해서 확인이 어렵다 보니 간과하기 쉬운 항목이다. 하지만 밀린 세금으로 인해 집이 공매로 넘어갈 경우 국세의 우선권 행사로 인해 그 피해는 고스란히 세입자가 짊어질 수 밖에 없다는 점을 고려해본다면 가능성은 낮지만 확인해볼 가치는 충분하다. '임대인의 미납국세 열람제도'를 활용해 확인할 수 있는데, 이를 위해서는 임대인의 서명 또는 날인을 비롯해 신분증 사본 1부와 건물 등기부등본 또는 건축물대장이 필요하다. 건물이 위치해 있는 관할 세무서에서 열람이 가능하다.

- 계약서 작성은 꼼꼼히

계약서는 임대인과 임차인 사이에 분쟁이 발생할 경우 중요하게 사용될 수 있기 때문에 꼼꼼히 작성하는 것이 좋다. 최근 고장난 물건에 대한 수리비를 놓고 집주인과 세입자 사이의 분쟁이 늘고 있는 추세다. 예를 들어, 기존 세입자가 이사 갈 때 파손된 부분이나 못 자국, 에어컨 환풍기 설치를 위해 뚫은 구멍 등을 이유로 집주인이 손해배상을 청구하는 경우가 종종 발생하고 있다. 이렇듯 억울한 일을 방지하기 위해서는 계약서에 집주인으로부터 허락받은 내용과 함께 입주 전의 하자에 대해 특약의 형태로 상세하게 기술하는 것이 좋다.

입주 시 확인할 것들

이사 당일에는 할 일이 많아 자칫 중요하게 처리해야 할 일을 놓치는 경우가 있을 수 있다. 이런 때일수록 사전에 체크리스트를 만들어 하나하나 챙겨나가는 세심함이 필요하다.

- 관리비와 공과금 정산

이전에 살던 사람이 나가는 날까지 사용한 각종 공과금과 아파트 관리비를 정산해야 한다. 살던 사람이 직접 사용한 금액을 결제하기도 하지만 보통은 부동산 중개업소를 통해 대략의 사용금액에 대해 현금정산을 하는 경우가 많다.

- 집 상태 다시 확인하기

가구가 모두 빠진 상태에서 집 상태를 다시 한 번 꼼꼼히 살펴볼 필요가 있다. 가구에 가려져 미처 발견하지 못한 하자, 예를 들어 벽지에 생긴 곰팡이나 아이들의 낙서 등을 발견할 수도 있기 때문이다. 수리가 가능한 부분은 즉시 집주인에게 알리고 수리를 요청해야 하지만, 사는 데 지장이 없다면 본인의 실수로 발생한 하자가 아니라는 것을 증명하기 위해 사진으로 남겨두는 것이 좋다. 주택에 옵션으로 들어가 있는 기본적인 가구들이 있다면 만약을 위해 현재 상태를 사진으로 찍어두는 것도 좋은 방법이다.

- 주민등록 전입신고와 확정일자를 받자

이사한 당일 주민센터에서 주민등록 전입신고와 확정일자를 반드시 받아둬야 한다. 확정일자란 해당 날짜에 임대차 계약서가 존재한다는 사실을 증명하기 위해 법원이나 주민센터 등에서 계약서에 해당 날짜가 찍힌 도장을 찍어주는데, 이때 해당 날짜를 의미한다. 계약서에 확정일자를 받기 때문에 반드시 계약서를 가지고 가야 한다. 이것은 세입자로서 자신의 권리를 인정받기 위한 가장 중요한 수단인데, 이에 대한 자세한 설명은 다음 장에서 하도록 하겠다. 참고로 최근에는 민원24 홈페이지를 통해서 전입신고와 확정일자 업무를 한 번에 처리할 수 있게 되어 편리해졌다.

- 등기부등본을 다시 확인하자

계약을 하고 입주하는 과정에서 등기부등본은 최소 세 번 이상 확인할 필요가 있다. 우선 계약 전에 집의 권리관계 및 집주인이 누구인지를 파악하기 위해 한 번, 입주 직전에 계약서를 작성한 이후 발생할지 모르는 권리관계의 변동사항을 확인하기 위해서 한 번, 마지막으로 내가 입주한 그날 저녁에 생겼을지도 모르는 권리관계의 변동사항을 확인하기 위해서 입주 다음 날 다시 한 번 더 확인해봐야 한다.

입주 다음 날 등기부등본을 확인해야 하는 이유는 다음과 같다. 보통 이사를 간 날 전입신고와 확정일자를 받게 되면 그 효력이 이사한 날 자정부터 발생하게 된다. 쉽게 말해 이사한 다음 날부터 효력이 발생한다. 하지만 근저당권이나 압류/가압류는 등기부등본에 기재된 그 순간부터 효력이 발생한다. 따라서 내가 오전에 이사를 가면서 등기부등본을 확인했더라도 오후 늦게 근저당권이나 압류/가압류 등이 등기부등본상에 기재된다면 세입자는 후순위로 밀릴 수밖에 없다. 또한 계약서를 작성하면서 특약의 형식으로 기재했던 근저당권 감액 등의 이행 여부를 확인하기 위해서라도 반드시 입주 후에 한 번 더 등기부등본을 확인해야 한다. 앞의 그림은 한국토지주택공사 전월세지원센터에서 만든 자료로 필자가 이야기한 내용과 비교해서 보면 좋을 것 같아 추가적으로 소개한다. 참고해서 보길 바란다.

▪ 전월세 계약 시 유의사항 ▪

계약 전 유의사항 → 임차할 주택의 상태, 시설물의 하자 등을 현장답사를 통해 확인

↓

임대 권한이 있는 자와 계약하되 계약자 본인 명의의 신분증 확인
(대리계약의 경우 : 위임장, 인감증명서 확인 후 보관)

↓

등기부등본상 근저당 등의 권리 등재 및 채권 확보 여부 확인

↓

임대차계약서 작성 시 확인사항 →

① 전 임차인 퇴거일과 입주일 및 관리비 처리 여부 확인
② 임차주택 사용 부분을 계약서상 정확히 표시(번지 · 동 · 호수 등)
③ 계약금과 잔금의 금액 및 지급일정과 임대차기간 명시
④ 임대료 지급 방법
⑤ 시설 상태 및 하자 수리 부담 여부
⑥ 구조 변경 및 원상회복 문제
⑦ 위약 및 계약해제 사항
⑧ 각종 공과금 해결, 관리비 문제 등 특약란 적극 활용
⑨ 중개업자에게 의뢰한 경우는 중개수수료 지불 문제 확인 및 중개대상물 확인 설명서 작성 및 교부
⑩ 잔금을 치르기 전 권리 변동이 있는지 등기부등본 등 다시 확인

↓

입주 시 유의사항 → **전입신고와 동시에 확정일자 받기**

↓

재계약 시 유의사항 →

① 등기부 상의 소유주와 계약 체결
② 증액금액에 대해 확정일자 다시 받기

↓

계약만료 시 유의사항 → 계약기간 만료일 1개월 전까지 임대차계약 해지 통보

출처 : 한국토지주택공사, 전월세지원센터(http://jeonse.lh.or.kr)

알면 도움이 되는 금융상식 10

부동산 중개수수료, 이것만은 기억하자

공인중개사나 중개인을 통해 부동산 거래를 할 경우 부동산 중개수수료, 일명 복비를 내야 한다. 부동산 중개수수료의 경우 각 지방자치단체장이 시, 도 조례로 구체적인 수수료율을 정하기 때문에 지역에 따라 중개수수료가 다르다. 참고로 각 지역별 요율표는 한국공인중개사협회 홈페이지(www.kar.or.kr)를 통해 확인해볼 수 있다.

다음 표는 서울시의 부동산 중개수수료 요율표다. 이 표를 기반으로 부동산 중개수수료에 대한 몇 가지 사항에 대해 알아보도록 하자.

첫째, 부동산 거래 금액별로 요율이 다르며, 소액의 경우 한도액이 정해져 있다. 부동산 중개수수료는 부동산 거래 금액에 거래 금액별로 정해진 상한요율을 곱해서 산출한다. 하지만 매매의 경우 2억 원 미만, 임대차의 겨우 1억 원 미만이라면 한도액이 정해져 있어 이를 초과하여 수수료를 받을 수 없다. 예를 들어, 1억 9천만 원짜리 집을 구입할 경우 거래 금액의 0.5%인 95만 원을 부동산 중개수수료로 내야 하지만, 5천만 원 이상 2억 원 미만의 주택 매매 거래의 경우 한도액이 80만 원으로 정해져 있기 때문에 95만 원이 아닌 80만 원만 내면 된다.

둘째, 부동산 중개수수료도 깎을 수 있다. 부동산 중개수수료 요율표는 어디까지나 상한 요율표다. 쉽게 말해 이 이상은 받지 말라는 이야기다. 하지만 거의 모든 중개업소에서는 무조건 요율표대로 수수료를 받아야 하는 것처럼 상한을 기준으로 부동산 중개수수료를 받고 있다. 따라서 부동산 거래에 앞서 사전에 부동산 중개수수료에 대해 협상하는 것도 좋은 방법이다. 부동산 시장은 항상 수요와 공급이 꾸준히 유지되는 시장이 아니다. 상황에 따라 매수세 혹은 매도세가 자취를 감추곤 한다. 부동산 시장이 자신에게 유리하다고 판단된다면 적극적으로 상한 요율보다 낮은 요율을 요구해도 좋을 것이다.

▪ 서울시 부동산 중개수수료 요율표 ▪

〈주택〉

거래내용	거래금액	상한요율	한도액	중개보수 요율 결정	거래금액 산정
매매 교환	5천만 원 미만	1천분의 6	25만 원	중개보수 한도 = 거래금액 × 상한요율(단, 이때 계산된 금액은 한도액을 초과할 수 없음)	매매 : 매매가격 교환 : 교환대상 중 가격이 큰 중개대상물 가격
	5천만 원 이상 ~ 2억 원 미만	1천분의 5	80만 원		
	2억 원 이상 ~ 6억 원 미만	1천분의 4	없음		
	6억 원 이상 ~ 9억 원 미만	1천분의 5	없음		
	9억 원 이상	거래금액의 1천분의 (　　) 이하		상한요율 1천분의 9 이내에서 개업공인중개사가 정한 좌측의 상한요율 이하로 중개 의뢰인과 개업공인중개사가 협의하여 결정함.	
임대차 등 (매매 교환 이외의 거래)	5천만 원 미만	1천분의 5	20만 원	중개보수 한도=거래금액 × 상한요율(단, 이때 계산된 금액은 한도액을 초과할 수 없음)	전세 : 전세금 월세 : 보증금 + (월 차임액 × 100) 단, 이때 계산된 금액이 5천만 원 미만일 경우 : 보증금 + (월 차임액 × 70)
	5천만 원 이상 ~ 1억 원 미만	1천분의 4	30만 원		
	1억 원 이상 ~ 3억 원 미만	1천분의 3	없음		
	3억 원 이상 ~ 6억 원 미만	1천분의 4	없음		
	6억 원 이상	거래금액의 1천분의 (　　) 이하		상한요율 1천분의 8 이내에서 개업공인중개사가 정한 좌측의 상한요율 이하로 중개 의뢰인과 개업공인중개사가 협의하여 결정함.	

* 분양권의 거래금액 계산 : [거래 당시까지 불입한 금액(융자 포함) + 프리미엄 × 상한요율

셋째, 반드시 현금영수증을 챙기자. 10만 원 이상 부동산 중개수수료의 경우 현금영수증 발급이 의무화되었다. 하지만 이에 대한 인식이 낮아 현금영수증 발급 요청이 없는 경우 은근슬쩍 넘어가는 일이 많다. 일반적으로 부동산 거래 금액이 크기 때문에 부동산 중개수수료도 부담이 될 수밖에 없을 텐데 반드시 부동산 중개수수료 현금영수증을 챙겨 연말정산 때 혜택을 볼 수 있도록 하자.

전세보증금,
안전하게 지키자

불과 몇 년 전만 하더라도 전세시장은 수요에 비해 공급이 부족하여 철저히 임대인 위주의 시장이었다. 집값 상승에 따른 기대감이 한풀 꺾인 상태에서 저금리 기조가 심화되면서 집주인들은 전세금을 받아 운용할 만한 마땅한 투자대안을 찾기 어려웠다. 자연스럽게 전세 물량은 줄어드는 반면 반전세나 월세 물량은 늘어날 수밖에 없었다.

전세 공급은 줄어들고 있는데 여전히 전세에 대한 수요가 높다 보니 전세보증금은 천정부지로 치솟았으며, 일부 지역에서는 매매가와 전세가가 역전되는 현상까지도 발생했다. 상황이 이렇다 보니 가물에 콩 나듯 전세 물건이 나오기라도 하면 물건을 살펴보기도 전에 먼저 계약부터 하는 이른바 '묻지마 계약'도 성행했다. 예전에는 대출이 많은 집에는 전세로 들어가는 것을 꺼려 하는 경향이 강했으나 '묻지마 계약'이 성행하면서 주택담보대출금과 전세보증금을 합친 금액이 집값에 육박하는 경우도 종종 발생하게 되었다. 당연히 전세보증금에 대한 불안감이 상당히

▪ 서울 아파트 매매가 대비 전세가 비율 추이 ▪

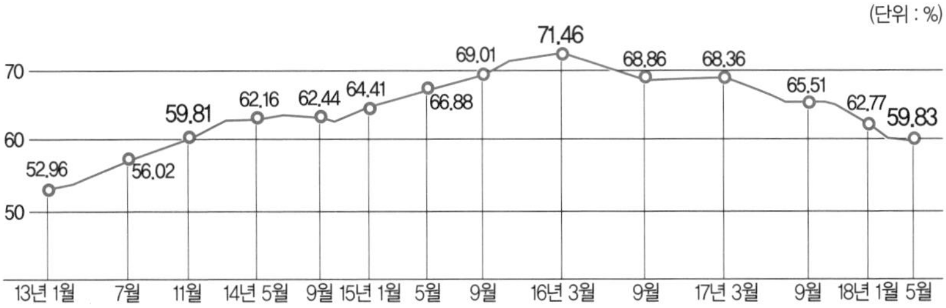

출처 : 부동산 114

켰다. 만약 집값이 하락세로 돌아선다면 또는 집주인이 은행 대출이자를 제대로 납부하지 못해 집이 경매로 넘어간다면 그 피해는 고스란히 전세 세입자가 짊어질 수밖에 없었다.

하지만 시간이 흘러 상황은 정반대가 되었다. 지금은 신규 입주물량이 증가하면서 그 어느 때보다도 전세물량이 넘쳐나고 있다. 자연스럽게 전세가도 떨어지고 있는 것이다. 그런데 문제는 전세가격이 2년 전에 비해 더 떨어져 집주인이 기존 세입자의 전세금을 돌려주는 데 어려움을 겪는 '역전세난'이 점점 심화되고 있다는 점이다. 물론 주택 가격이 많이 오른 상태라 최악의 경우 집을 팔아서 전세금을 돌려주면 된다고는 하지만 전세금 반환 지연에 따른 여러 가지 손해는 고스란히 세입자가 감수해야 한다.

이처럼 전세가가 너무 올라도, 혹은 반대로 너무 내려도 세입자 입장에서는 불안할 수밖에 없다. 그래서 이번에는 전 재산이라고 해도 과언이 아닌 소중한 전세보증금을 지키기 위한 다양한 방법들에 대해 알아보도록 하자.

주민등록 전입 및 확정일자는 기본

이사를 간 날(주택의 인도) 주민센터에서 주민등록 전입신고를 하고 전세계약서에 확정일자를 받게 되면 전세권을 설정한 것과 비슷한 효과를 얻게 된다. 주택의 인도(실제 거주), 전입신고 그리고 확정일자를 득한 임차인은 살고 있는 집이 경매로 넘어갔을 때 자신보다 후순위 권리자나 채권자보다 우선적으로 보증금을 변제받을 수 있는 권리(우선변제권)가 생긴다. 참고로 이러한 권리는 주택의 인도, 주민등록 전입 그리고 확정일자라는 세 가지 요건 중 가장 늦은 날을 기준으로 순위가 정해진다. 따라서 되도록이면 이사 간 당일에 전입신고를 하고 확정일자를 받는 것이 좋다.

전세금보증보험을 이용하자

전세금보증보험은 전세가 만료되었음에도 불구하고 집주인으로부터 전세금을 돌려받지 못하거나, 임대기간 중에 집이 경매 또는 공매로 넘

▪ 전세보증금 반환보증 가입 추이 ▪

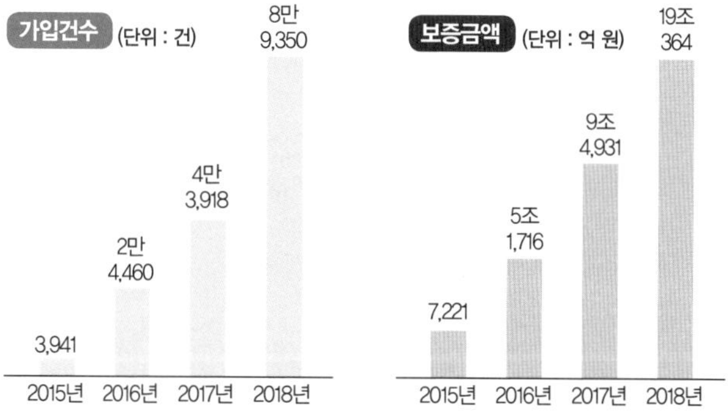

자료 : 주택도시보증공사

어가 전세금을 돌려받지 못할 경우 보증기관으로부터 대신 전세금을 받을 수 있는 상품이다. 최근 역전세난이나 깡통전세로 전세금을 되돌려받지 못할 거라는 우려가 확산되면서 전세금보증보험 가입자가 크게 늘고 있다.

하지만 보증보험에 가입하기 위해서는 보증료(보증금 1억 원당 15만 ~

▪ 전세금보증보험 비교 ▪

구분	주택도시보증공사 전세보증금반환보증	SGI서울보증 전세금보장신용보험
가입대상	단독, 다가구, 연립, 다세대, 주거용 오피스텔, 아파트	아파트, 다세대(연립), 단독, 다가구, 주거용 오피스텔, 도시형생활주택
보증 신청기한	• 신규 전세계약 : 잔금 지급일과 전입신고일 중 늦은 날~전세 계약기간의 1/2이 경과하기 전 • 갱신 전세계약 : 갱신 전 전세 계약기간 만료일 이전 1개월 ~ 갱신 전 전세계약서상 전세 계약기간의 1/2이 경과하기 전	임대차 계약 개시일로부터 10개월이 경과되기 전(임대차 계약기간이 1년인 경우 5개월 이내)
보증한도	주택가격 – 선순위채권 등 *선순위채권 : 전세금보다 우선변제권이 인정되는 담보채권	임대차계약서상의 임대보증금(전액)
보증료율	• 아파트 : 연 0.128% • 그 외 주택 : 연 0.154%	• 아파트 : 연 0.192% • 그 외 주택 : 연 0.218%
가입대상 전세보증금	• 수도권 : 7억 원 이하 • 그 외 지역 : 5억 원 이하	• 아파트 : 제한없음 • 그 외 주택 : 10억 원 이내
보증 조건(공통)	• 주택의 인도와 전입신고를 마치고 전세계약서상 확정일자를 갖출 것 • 보증대상 주택 소유권에 대한 권리침해(경매신청, 압류, 가압류, 가처분 및 가등기 등)가 없을 것 • 공인중개사가 확인(날인)한 전세계약 • 임대차 계약기간이 1년 이상일 것 • 선순위채권 ≤ 주택가격의 60%(SGI서울보증의 경우 50%) (선순위채권+전세보증금) ≤ 주택가격의 100%	

* 위 표는 2019년 2월 기준으로 작성된 자료로 변동 가능성이 있기 때문에 세부사항은 반드시 사전에 확인 요망.

22만 원)를 내야 하고, 전세금과 주택담보대출의 합계액이 일정 수준을 넘어서면 보험 가입이 안 될 수도 있기 때문에 사전에 가입 가능 여부를 확인해봐야 한다. 전세금보증보험을 취급하는 금융기관은 주택도시보증공사(http://www.khug.or.kr)와 SGI서울보증(https://www.sgic.co.kr)이 있다.

임차권등기명령제도

임대차 계약이 종료되었지만 임대인으로부터 보증금을 받지 못했다면 함부로 이사를 갈 수도 없다. 왜냐하면 주택의 인도, 주민등록 전입신고 그리고 확정일자를 통해 얻은 우선변제권은 이 세 가지 조건을 유지해야만 계속해서 인정받을 수 있기 때문이다. 즉, 다른 곳으로 이사를 가거나 주소를 옮기게 된다면 우선변제권은 사라지게 된다. 이런 약점을 보안하여 생긴 제도가 바로 임차권등기명령제도다.

임대차가 끝난 후에도 보증금이 반환되지 아니한 경우 임차인은 임차주택의 소재지를 관할하는 법원에 임차권등기명령을 신청할 수 있다. 하지만 임차권등기명령을 신청했다고 해서 바로 이사를 갈 수는 없다. 왜냐하면 임차권등기명령을 신청하고 건물의 등기부등본에 임차권등기가 완료되기까지 적어도 7일이 소요되기 때문이다. 등기부등본상에 임차권등기가 완료되면 등기와 동시에 계속해서 우선변제권을 인정받을 수 있어 안심하고 이사를 가도 된다. 임차인은 임차권등기명령의 신청과 관련된 비용을 임대인에게 청구할 수 있다.

임대인과 임차인 모두가 알아야 하는 주택임대차보호법

주택임대차보호법은 국민의 주거생활 안정을 보장하기 위해 임차인들의 임차기간과 임대보증금에 대한 권리를 보호하는 특별법이다. 기존 민법에서는 전세권이나 임대차 계약의 규정들이 경제적 약자인 임차인들의 권리를 보호하기에는 다소 미흡한 점이 있어 이를 보완하고자 주거용 건물의 임대차에 관하여 민법에 대한 특례를 규정하고 있다. 참고로 이 법은 강행규정으로 이 법에 위반하여 임차인에게 불리하게 약정된 계약은 그 효력이 없도록 하고 있다.

주택임대차보호법은 경제적 약자인 임차인을 보호한다는 법 취지에 맞게 임대인과 임차인을 동일선상에 놓고 보지 않고 임차인에게 다소 유리하도록 법을 만들었다. 그렇기 때문에 전세를 안고 주택에 투자한 임대인도 잘 알아야 향후 분쟁의 소지가 적다. 임대인과 임차인 모두에게 필요한 주택임대차보호법에 대해 알아보도록 하겠다.

주택임대차보호법의 적용범위

주택임대차보호법은 공부상의 용도에 상관없이 주택의 전부 또는 일부의 임대차는 물론 임차주택의 일부가 주거 이외의 목적으로 사용되는 경우에도 적용된다. 임차의 목적, 건물의 구조, 위치 등 실질 용도에 따라 판단하기 때문에 미등기나 무허가 건물도 주택임대차보호법의 대상이 된다. 이 법을 통해 외국인을 포함하여 개인은 보호받을 수 있으나 주민등록이 없는 법인은 보호대상이 아니다.

주택임차권의 존속기간

주택임대차보호법에서는 임대차 기간에 대해 최단기간을 제한하는 규정을 두고 있다. 기간을 정하지 아니하거나 2년 미만으로 정한 임대차는 그 기간을 2년으로 본다. 다만, 임차인은 2년 미만으로 정한 기간이 유효함을 주장할 수 있다. 즉, 임대차 계약을 1년으로 했다면 임차인은 1년만 살고 이사를 가도 되고 필요하다면 2년까지도 살 수 있지만, 임대인은 계약기간 1년을 주장할 수 없다.

임대인이 임대차 기간이 끝나기 6개월 전부터 1개월 전까지 임차인에게 더이상 계약을 연장하지 않는다거나 계약을 연장하기 위해서는 보증금을 올려달라는 등 계약을 갱신하기 위한 의사표현을 하지 않을 경우 계약이 이전과 동일한 조건으로 연장된 것으로 본다. 이를 '묵시적 갱신'이라고 한다. 이 경우에도 연장된 임대차 기간은 2년으로 본다. 하지만 임차인은 묵시적 갱신에 의해 계약이 갱신된 경우에도 언제든지 임대인에게 계약해지를 통지할 수 있다. 물론 이 경우에도 바로 효력이 발생하는 것은 아니고, 계약해지를 통지하고 3개월이 지나야 임대인은 보증금을 돌려줄 의무가 생기고 임차인은 이사할 권리가 생긴다.

계약기간을 남겨두고 임차인이 이사를 갈 경우 다음 임차인을 구할 때 필요한 부동산 중개수수료를 누가 부담할지에 대한 궁금증이 생길 것이다. 보통 임차인이 사정에 의해 계약기간을 채우지 못하고 이사를 갈 경우 다음 세입자를 구할 때 지불하는 부동산 중개수수료는 임대인을 대신해 기존 임차인이 부담한다. 하지만 묵시적 갱신에 의해 계약이 자동연장된 경우라면 임차인이 임대인을 대신해 수수료를 부담할 필요가 없다. 이에 대한 명확한 대법원 판례는 아직 존재하지 않으나 주무부처인 국토교통부의 유권해석에 따르면 묵시적 갱신에 의한 계약연장의 경우 임차인은 2년을 채우지 않고 이사를 가더라도 다음 세입자를 구하기 위한 부동산 중개수수료를 부담할 필요가 없다는 것이 원칙이다.

그러나 묵시적 갱신이 누구에게나 다 적용되는 것은 아니다. 2기의 차임액에 달하도록 연체하거나 그밖에 임차인으로서의 의무를 현저히 위반한 임차인에 대해서는 적용되지 않는다는 점을 명심하기 바란다.

보증금을 지키기 위한 권리

- 대항력

임대차는 등기부등본에 따로 등기하지 않더라도 임차인이 주택의 인도와 주민등록 전입신고를 한 그 다음 날부터 제3자에 대해 대항력을 갖게 되며, 이렇게 취득한 대항력을 유지하기 위해서는 주택의 인도와 주민등록 전입을 계속적으로 유지해야 한다. 참고로 주민등록 전입신고는 거래의 안전을 위해 임차권의 존재를 제3자에게 공시하기 위한 방법이다. 이러한 대항력은 임차주택의 양수인에게도 그대로 효력을 발휘한다.

대항력은 계약기간까지 살 수 있도록 권리를 주장하거나 처음 계약을 한 임대인이 집을 다른 사람에게 팔았을 때 새로운 임대인에게 보증금을 돌려달라고 요구하기 위해 필요하다. 하지만 대항력이 있다고 무조건 계약기간이 끝났을 때 보증금을 전액 다 돌려받을 수 있는 것은 아니다. 만약 살던 집이 경매나 공매로 넘어갔을 때 본인이 대항력을 취득하기 앞서 은행의 근저당권이 설정된 상태고, 이를 원인으로 경매가 진행되었다면 최악의 경우 보증금을 날릴 수도 있기 때문에 주의가 필요하다.

- 우선변제권

주택의 인도와 주민등록 전입신고를 통해 대항력을 획득하고 여기에 임대차계약서에 확정일자를 받아둠으로써 살던 집이 경매나 공매로 넘어갈 경우 임차주택의 낙찰대금에서 자신보다 후순위 권리자나 그밖의 채권자보다 우선하여 보증금을 변제받을 수 있는 권리가 생긴다. 이를 우선변제권이라고 한다. 참고로 전세계약을 갱신하면서 전세보증금을 올려주었다면 새로운 계약서에도 확정일자를 받는 것이 중요하다. 그렇지 않은 경우 증액 부분은 우선변제가 불가능하기 때문이다.

대항력은 매매, 교환, 증여 시에는 새로운 집주인에게 그 대항력이 그대로 승계되지만, 경매와 공매 시에는 등기부등본상에 말소기준등기(저당권, 근저당권, 압류, 가압류 등)보다 앞서서 대항력을 취득했을 때만 낙찰자에게 대항력을 인정받을 수 있다. 하지만 우선변제권은 먼저 소액임차인으로서 최우선변제를 받은 후 잔여 보증금에 대해 순서대로 배당을 받게 한다. 물론 우선변제권이 있다고 해서 무조건 보증금을 다 회수할 수 있는 것은 아니다. 선순위 권리자가 먼저 배당받고 남은 잔액이 있다면 잔액 범위 내에서 보증금을 회수할 수 있다.

- 최우선변제권

소액 임차인에 대해서는 살고 있던 집이 경매나 공매로 넘어갔을 때 순위에 상관없이 보증금의 일정 금액을 다른 담보물권자나 조세채권보다 우선하여 변제해준다. 이를 최우선변제권이라 한다. 소액 보증금에 대해 최우선변제를 받기 위해서는 보증금이 최우선변제를 받을 수 있는 임차인의 범위에 들어가야 한다. 그리고 경매신청의 등기가 완료되기 전까지 대항력을 갖추고, 배당요구종기까지 배당요구를 하면 된다. 물론 배당요구종기까지 대항력을 유지해야 한다.

▪ 최우선변제권을 인정받을 수 있는 임차인의 범위와 최우선변제금 ▪

구분	최우선변제금	최우선변제를 받을 수 있는 임차인의 범위
서울시	3,700만 원	1억 1천만 원 이하
수도권 중 과밀억제권역, 용인시, 화성시, 세종시	3,400만 원	1억 원 이하
수도권 중 과밀억제권역이 아닌 지역/ 광역시(군지역과 인천 제외)	2,000만 원	6,000만 원 이하
그밖의 지역	1,700만 원	5,000만 원 이하

* 다만 보증금 중 일정액의 범위와 기준은 주택가액(대지의 가액을 포함)의 2분의 1을 넘지 못한다.

월급으로 내 집 마련하기

아직도 우리는 주택을 거주의 공간이 아닌 투자의 대상으로 보고 있다. 주택이 투자의 대상일 때는 부동산 시장의 방향성이 중요하다. 앞으로 주택의 가격이 오를 것으로 예상된다면 무리를 해서라도 주택을 사는 것이 맞다. 반대로 부동산 가격이 하락할 것으로 예상된다면 주택을 보유하고 있는 경우 되도록 빨리 팔아야 할 것이고, 주택을 구매할 계획이 있는 경우에는 시기를 뒤로 미룰 필요가 있다. 하지만 필자가 앞에서도 이야기했듯이 내 집은 투자의 대상이 아니라 거주의 대상이라는 점을 잊어서는 안 된다.

부동산 가격이 오르든 떨어지든 내 집 하나쯤은 반드시 있어야 한다. 내 집을 마련하는 데 있어서 부동산 시장의 방향성은 그리 중요하지 않다. 앞으로 부동산 가격이 하락할 거라고 해서 무작정 더 떨어지기만을 기다릴 수도 없는 노릇이다. 본인이 생각하는 적정한 가격에 도달한다면 앞으로 부동산 가격이 오르든 떨어지든 내 집 마련에 나서는 것이 맞다.

월급으로 내 집 마련하기 위한 몇 가지 팁

2016년 9월 한국감정원에서 발표한 서울의 아파트 평균 매매가격은 5억 5,480만 원이었다. 통계청이 발표한 자료에 따르면 2016년 3분기 39세 이하 가구주의 월평균 가처분 소득이 371만 원이라고 하니, 월급을 한 푼도 쓰지 않고 모은다고 해도 집을 사기 위해서는 13년 정도의 시간이 필요하다. 월급을 한 푼도 쓰지 않는 것도 불가능하겠지만, 그 긴 시간을 모아야 비로소 내 집 마련이 가능하다는 생각에 한숨부터 나올지 모르겠다.

하지만 우리나라에 주택이 아파트만 있는 것은 아니다. 우리 주변에는 아파트 말고도 단독주택, 다세대, 다가구 등 다양한 형태의 주거공간이 존재하고, 이런 주택들은 아파트에 비해 상대적으로 가격이 저렴하다. 2015년 현대경제연구원에서 전국의 성인 805명을 대상으로 한 설문조사 결과에 따르면 평균 주택매매가는 2억 4,400만 원이라고 한다. 이렇

게 주택의 범위를 확장하면 내 집 마련에 걸리는 시간은 6년 정도로 짧아지게 된다. 내 집 마련에 걸리는 시간을 좀 더 줄일 수 있는 것이다.

다행인 것은 평균 주택매매가 2억 4,400만 원은 말 그대로 '평균'이라는 점이다. 평균은 중간값을 의미한다. 평균보다 비싼 주택도 있겠지만 이보다 싼 주택도 분명 존재한다. 자신의 수준에 맞는 주택을 구입한다면 내 집 마련이 생각만큼 어려운 것도 아니다. 한 번에 자신의 구미에 맞는 주택을 구입하기는 쉽지 않다. 소득이 늘고 저축액이 늘어남에 따라 자연스럽게 집을 넓혀가는 것이 일반적이다.

여기에 대출을 활용한다면 내 집 마련에 걸리는 시간을 확실히 단축시킬 수 있다. 앞에서도 언급했듯이 주택 구입을 위해 받은 대출은 강제저축을 위한 좋은 수단이 될 수 있다. 이때 대출을 강제저축의 수단으로 활용하기 위해서는 적정 수준의 대출 금액이 얼마인지를 알아야 한다. 본인이 통제 가능한 범위 내에서 대출을 받아야만 대출을 현명하게 활용할 수 있기 때문이다. 이러한 내용을 바탕으로 지금부터 월급쟁이가 월급을 이용하여 내 집 마련을 하기 위한 몇 가지 팁을 알려주도록 하겠다.

- 첫째, 본인에게 적정한 수준의 대출이 얼마인지 살펴보자

본인이 받을 수 있는 적절한 대출 규모부터 파악하자. 그 이유는 간단하다. 주택 구입에 사용할 수 있는 본인 자금과 적정 대출 금액을 합하면 본인이 살 수 있는 적정 수준의 주택 가격이 나오기 때문이다. 이를 기준으로 자신의 수준에 맞는 주택을 탐색할 수 있다.

결론부터 말하자면 주택을 구입하기 위해 받을 수 있는 대출은 연소득의 세 배를 넘어서는 안 된다. 보통 주거관련 부채는 대출 원금과 이자는 물론 재산세에서부터 주택화재보험료, 아파트 관리비에 이르기까지 주택과 관련해서 지출하는 모든 비용을 포함하고 있다. 재무설계에서는 이러한 비용이 총 소득의 28% 이내일 때를 적정한 수준으로 보고 있다. 소득의 대부분을 주택담보대출 상환에 사용한다면 상대적으로 미래에 대한 준비가 소홀해질 수밖에 없기 때문이다.

연소득의 세 배 수준에서 대출을 받게 되면 매달 내야 하는 대출의 원금과 이자가 소득의 25% 수준이 된다. 계산의 편의를 위해 상환해야 할 대출 원금과 이자를 제외한 다른 지출은 고려하지 않았다. 대출 금리는 5%로, 대출기간은 30년으로, 그리고 대출을 받은 바로 다음 달부터 원금을 상환하는 즉시분할형식으로 가정했다. 물론 2019년 3월 현재 대출 금리가 3%대 초중반이라는 점을 고려해봤을 때 5%의 이자는 다소 높은 감이 있지만 향후 금리가 인상되더라도 견딜 수 있도록 금리를 보수적으로 잡았다. 또한 대출 원금 상환의 부담을 최대한 줄이기 위해 대출기간은 최장인 30년으로 잡았다. 그러면 대략 다음의 표와 같은 결과를 얻을 수 있다.

대출받은 금액이 연소득의 세 배 수준이라면 대출을 받은 초기에는 소득대비 주거관련 부채비율이 25% 수준이 되겠지만, 계속해서 원금이 상환됨에 따라 이 비율도 지속적으로 낮아질 것이다. 참고로 대출 금액이 소득의 세 배보다 작을수록, 금리가 5%보다 낮을수록 소득대비 주거관련 부채비율은 낮아진다. 이 수치가 낮아질수록 가정의 재무건전성은 더욱 높아진다는 사실을 기억하길 바란다.

▪ 소득대비 적정 대출금액과 상환금액 ▪

(단위 : 원)

소득 : A	대출 (소득의 3배) : B	1년간 원금 상환금액 : C (총 기간 30년) B/30 = C	1년간 이자 5% 기준 : D	원리금상환금액 (1년 단위) : E C + D = E	소득대비 주거관련 부채비율 E/A
30,000,000	90,000,000	3,000,000	4,500,000	7,500,000	0.25(25%)
50,000,000	150,000,000	5,000,000	7,500,000	12,500,000	0.25(25%)
70,000,000	210,000,000	7,000,000	10,500,000	17,500,000	0.25(25%)
90,000,000	270,000,000	9,000,000	13,500,000	22,500,000	0.25(25%)

- 둘째, 주택 구입을 위해서 최소 2~3년 전부터 준비하자

우리는 옷이나 신발을 살 때 처음 들어간 매장에서 바로 구입하기보다는 이곳저곳 둘러보며 제품의 품질과 가격을 비교한다. 그런데 전 재산을 투자하고도 대출까지 받아서 사야 하는 주택을 꼼꼼히 따져보지도 않고 구입한는 것은 말도 안 된다. 조금이라도 싸게 사야 그만큼 대출을 더 적게 받을 수 있고, 그래야 가정 경제에도 부담을 덜 수 있다.

주택을 구입할 때 굳이 2~3년의 준비기간이 필요한 이유는 내가 사려고 하는 집의 적정한 가격 수준을 알기 위해서다. 적정 가격을 알아야 지금 내가 사려는 집의 가격이 싼지 비싼지를 알 수 있다. 전세가 만기되는 시점에 전세를 구하다가 적절한 물건이 없어서 급하게 내 집 마련에 나서는 것은 최악이다. 급하게 골라서 사는 만큼 충분히 비교할 수도 없을 뿐 아니라 이 가격이 정말 적정한 가격인지 제대로 된 판단을 내리기도 어렵기 때문이다. 이렇게 급하게 주택을 구입하다 보면 적정한 가격인지 아닌지가 중요한 것이 아니라 내가 살 수 있는 가격인지 아닌지가 더 중요해지기 마련이다.

살고 싶은 지역을 몇 군데 정해놓고 주기적으로 부동산 중개업소를 방문하자. 그 지역의 호재가 무엇이고 가격이 어떻게 변하고 있는지 계속해서 듣다 보면 나름대로 적당한 가격에 대한 기준을 세울 수 있다. 공인중개사는 보통 그 지역에서 오랫동안 영업을 한 사람들이기 때문에 그 지역 부동산에 대해서는 누구보다도 전문가다. 이런 사람들과 이야기하다 보면 자연스럽게 해당 지역의 알짜배기 부동산 정보에 대해서도 상세히 알 수 있다. 하지만 급하게 주택을 사러 온 사람들은 절대 이런 정보를 얻을 수 없다. 이야기의 초점이 주택의 매매에 맞춰져 있기 때문에 공인중개사 입장에서도 굳이 불필요한 이야기를 많이 하기보다는 지금 자신에게 이익이 될 만한 물건에 집중할 수 밖에 없다.

평소 준비된 사람만이 매도자의 사정으로 나온 급매물도 살 수 있다. 보통 이런 급매물은 가격이 싸게 나온 만큼 시장에 나오자마자 바로 팔리는 경향이 있는데 아직 준비가 되지 않은 사람은 이런 급매물에 대한 정보를 알게 돼도 주저할 수밖에 없다. 적정 가격에 대한 기준이 없으니 이것이 정말 급매물인지 알 길이 없기 때문이다.

- 셋째, 대출을 받아야 한다면 적극적으로 대출 조건을 비교하자

처음 주택담보대출을 받을 때는 발품을 팔아서라도 여러 금융기관에서 상담을 받아 자신에게 가장 유리한 대출상품을 찾을 필요가 있다. 대출을 받고자 하는 사람의 조건이 동일하더라도 금융기관별로 우대의 폭이 달라지기 때문이다.

주택담보대출의 경우 담보가 확실하기 때문에 상대적으로 대출을 받는 사람의 신용도나 해당 금융기관과의 거래실적이 대출 금리에 미치는 영향은 신용대출에 비해 낮은 편이다. 따라서 신용도가 다소 낮거나 해당 금융기관과의 거래가 미약하다 하더라도 몇 가지 조건만 충족된다면 대출받는 시점의 최저금리로 대출을 받을 수 있다.

대출을 받을 때 금리와 조건을 꼼꼼히 따져야 하는 이유는 최초 약정한 기간보다 먼저 대출을 상환할 경우 일정 기간(보통 3년) 동안에는 중도상환수수료가 발생하기 때문이다. 다른 곳에서 더 좋은 조건으로 대출을 해준다고 해도 중도상환수수료 때문에 옮길 수 없는 상황이 발생할 수도 있다. 따라서 대출을 받기 전에 대출 조건을 꼼꼼히 비교해볼 필요가 있다.

주택담보대출, 알고나 받자

대출 없이 내 집 마련의 꿈을 이루는 사람이 과연 몇이나 될까? 아마도 부모님으로부터 지원을 받지 않는 이상 사회 초년생이 자신의 월급만으로 내 집 마련의 꿈을 이룰 수 있는 사람은 거의 없을 것이다. 결국 주택 마련과 대출은 떼려야 뗄 수 없는 관계다. 하지만 대부분의 사람들은 주택담보대출에 대해 정확히 모르는 경우가 많다.

LTV나 DTI는 주택을 담보로 대출을 받을 때 대출한도와 직결되는 중요한 요소로 정부에서 대출을 조절할 때 많이 사용되고 있어 각종 뉴스를 통해서도 종종 접해보았을 것이다. 하지만 이런 내용에 대해 잘 알지 못한다면 막상 내 집 마련 시점에 원하는 만큼의 대출한도가 나오지 않아 낭패를 볼 수도 있다. 대출 상환을 할 때 원금균등분할상환과 원리금균등분할상환 중 어느 것이 더 유리한지, 그리고 대출을 받을 때 약정한 상환 스케줄보다 먼저 상환할 때 발생하는 중도상환수수료에 대해 알고 있다면 단지 금리가 낮은 상품을 선택하기보다는 본인의 향후 자금 스케줄을 고려하여 더 적합한 대출상품을 고를 수 있는 가능성이 높아진다. 지금부터 대출을 받기 전에 미리 알아둬야 할 내용들에 대해 살펴보도록 하자.

LTV / DTI / DSR

LTV(Loan To Value, 주택담보대출 대출가능한도율)
: 주택을 담보로 대출을 해줄 때 주택가격(담보기준가액) 대비 대출가능한도를 의미함.
대출가능금액 = (담보기준가액 × LTV) - 선순위채권
☞ **선순위채권에는 선순위 근저당권 설정 최고액, 선순위 임차보증금, 최우선변제 소액 보증금 등이 있다.**

DTI(Debt To Income, 총부채상환비율)
: 총 소득에서 부채의 연간 원리금상환액이 차지하는 비율을 의미함.

$$\text{DTI} = \frac{\text{(신청 주택담보대출의 원리금상환액 + 보유 중인 다른 대출의 연이자상환액)}}{\text{연소득}}$$

DSR(Debt Service Ratio, 총부채원리금상환비율)
: 기존 대출의 경우 이자만 계산하는 DTI와는 달리 기존 대출의 원금과 이자를 모두 반영하여 산출한 지표로서 DTI에 비해 한층 강화된 지표임.

$$\text{DSR} = \frac{\text{(신청 대출의 원리금상환액 + 보유 중인 다른 대출의 연간 원리금상환액)}}{\text{연소득(본인 소득만 인정 가능)}}$$

LTV(Loan To Value, 주택담보대출 대출가능한도율)와 DTI(Debt To Income, 총부채상환비율)는 과열된 부동산 시장을 바로잡기 위해 2002년 김대중 정부와 2005년 노무현 정부 때 각각 도입되었다. 그러다 2008년 금융위기 이후 침체된 부동산 시장을 살리기 위해 LTV와 DTI 규제를 대폭 완화하게 된다. 규제 완화로 부동산 시장은 살아났지만 가계부채가 1,300조 원을 돌파하는 등 부작용이 속출하면서 2017년부터는 DSR(Debt Service Ratio, 총부채원리금상환비율)을 새롭게 도입함으로써 과열된 부동산 시장

을 진정시키기 위해 노력하고 있다. 이처럼 부동산 대출 규제는 정부가 부동산 시장을 조절하기 위해 사용하는 가장 대표적인 수단이다.

LTV는 쉽게 말해 주택을 담보로 대출받을 때 대출을 받을 수 있는 한도율을 의미한다. 2016년에는 LTV를 최고 70%까지 적용할 수 있었지만 한참 규제가 강화되었을 때는 투기지역 내 6억 원 초과 아파트의 경우 LTV를 40%까지만 적용하기도 했다. LTV 70%라는 것은 쉽게 말해 1억 원짜리 주택을 살 때 70%인 7천만 원까지 대출이 가능하다는 것이다. LTV가 낮을수록 대출받을 수 있는 금액이 줄어들기 때문에 자기 자본이 더 많이 필요하다는 의미가 된다.

DTI는 대출을 받는 사람의 대출상환 능력을 평가하는 지표다. DTI가 높을수록 소득에서 부채의 원리금 상환에 쓰이는 돈이 많아진다는 의미다. 2016년 말 현재 DTI는 60%를 기본으로 하고 있으며, 일정한 요건을 충족할 경우 최대 70%까지 대출이 가능하다. 참고로 LTV와 DTI가 동시에 충족되어야만 대출 취급이 가능하다. 예를 들어, 3억 원 하는 주택을 구입할 때 LTV 70%를 적용한다면 최고 2억 1천만 원까지 대출이 가능하지만, DTI 60%를 충족하지 못한다면 그 금액만큼 대출받을 수 없다. DTI 60%를 충족하는 범위 내로 대출 금액을 낮춰야 대출이 가능하다.

2016년에는 DTI를 최대 70%까지 적용할 수 있었다. 하지만 앞에서도 언급했듯이 DTI도 LTV처럼 규제가 심할 때는 40%를 적용하기도 했다. 이처럼 정부에서 부동산 경기를 살리기 위해서는 LTV와 DTI 규제를 완화해 대출을 장려하고, 반대로 부동산 시장을 안정시키기 위해서는 LTV와 DTI 규제를 강화해 상대적으로 대출받는 것을 어렵게 만든다. LTV와 DTI는 정부 정책의 방향에 따라 바뀌기 때문에 조만간 내 집 마련 계획

▪ [참고] 2019년 2월 현재 LTV와 DTI 적용비율 ▪

구분	투기과열지구 및 투기지역		조정대상지역		조정대상지역 外	
	LTV	DTI	LTV	DTI	LTV	DTI
서민 실수요자	50%	50%	70%	60%	70%	60%
주택담보대출 미보유	40%	40%	60%	50%	70%	60%
주택담보대출 1건 이상 보유	30%	30%	50%	40%	60%	50%

※ 서민 실수요자 : 질병치료 등 불가피성이 인정되는 주택 구입 목적 외 주택담보대출

이 있다면 반드시 LTV와 DTI에 관심을 가지고 지켜볼 필요가 있다.

2017년부터 도입되는 DSR은 DTI에 비해 대출받는 사람의 상환 능력을 좀 더 세심히 살펴보는 지표라 할 수 있다. DTI는 주택담보대출을 받을 때 신청한 주택담보대출의 원리금상환액과 다른 대출의 이자상환액만을 가지고 평가했다면, DSR은 신청한 대출은 물론 기존에 보유하고 있는 다른 대출까지도 원리금상환액을 가지고 평가하기 때문에 같은 조건이라도 DTI를 적용했을 때보다 DSR을 적용했을 때 대출 한도가 더 줄어들 가능성이 높다. 현재 DTI는 주택담보대출을 신규로 취급할 때만 활용했으나 DSR의 경우 주택담보대출은 물론 신용대출에도 활용할 예정이다.

원금균등분할상환 VS 원리금균등분할상환

대출금을 상환하는 방식에는 크게 원금균등분할상환 방식과 원리금균등분할상환 방식이 있다. 원금균등분할상환은 만기까지 동일한 원금을 갚아나가는 방식이고, 원리금균등분할상환은 원금과 이자를 합쳐 일정한 금액을 갚아나가는 방식이다.

▪ 1억 원을 4% 금리로 5년 즉시분할상환 방식으로 빌렸을 경우
원금균등분할상환과 원리금균등분할상환의 비교 ▪

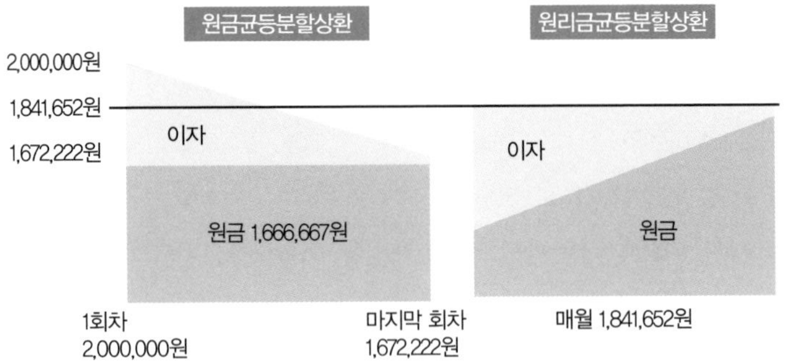

원금균등분할상환은 동일한 원금을 꾸준히 상환하기 때문에 시간이 지날수록 상환된 원금만큼 이자 부담이 줄어든다. 즉, 초기에는 상환되는 원금과 이자의 부담이 크지만 만기에 다가갈수록 이자 부담이 줄어드는 구조다. 반면 원리금균등분할상환은 매월 같은 금액을 갚아나가지만 상환되는 원리금 중 원금과 이자의 비중은 시간이 지남에 따라 변한다. 처음에는 상환되는 원리금 내에서 이자의 비중이 높겠지만 시간이 지날수록 상환되는 원금의 비중이 높아지는 구조다.

이 둘 중 만기가 같다면 이자 부담이 적은 쪽은 어느 쪽일까? 1억 원을 4%의 금리로 빌렸을 경우 기간에 따른 이자 부담액을 비교해보자.

▪ 상환방법에 따른 이자 비교표 ▪

(단위 : 원)

구분	5년	10년	20년	30년
원금균등분할상환	10,166,667	20,166,667	40,166,667	60,166,667
원리금균등분할상환	10,499,132	21,494,166	45,435,279	71,869,506
차액	332,465	1,327,499	5,268,612	11,702,839

전체적인 이자 부담액은 원금균등분할상환이 원리금균등분할상환보다 낮다. 원금균등분할상환이 원리금균등분할상환에 비해 초기에 상환되는 원금이 많기 때문이다. 하지만 전체적인 이자 부담이 낮다고 무조건 원금균등분할상환이 좋은 것은 아니다. 왜냐하면 돈 관리 측면에서 본다면 아무래도 매월 동일한 금액을 상환하는 원리금균등분할상환이 좋기 때문이다. 꼼꼼히 비교해본 후 본인의 상황에 맞는 상환 방식을 선택하는 것이 가장 좋다.

또 하나의 숨은 비용, 중도상환수수료

대출을 약정된 기간보다 미리 상환할 경우 은행은 고객에게 중도상환수수료를 부가한다. 이유는 간단하다. 고객이 대출을 빨리 상환할수록 돈을 빌려준 은행 입장에서는 손해기 때문이다. 은행은 기본적으로 예금과 대출 간의 금리 차를 이용해서 돈을 버는데 너무 빨리 대출을 상환하면 자금 운용에 차질이 생길 수밖에 없다. 새로운 자금 운용처를 찾는 동안 자금 운용에 공백이 생길 수밖에 없는데 이러한 공백이 곧 손실로 이어지기 때문이다. 즉, 중도상환수수료는 은행이 고객에게 부과하는 벌금인 셈이다.

중도상환수수료는 보통 다음과 같은 방식으로 부과된다. 참고로 중도상환수수료를 부과하는 방식은 은행별로 차이가 있을 수 있다.

중도상환수수료 = 중도상환금액 × 중도상환수수료율 × (대출잔여일수/대출기간)

☞ 단, 대출기간이 3년을 초과하는 경우 대출기간은 3년으로 산정하며, 대출잔여일수는 3년에서 대출경과일수를 차감한 일수로 산정함.

중도상환수수료율은 금융기관별, 상품별로 차이가 있지만 일반적으로 주택담보대출의 경우에는 상환하는 금액의 1.4%를 중도상환수수료로 부과한다. 대출 취급 후 3년까지만 중도상환수수료가 부과되고, 그 이후부터는 면제되는 것이 일반적이다. 중도상환수수료는 항상 똑같은 비율로 적용되는 것이 아니라 대출잔여일수를 대출기간으로 나눈 비율만큼 감액하여 적용해준다. 쉽게 말해 대출을 사용한 기간이 길어질수록 중도상환수수료 부담은 줄어들게 된다. 다음의 예를 통해 자세히 알아보자.

1억 원을 10년 동안 빌려 쓰기로 약정하고 은행으로부터 대출을 받았다고 가정해보자. 상환방법은 계산의 편의를 위해 만기일시상환 방식이다. 1년이 되는 시점에 3천만 원을 상환했다면 중도상환수수료는 얼마일까? 총 대출기간이 10년이지만 3년을 초과하는 대출의 경우 중도상환수수료를 계산할 때는 무조건 대출기간을 3년으로 보고 있다. 3년의 대출기간 중 1년간 대출을 사용했기 때문에 대출잔여일수는 2년이 된다. 이러한 내용을 그대로 식에 대입해보자.

중도상환수수료 = 30,000,000원 × 1.4% × (2년/3년) = 280,000원

대부분의 사람들은 대출을 받을 때 대출가능금액과 금리에는 민감하지만 중도상환수수료에 대해서는 둔감한 편이다. 이는 대출상환 계획에는 그리 신경쓰지 않기 때문이다. 하지만 대출을 받을 때는 전체적인 상환 계획은 물론 향후 3년 동안의 자금 계획에 대해서도 고민할 필요가 있다. 조만간 목돈이 생길 것 같다면 단순히 금리가 낮은 상품을 선택하기보다는 중도상환을 했을 때 좀 더 유리한 상품을 선택하는 편이 본인

에게 훨씬 유리할 수 있다.

대출상환은 합리적인 수준에서

간혹 주택담보대출을 받고 나서 돈이 생기는 대로 대출 상환에 사용하는 사람들이 있다. 하지만 이렇게 모든 자금을 대출 상환에 집중하다 보면 예기치 못한 상황에 직면할 경우 또 다른 대출을 받아야 할 수도 있다. 대출을 받아서 해결할 수 있다면 다행이지만 앞에서 언급한 것처럼 정책적으로 대출을 줄이는 시점에는 이마저도 쉽지 않을 수 있다. 따라서 추가적인 자금이 생기면 일정한 비율로 대출 상환과 저축에 적절히 배분해야 한다. 대출 상환은 과거에 내가 한 일에 대한 지불의 성격을 가진다면, 저축은 내 미래를 위한 준비의 성격을 가지기 때문에 과거와 미래에 대한 적절한 조화가 필요한 것이다.

알면 도움이 되는 금융상식 11

나의 신용정보, 무료로 점검해보자

최근 개인정보 유출 사고가 끊이지 않고 일어나고 있다. 자신도 모르는 사이 자신의 신용정보를 누군가 불법으로 이용할 수 있으므로 자신의 신용이 제대로 관리되고 있는지 주기적으로 확인할 필요가 있다.

신용조회회사에 집중된 개인 신용정보의 정확성을 점검하기 위해 4개월에 1회는 무료로 개인신용정보를 조회할 수 있으니 이를 활용하면 좋다. 만약 본인의 신용정보 오류 등과 관련하여 개인신용평가 결과에 이의가 있을 경우 1단계로 신용조회회사에 이의를 제기하고, 1단계 처리 결과에 만족하지 못한 경우에는 2단계로 금융감독원에 설치된 개인신용평가 고충처리단에 이의 제기가 가능하다.

▪ 개인신용정보 무료열람 가능 홈페이지 ▪

구 분	기관명	홈페이지	제공횟수	주요 제공 내용
신용조회회사(CB사)	코리아크레딧뷰로㈜	www.allcredit.co.kr	4개월에 1회	개인신용등급, 금융거래 내역 등
	나이스평가정보㈜	www.credit.co.kr		
	SIC평가정보	www.siren24.com		
종합신용정보 집중기관	전국은행연합회	www.credit4u.or.kr	상시	금융거래 내역 등

적금, 금리보다 저축액을 늘려라

투자를 분산하라

펀드 투자로 자산의 수익률을 높여라

고수들만 아는 펀드 투자 노하우

ELD로 원금 지키면서 투자하자

PART 5
월급쟁이, 저금리의 파고를 넘어라

대한민국 대표 재테크 상품, ELS

ELS, 안정성을 높여라

달러로 분산투자를 완성하라

최후의 안전자산, 금

적금, 금리보다 저축액을 늘려라

재테크에 조금이라도 관심있는 사람이라면 복리의 힘에 대해서 한 번쯤은 들어봤을 것이다. 복리란 쉽게 말해 원금과 이자를 고스란히 재예치해서 이자의 이자가 생기도록 만드는 것이다. 돈은 산꼭대기에서 굴리는 눈덩이와 같아서 일단 어느 정도 규모에 이르면 불어나는 속도가 가히 상상을 초월한다. 그래서 아인슈타인은 "우주에서 가장 강력한 것은 복리다!"라고 이야기하기도 했다.

복리의 힘을 설명하면서 가장 많이 소개하는 사례 중 하나가 바로 맨하튼 지역을 단돈 24달러에 판 인디언의 이야기다. 훗날 사람들은 헐값에 땅을 팔아버린 인디언들을 조롱했지만 미국의 유명한 펀드매니저 피터 린치는 이 사례에 대해 다음과 같이 언급했다. "인디언이 땅을 판 돈 24달러를 연 8%의 채권에 복리로 투자했다면 360년이 지난 1989년 그 가치가 약 32조 달러에 이른다. 따라서 절대 인디언이 바보 같은 거래를 한 것이 아니다."

그런데 앞으로도 복리의 힘이 그 위세를 떨칠 수 있을까? 물론 복리의 힘을 제대로 활용할 수 있다면 좋겠지만 복리의 힘을 믿기에는 지금 우리가 처한 상황은 그리 녹록지 않다. 저금리로 인해 앞으로는 복리의 힘을 제대로 누릴 수 없을 것으로 예상되기 때문이다. 오히려 복리의 힘을 믿을 수 없기에 우리는 자의든 타의든 원금손실의 위험을 무릅쓰고서라도 투자의 세계로 뛰어드는 것이다.

이제는 멀어진 복리의 힘

원금과 이자를 동일한 금리로 재예치한다는 가정 아래 이자율 변화에 따라 원금이 두 배가 되는 시간을 비교해보자.

▪ 이자율 변화에 따른 원금이 두 배 되는 시간 비교 ▪

(단위 : 원)

구분	1%	2%	4%	8%
원금	100,000,000	100,000,000	100,000,000	100,000,000
1년 후	101,000,000	102,000,000	104,000,000	108,000,000
2년 후	102,010,000	104,040,000	108,160,000	116,640,000
3년 후	103,030,100	106,120,800	112,486,400	125,971,200
4년 후	104,060,401	108,243,216	116,985,856	136,048,896
…	…	…	…	…
10년 후	110,462,213	121,899,442	148,024,428	215,892,500
18년 후	119,614,748	142,824,625	202,581,652	399,601,950
…	…	…	…	…
36년 후	143,076,878	203,988,734	410,393,255	1,596,817,184
…	…	…	…	…
70년 후	200,676,337	399,955,822	1,557,161,835	21,860,640,590

금리가 8%일 때 원금이 두 배 이상이 되기 위해서는 10년의 시간이 필요하다. 하지만 금리가 절반 수준인 4%라면 18년의 시간이 필요하고, 2%일 때는 36년, 그리고 1%일 때는 70년의 시간이 필요하다. 금리가 절반 수준으로 떨어질 때마다 원금이 두 배가 되는데 필요한 시간도 거의 두 배 가까이 늘어난다. 물론 사람마다 복리의 힘을 느끼기 위한 금리 수준이 다를 수 있겠지만, 그래도 1% 대의 금리로는 복리의 힘을 느끼기가 쉽지 않다.

2019년 2월 현재 한국은행 기준금리는 1.75%다. 그렇다면 이 금리 수준이 향후 복리의 힘을 느낄 수 있을 정도로 올라갈 수 있을까? 미국에서 금리를 올리면 한국도 어느 정도까지 금리를 올리겠지만 지금의 경제 상황으로 봤을 때는 큰 폭의 금리 인상은 쉽지 않을 것이다. 왜냐하면 금리는 경제성장률과 비슷한 수준 또는 그보다 낮은 수준에서 결정되는데, 한국의 장기 성장률은 1% 정도밖에 되지 않기 때문이다. 즉, 앞으로는 복리의 힘을 믿을 수 없다는 것이다.

▪ OECD 주요국 2030~2060년 연평균 성장률 전망 ▪

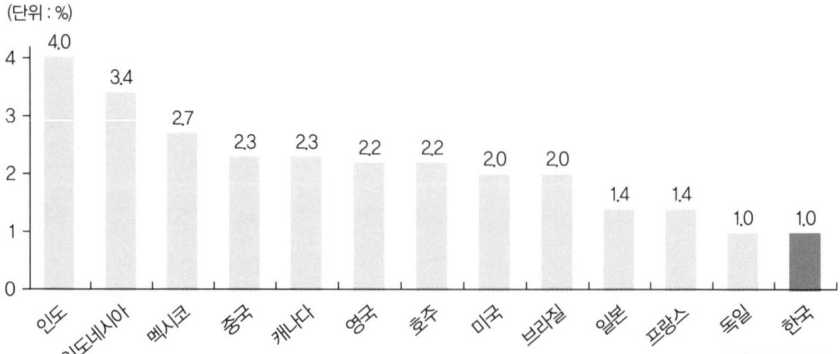

자료 : OECD

저금리 시대, 금리와 동업하라

사람들은 저금리 시대를 극복하기 위해 더욱더 적극적으로 투자에 나서야 한다고 생각한다. 하지만 이는 위험한 발상이다. 왜냐하면 투자는 기본적으로 손실의 위험을 내포하고 있는데, 한번 손실이 발생하면 저금리 상황에서는 이를 만회할 마땅한 방법이 없기 때문이다. 저금리 시대를 다른 말로 표현하자면 돈을 벌 만한 마땅한 수단이 없다는 이야기가 된다. 그렇다고 손실액이 작다는 말은 절대 아니다. 돈을 많이 벌 수 있든 없든 투자에는 위험이 따르며 위험에는 제한이 없다.

이런 때일수록 투자를 통해 고수익을 노리기보다는 안정적인 포트폴리오 구성을 통한 다소 보수적인 투자방법이 각광받을 수밖에 없다. 그런 측면에서 본다면 절약을 통해 추가적인 저축이라는 단단한 기초를 기반으로 투자에 나서는 것이 보다 효과적일 수 있다. 즉, 공격보다는 수성이 더 중요한 것이다. 그래서 저금리 시대에도 적금은 나름 의미를 갖는다. 금리에 신경쓰기보다는 목돈을 마련하기 위한 강제저축의 수단으로 활용하기에 적금만 한 것이 없기 때문이다. 돈을 묶어두지 않고 입출금 통장에 쌓아만 둔다면 어느새 다 써버려 사라지고 말 것이다.

지금처럼 금리가 낮은 시기에 고금리 적금을 만들 수 있는 방법이 있다. 바로 부족한 금리만큼 저축액을 늘리는 것이다. 만약 정기예금의 금리가 1.5%지만 3%짜리 정기예금을 원한다면 3%와 1.5%의 차이인 1.5%에 해당하는 이자만큼 추가적으로 저축액을 늘리는 것이다. 예를 들어, 1억 원을 1.5%의 정기예금에 묶어두었다면 부족한 1.5%에 해당하는 금액만큼 매월 절약해 추가적으로 적금에 가입하라. 1억 원의 1.5%

라면 150만 원이다. 이를 월로 환산하면 매월 12만 5천 원씩만 추가로 적금에 가입하면 된다. 금리가 낮다면 금리에만 맡겨둘 것이 아니라 금리와 함께 동업해야 한다.

저금리 시대의 효자상품, 양로보험

저금리 시대, 그나마 복리의 효과를 볼 수 있는 상품이 있다. 바로 양로보험이다. 양로보험은 특이하게 중간에 사망하더라도 이미 체결된 계약에 의해 납입이 정상적으로 이뤄졌다는 가정 하에 받을 수 있는 만기 환급금을 그대로 받을 수 있는 상품이다. 그래서 양로보험을 살아도 받고 죽어도 받는다고 해서 생사혼합보험으로 부르기도 한다.

양로보험도 보험이기 때문에 보장성 보험에 비해 많지는 않지만 원금에서 일정 부분 사업비를 차감한다. 그래서 가입 후 얼마 되지 않아 해지할 경우 원금에서 손해가 발생할 수 있다. 하지만 이 상품은 일반 적금 대비 0.8~1% 정도 높은 금리를 제공할 뿐만 아니라 1인당 월 보험료 150만 원 이하일 경우 10년 유지 시 비과세 혜택까지 볼 수 있어 10년의 기간을 놓고 적금과 양로보험을 비교해본다면 만기 시 받는 금액은 양로보험이 훨씬 많다.

양로보험의 가장 큰 특징은 다른 저축성 보험에 비해 최저보증이율이 높다는 것이다. 최저보증이율이 중요한 이유는 금리가 아무리 떨어져도 그 금리는 보장받을 수 있기 때문이다. 은행에서 가입한 적금의 경우 금리가 만기까지 적용되는 반면 보험의 경우 상품에 따라 차이는 있을 수 있지만 일반적으로는 적용되는 금리가 매월 바뀐다. 만약 시중 금리가 상승한다면 보험에 적용되는 금리도 같이 올라가겠지만, 반대로 시중 금리가 떨어진다면 적용되는 금리도 같이 떨어질 것이다. 최악의 경우 제로금리 수준까지 떨어질 수 있다. 하지만 D사 양로보험의 경우 2019년 2월 현재 10년의 기간 동안 최저 2.1%의 이율을 보장하고 있어 금리 하락에 따른 위험을 어느 정도는 제거하고 있다.

비과세 혜택을 보기 위해 보험의 총 기간을 10년으로 설정하지만, 납입기간은 3년, 5년, 7년, 10년 등 다양하게 설정할 수 있어 본인의 자금 스케줄에 맞출 수도 있다. 납입기간이 끝나면 남은 기간 동안에는 예금처럼 운용되므로 신경쓸 필요가 없다.

▪ D사 양로보험 환급금 비교표 ▪

(2019년 2월 공시이율 기준)
(단위 : 만 원)

경과기간	2019년 2월 현재 공시이율 2.72% 가정 시		최저보증이율 2.1% 가정 시	
	해지 환급금	환급률	해지 환급금	환급률
1년	11,378,377	94.8%	11,340,003	94.5%
3년	35,897,579	99.7%	35,558,969	98.8%
5년	61,779,201	103.0%	60,818,133	101.4%
7년	65,011,240	108.4%	63,225,707	105.4%
10년	70,204,193	117.0%	67,038,031	111.7%

* 총 기간 10년, 5년 납, 월 100만 원, 여자 40세 기준
* 7년에서 10년 사이 환급률이 크게 높아지는 이유는 10년이 되면 비과세 혜택을 볼 수 있어서 이자소득의 15.4%를 세금으로 낼 필요가 없기 때문이다.

양로보험을 최대한 활용하기 위한 팁을 한 가지 더 주자면 추가납입제도를 활용하라는 것이다. 추가납입이란 매월 정해진 적립금 이외에 계약자가 추가로 적립하는 방식이다. 일반적으로 보험사에서는 추가납입 가

능 금액을 제한하고 있지만, 보통 납입 금액의 두 배까지 추가납입이 가능하다.

추가납입제도가 계약자에게 유리한 이유는 추가로 납입한 금액에 대해서는 계약체결비용을 별도로 부과하지 않기 때문이다. 보통 계약체결비용은 보험료의 2% 내외로, 차감되지 않은 계약체결비용만큼 더 적립된다고 생각하면 된다. 추가납입제도를 충분히 활용하기 위해서는 본인이 가입하고자 하는 금액의 절반 정도로 양로보험에 가입 후 나머지 절반은 추가납입을 이용하는 것이 보다 유리하다.

투자를 분산하라

금리는 돈에 대한 수요와 공급에 의해 결정된다. 돈에 대한 수요가 늘어나면 금리는 오를 것이고, 돈에 대한 수요가 줄어들면 금리는 떨어질 것이다. 그런데 돈에 대한 수요는 언제 늘어나고 언제 줄어들까? 쉽게 말해 투자를 해서 돈을 벌 만한 수단이 많을수록 돈에 대한 수요는 늘어날 것이고, 마땅한 투자처를 찾기 힘들다면 돈에 대한 수요는 줄어들 수밖에 없다. 예를 들어, 부동산을 통해 큰 돈을 벌 수 있다고 생각된다면 너도나도 돈을 빌려 부동산에 투자하려고 할 것이다. 돈은 한정되어 있는데 빌리려고 하는 사람이 많아지니 자연스레 금리는 올라가게 된다. 하지만 부동산 투자를 통해 벌어들일 수 있는 수익률만큼 금리가 올라간다면 더이상 돈을 빌려 부동산에 투자하려고 하지 않을 것이다. 그러면 자연스럽게 돈을 빌리려는 사람이 줄어들면서 금리는 하락하게 된다.

투자자 입장에서는 금리 이상의 수익률이 나온다는 확신이 있을 때만 돈을 빌려 투자를 한다. 그래서 내수가 침체되고 경기가 불황일수록 금리를 낮추는 것이다. 금리가 5%일 때는 6~7% 이상의 투자 수익이 예상될 때만 투자에 나서지만, 금리가 2%라면 3~4%의 투자 수익이 예상된다고 해도 투자에 나설 수 있기 때문이다. 즉, 금리가 낮아질수록 투자를 통해 돈을 벌 만한 마땅한 방법이 없다는 의미로 해석할 수 있다.

저금리 시대일수록 위험관리에 초점을 맞춰야 하는 이유는 마땅한 투자처를 찾기 어렵다 보니 원금손실이 발생하면 이를 회복하기가 쉽지 않기 때문이다. 저금리 시대에도 투자에는 위험이 따르며, 투자를 통해 벌 수 있는 돈은 제한적일지는 몰라도 원금손실에는 제한이 없다. 그래서 저금리 시대일수록 적극적인 투자보다는 지키는 투자가 중요한 것이다.

분산투자로 위험을 줄여라

투자에 있어 위험을 줄일 수 있는 가장 대표적인 방법이 바로 분산투자다. 분산투자란 투자의 위험을 줄이기 위해 하나의 자산에 집중해서 투자하기보다는 여러 자산에 골고루 투자하는 방법으로 투자 시 발생할 수 있는 위험을 적정한 수준에서 관리하기 위한 하나의 투자기법이다. 분산투자는 수익률보다는 위험관리에 초점을 맞춘 것으로 다음과 같은 세 가지 원칙이 있다.

첫째, 투자 자산을 분산하라.
둘째, 투자 지역을 분산하라.
셋째, 투자 시점을 분산하라.

첫째, 투자 자산을 분산하라. '달걀을 한 바구니에 담지 말라'라는 투자 격언이 있다. 한 가지 자산에 집중해서 투자를 할 경우 운이 좋으면 대박을 꿈꿀 수 있겠지만 반대로 쪽박의 위험 또한 도사리고 있다. 자산을 한 곳에 몰아서 투자하는 것만큼 위험한 것도 없다. 따라서 주식과 채권, 부동산, 금, 달러 등 다양한 자산에 투자함으로써 한 곳에서 손해를 보더라도 다른 곳에서 수익을 올려 전체적인 자산의 투자수익률을 안정적으로 이끌어갈 필요가 있다. 참고로 투자 자산을 분산할 때는 서로 다른 방향성을 보이는 자산들에 분산할수록 효과가 좋다.

둘째, 투자 지역을 분산하라. 동일한 자산에 투자를 하더라도 지역을 분산하는 것이 좋다. 예를 들어, 국내 주식에 투자한다면 미국이나 유럽처럼 선진국 주식에도 투자를 하는 것이 좋다. 국내 주식시장이 전세계 주식시장에서 차지하는 비중이 2% 정도로 미약하다는 점을 고려해본다면 보다 넓은 시장에 투자하는 것이 분산투자 차원에서는 훨씬 효과적일 수 있다.

셋째, 투자 시점을 분산하라. 코스트 에버리지 효과(Cost Average Effect)란 일정 금액을 정해놓고 매월 꾸준히 투자하는 방법이다. 현실적으로 예측이 어려운 시장에서 시간을 기준으로 분산투자를 함으로써 투자 타이밍에 대한 고민을 해소할 수 있다는 장점이 있다. 게다가 동일한 금액을 꾸준히 매입함으로써 비쌀 때는 조금 사고 쌀 때는 많이 사서 전체적인 매입단가를 낮추는 효과도 있다.

예측 불가능한 미래, 분산투자로 대응하라

우리가 분산투자를 해야 하는 또 다른 이유는 미래를 예측하고 이에 대해 대응하는 것은 어찌 보면 신의 영역에 가깝기 때문이다. 지금 이 순간에도 수많은 금융 전문가들을 시장을 예측하고 이를 통해 돈을 벌기 위해 노력하고 있다. 하지만 이러한 노력들은 단기적으로는 성과를 보일지 몰라도 장기적으로 보면 실패하기 일쑤였다.

이유는 간단하다. 현재 파악할 수 있는 거의 모든 정보를 바탕으로 아무리 정교하게 미래를 예측한다고 해도 이는 어디까지나 지금의 상황이 지속된다는 가정 하에 이루어진 예측이기 때문이다. 전혀 예상치 못한 일이 발생할 수 있을 뿐만 아니라 예상과 달리 전혀 엉뚱한 방향으로 일이 전개되는 경우도 부지기수다. 미래를 예측하고 사전에 대응할 수 없다면 투자를 분산하여 위험을 최소화하는 것이 결국 최선의 투자방법일 수밖에 없다.

펀드 투자로
자산의 수익률을 높여라

펀드에 투자하기 앞서 기본적으로 알아야 할 사항이 있다. 바로 저축과 투자의 차이에 대한 것이다. 저축은 은행에 돈을 빌려주고 그 대가로 정해진 이자를 받는 것이다. 우리가 저축을 할 때 받는 통장은 사실 일종의 차용증인 셈이다. 저축을 한 은행이 망하지 않는 한 정해진 이자를 받는 데는 전혀 문제가 없다. 물론 은행이 망한다면 저축한 돈을 모두 날릴 수도 있겠지만 예금자보호법에 의해 5천만 원까지 보장이 되니 크게 걱정할 필요는 없다. 저축은 원금 이상의 수익을 안겨주는 가장 확실한 투자처인 셈이다. 하지만 최근 저금리 기조로 인해 저축을 통해 받을 수 있는 이자율도 점점 낮아지고 있다. 안정성은 높지만 수익성이 점점 떨어지고 있는 것이다.

저축을 할 때는 은행에 돈을 빌려주는 대여자의 지위를 가졌다면, 투자를 할 때는 돈을 내고 자산을 취득하는 소유자의 지위를 가진다. 주식에 투자한다는 것은 그 회사의 주주가 된다는 말이고, 부동산에 투자

한다는 것은 부동산을 소유한다는 의미가 된다. 소유주는 투자한 대상과 운명을 같이 한다. 만약 회사에 투자한 주주라면 회사가 성장함에 따라 성장의 과실을 함께 누릴 수 있겠지만, 반대로 회사가 파산한다면 투자한 돈을 모두 날릴 수도 있다. 일단 투자를 했으면 투자 대상이 잘하고 있는지 끊임없이 관심을 가지고 지켜볼 필요가 있다. 왜냐하면 돈을 빌려줄 때 수익이 결정되는 저축과 달리 투자는 매도하는 시점에 수익이 결정되므로 팔고 나와야 하는 타이밍을 잘 잡아야 하기 때문이다.

투자는 이익과 손실이 공존하는 양날의 검과 같다. 따라서 자신이 잘 아는 분야에 투자하는 것이 맞다. 투자 경험이 없다면 전체 자산의 10% 범위 내에서 투자를 시작해보자. 그러다 경험이 쌓이면서 투자의 비중을 조금씩 늘려나가는 것이 좋다. 투자를 통해 때로는 수익을 볼 수도 있겠지만 때로는 손실의 아픔도 경험할 수도 있을 것이다. 오히려 초기의 이런 실패는 향후 좋은 투자자로 성장해가는 밑거름이 될 수 있다.

투자에는 왕도가 없다. 많이 경험하고 많이 공부한 사람이 이기는 게임이다. 하지만 한 가지는 명심해야 한다. 저축의 시대에서 투자의 시대로 패러다임이 변화하고 있다고는 하지만 언제나 이기는 게임인 튼튼한 저축의 기반이 없는 투자는 위험하다는 점이다.

▪ 저축과 투자의 차이 ▪

저축	투자
가입 시점에 수익이 확정됨	파는 시점에 수익이 확정됨
원금보장	원금손실 발생 가능
확정금리	실적배당
돈을 모은다	돈을 불린다
인플레이션에 취약	인플레이션 헤지 기능

직접투자 VS 간접투자

투자 방식에는 크게 직접투자와 간접투자가 있다. 직접투자는 본인의 판단에 따라 투자를 결정하는 방식이다. 투자 결정을 본인이 직접 내려야 하기 때문에 투자대상에 대한 많은 연구가 필요하다. 물론 전반적인 시장의 흐름에 대해서도 잘 알아야 한다. 직접투자의 가장 큰 장점은 본인의 판단이 적중했을 때 단기에 고수익이 가능하다는 점이다. 하지만 이러한 투자 방식은 상당한 수준의 경제 지식과 오랜 경험을 필요로 하기 때문에 아무나 쉽게 따라 할 수 없다는 단점이 있다.

반면 간접투자는 일정 금액을 수수료로 내고 전문가에게 돈을 맡기면 전문가가 알아서 투자를 하고 수익을 투자자에게 돌려주는 방식이다. 가장 대표적인 방식이 바로 펀드다. 하지만 보수를 지불하고 전문가에게 맡겨도 손실 가능성은 항상 존재한다. 그럼에도 불구하고 간접투자는 바쁜 월급쟁이에게 가장 적합한 투자 방식이다.

펀드를 활용한 투자가 월급쟁이에게 적합한 이유는 다음과 같다. 펀드는 불특정 다수로부터 자금을 모집하여 투자 전문가가 대신하여 운용해주는 만큼 전문성이 높아 투자 실패의 가능성을 줄여준다. 무엇보다도 투자자 입장에서는 전문가가 운용하는 만큼 투자자 자신은 생업에 집중할 수 있다는 장점도 있다. 또한 다양한 형태의 펀드가 존재하므로 본인의 성향에 맞는 상품을 고를 수 있을 뿐만 아니라 소액으로도 다양한 자산에 분산투자가 가능하여 위험성을 줄일 수 있다.

이자와 수익률은 다르다

매월 100만 원씩 적금과 펀드에 동시에 가입했다고 가정해보자. 가입 당시 적금의 이율은 5%였고, 펀드의 경우 해지 시 수익률이 5%였다면, 각각을 해지했을 때 동일한 금액을 수령할 수 있을까? 결론부터 이야기하면 펀드가 두 배 정도 더 많은 금액을 수령하게 된다. 이러한 차이는 적금과 펀드의 계산 방식이 서로 달라서 발생하는 것이다.

펀드는 기본적으로 납입 원금 전체를 기준으로 수익률을 표시한다. 납입 원금 대비 얼마나 많은 수익을 올렸는지에 따라 수익률이 결정되는 것이다. 하지만 적금의 이자율은 1년을 기준으로 산출한 개념이다. 따라서 적금은 납입금액별 기간에 따른 이자를 제공한다. 예를 들어, 가입하면서 처음 납입한 100만 원에 대해서는 1년 치 이자인 5%의 이자를 제공하지만, 만기를 한 달 앞두고 납입한 100만 원에 대해서는 한 달 치 이자인 5/12%의 이자만 제공한다. 결국 적금은 입금 건별로 만기까지의 기간을 감안하여 이자를 지급하기 때문에 우리가 생각하는 것보다 적은 금액을 받게 되는 것이다. 적금의 이자율과 펀드의 수익률이 동일하다면 대체로 적금은 펀드를 해지했을 때 받게 될 이익금의 절반 정도를 받게 된다고 생각하면 맞다.

펀드명에 주목하라

펀드로 투자할 수 있는 대상은 무궁무진하다. 기본적으로 주식이나 채권과 같은 유가증권은 물론 금, 은, 구리, 원유 등의 원자재와 비행기, 선박, 도로 등 실물자산 그리고 부동산이나 농산물에 이르기까지 투자 대상이 다양하다. 투자 지역도 국내에 머무르지 않고 전세계 원하는 곳은 어디든 펀드를 통해 투자가 가능하다. 특히 주식형 펀드의 경우에는 투자 스타일에 따라 대형주 펀드, 중소형주 펀드, 가치주 펀드, 성장주 펀드, 배당주 펀드, 인덱스 펀드로 나뉘고, 동일한 펀드라도 수수료를 떼는 방식에 따라서 다양한 클래스로 나뉘기도 한다. 상황이 이렇다 보니 개인이 가입할 수 있는 펀드의 수가 수천 개도 넘는다.

펀드의 홍수 속에서 자신이 원하는 펀드를 정확히 골라내기 위해서는 펀드의 이름을 제대로 읽어낼 수 있는 능력이 필요하다. 왜냐하면 펀드의 이름만 잘 살펴보아도 투자 대상과 지역 그리고 전략에 대해 알 수 있기 때문이다. 기본적으로 펀드명에는 '증권', '인프라', '천연자원', '농산물', '골드', '광업주', '리츠(부동산 투자를 전문으로 하는 뮤추얼 펀드)' 등 투자 대상에 대해 명시해놓고 있다.

'아세안', '미국', '유럽' 등 지역명이 펀드에 들어가 있다면 해당 지역에 투자하는 펀드라는 것을 알 수 있다. 참고로 '글로벌'이라는 표현을 썼다면 투자 지역을 국한하지 않고 전세계를 무대로 투자한다는 의미다. 지역명을 따로 언급하지 않았다면 전세계를 무대로 하거나 국내에 투자하는 펀드라고 생각해도 좋다.

주식형 펀드의 경우 투자전략이 고스란히 펀드명에 녹아 있다. '가치'나 '밸류'라는 표현이 들어간 펀드(가치주 펀드)는 현재 기업의 내재가치에 비해 저평가된 주식에 투자하는 펀드고, '성장'이라는 표현이 들어간 펀드(성장주 펀드)는 향후 고성장이 예상되는 주식에 투자하는 펀드다. 가치주 펀드가 현재의 주가 수준이 기업의 가치를 제대로 반영하지 못해 저평가된 기업에 투자한다면, 성장주 펀드는 현재 재무 상태보다도 향후 성장성을 감안해 높은 가격을 주고라도 살 만한 기업에 투자한다.

'배당'이라는 표현이 들어간 펀드(배당주 펀드)는 이익의 상당 부분을 배당으로 지급하는, 소위 말하는 배당 성향이 강한 기업에 투자하는 펀드고, '인덱스'라는 표현이 들어간 펀드(인덱스 펀드)는 개별 기업에 투자하기보다는 시장을 대표하는 지수를 추종하도록 설계된 펀드다. 마지막으로 투자하는 기업의 규모에 따라 대형주와 중소형주로 나뉘는데, 중소형주에 투자하는 펀드는 펀드명에 '중소형'이라는 표현을 넣는다.

▪ 펀드명과 투자전략 ▪

가치주 펀드	주식의 내재가치보다 현재의 주가 수준이 상당히 낮게 형성되는 주식에 투자하는 펀드다. 시장에서 기업의 가치가 낮게 평가되는 이유는 향후 성장률이 낮을 것으로 예상되거나, 악재로 인해 주가가 지나치게 하락하였기 때문이다. 경기침체나 투자심리 위축 등으로 주가가 크게 하락하는 시기에 많이 생기는 경향이 있다. 단기의 높은 수익보다는 장기의 안정적인 수익률을 추구한다.
성장주 펀드	기업의 영업실적이나 수익 증가율이 시장 평균보다 높을 거라고 기대되는 주식에 투자하는 펀드다. 이러한 부류에 해당하는 기업은 기업의 수익을 배당하기보다는 재투자하여 높은 성장률을 유지하고 기업의 가치를 증대시키는 데 주력하는 경향이 높다. 불확실한 미래의 수익을 바라보고 투자하기 때문에 위험성은 높지만 동시에 높은 수익도 기대할 수 있다.
배당주 펀드	배당 수익률이 높을 것으로 예상되는 종목에 집중적으로 투자하는 펀드다.
인덱스 펀드	시장을 대표하는 지수를 추종하도록 설계된 펀드로, 국내 인덱스 펀드의 경우 KOSPI 200지수를 추종하고 있다.
대 · 중 · 소형주 펀드	대형주, 중형주, 소형주를 구분하는 명확한 기준은 없지만 보통 대형주는 시가총액 1~100위까지, 중형주는 시가총액 101~300위까지, 그리고 소형주는 시가총액 301위 이하의 종목들로 구성된다. 자본금 기준으로 750억 원 이상이면 대형주, 350억~750억 원 사이면 중형주, 350억 원 이하면 소형주로 분류한다. 일반적으로 대형주는 유동 주식 수가 많고 주식 분포가 고르며 기관 투자가들이 많이 가지고 있어 주가의 변동 폭이 중소형주에 비해 비교적 작은 편이다.

이번에는 '신영밸류고배당증권자투자신탁[주식]종류C'라는 펀드명을 통해 펀드의 핵심 내용에 대해 알아보도록 하자.

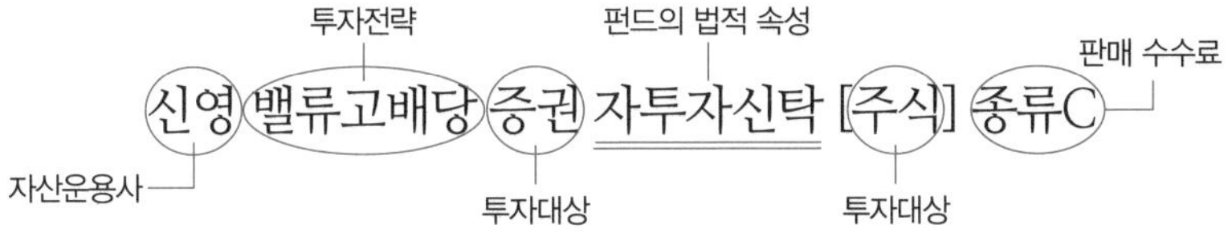

'신영'은 '신영자산운용'이라는 자산운용사의 이름이다. '밸류'는 가치주, '고배당'은 배당주를 의미하는데, '밸류고배당'은 고배당 가치주에 투자한다는 것을 의미한다. '증권'은 펀드가 투자하는 자산이 주식과 채권과 같은 증권에 투자를 한다는 것을 의미한다. 뒤에 '[주식]'으로 표시하면서 주식형 펀드라는 것을 알려주고 있다. '자투자신탁'은 펀드의 법적 속성에 대해 알려주는 것인데 이 부분은 잘 몰라도 상관이 없으니 그냥 넘어가도록 하자. 결국 '신영밸류고배당증권자투자신탁[증권]종류C'는 신영자산운용에서 국내에 상장된 고배당 가치주에 투자하여 성과를 내는 전략을 추구하는 주식형 펀드라는 것을 알 수 있다.

이제는 맨 마지막에 표시된 '종류C'에 대해 알아보도록 하자. 펀드의 이름 맨 뒤는 알파벳을 이용하여 끝을 내는데, 보통 '종류C', 'C형' 그리고 'Class C'와 같은 형태로 표시된다. 이는 펀드의 클래스라 해서 펀드 판매비용을 부과하는 방식이나 투자자금 모집방법 등에 대해 알려준다. 다양한 클래스(A, B, C, E, S, P 등)가 존재하는데, 이 중 개인 투자자가 꼭 알아야 하는 것은 바로 A와 C의 차이다.

▪ 펀드의 다양한 클래스 ▪

클래스	특징
A	펀드 가입 시 선취판매수수료를 내야 하는 펀드
B	펀드 환매 시 후취판매수수료를 내야 하는 펀드
C	판매 수수료를 내지 않는 대신 A나 B 클래스보다 높은 판매보수를 내야 하는 펀드
E	인터넷을 통해 가입한 온라인 전용 펀드
S	펀드슈퍼마켓을 통해 가입한 펀드
P	연금저축펀드

일반적인 경우 A클래스나 C클래스 중 하나의 펀드에 가입하게 된다. 이 둘의 차이를 이해하기 위해서는 먼저 수수료와 보수의 차이를 알아야 한다. 수수료는 1회성 비용으로 한 번만 내면 되지만, 보수는 매일 내야 하는 비용으로 생각하면 좋다.

예를 들어, 동일한 펀드의 A클래스와 C클래스에 각각 100만 원씩을 가입했다고 가정해보자. A클래스의 선취판매수수료는 1%, C클래스의 펀드판매보수는 1%라고 가정하자. A클래스의 경우 1%를 차감한 99만 원을 펀드에 입금해서 운용하는 반면, C클래스의 경우 100만 원이 그대로 펀드에 입금된다. 대신 C클래스는 매일 1%를 365일로 나눈 만큼 판매보수를 차감하게 되는데, 판매보수는 펀드의 수익률을 계산할 때 비용으로 계상돼 차감하기 때문에 수익률을 갉아먹는 주범이 된다. 만약 3년 동안 펀드에 입금 후 운용했다면 A클래스는 1회에 한 해 1%인 1만 원만 차감하고 말았지만, C클래스 매년 1%씩 3년간 총 3만 원의 금액을 비용으로 차감하기 때문에 펀드 수익률이 그만큼 적을 수밖에 없다. 결국 장기투자자에게는 A클래스처럼 1% 내외의 판매 수수료를 한 번만 차감하는 것이 보다 유리하다. 반면 1년 이내의 단기간 동안 펀드에 투자하겠다고 생각했다면 C클래스가 유리하다.

▪ 판매보수 및 선취판매수수료의 장단점 ▪

구분		주요 내용
판매보수	개념	펀드 순자산가치에서 매일 차감하여 계상되는 수수료로, 기준가격 하락 요인임.
	장점	매일 자산의 일정 비율씩을 계상하는 방식으로 단기투자 시 투자자 입장에서는 비용 부담이 적음.
	단점	투자자 입장에서는 장기투자를 할수록 판매보수를 많이 부담하게 됨.
선취 판매 수수료	개념	입금할 때마다 납입금액의 일정 비율을 판매 수수료로 선취함으로써 펀드 순자산가치에는 영향을 미치지 않음.
	장점	투자자 입장에서 장기투자 시 판매보수에 비해 부담이 경감됨. 단기(1년 이내) 투자 시 판매보수에 비해 수수료율이 높아 환매 억제 기능이 있음.
	단점	수수료를 먼저 부과함에 따른 투자자의 거부감이 있음.

초보자라면 인덱스 펀드로

이렇게 많은 펀드 중 어떤 펀드에 투자해야 할까? 일단 초보자라면 국내 주식에 투자하는 인덱스 펀드에 가입할 것을 추천한다. 국내 주식형 펀드로 투자를 시작하면 좋은 이유는 국내 경제 상황과 펀드 성과를 수시로 비교해봄으로써 경제 상황이 변화함에 따라 펀드 성과에 미치는 영향에 대해 몸소 체험해볼 수 있는 좋은 기회가 되기 때문이다. 그런 측면에서 본다면 한국을 대표하는 주가지수를 추종하도록 설계된 인덱스 펀드가 한국의 경제 상황을 가장 잘 대변해주기 때문에 초보자가 펀드에 대해 경험하고 학습하기에 가장 적합하다고 볼 수 있다.

인덱스 펀드는 다음과 같은 특징이 있다. 첫째, 개별 종목이 아닌 시장 전체에 투자하고 있어 분산투자의 효과가 뛰어나다. 둘째, 펀드 매니저의 판단에 의해 주식을 사고파는 것이 아니라 주가지수를 따라가기 위해 기계적으로 매매를 하기 때문에 수수료와 보수가 저렴하다. 마지막으로 펀드사의 투자철학이나 펀드 매니저의 역량 등에 대해 고민할 필요가 없다.

알면 도움이 되는 금융상식 12

로봇이 자산관리를 한다?
로보어드바이저(robo-advisor)

로보어드바이저는 로봇(robot)과 투자전문가(advisor)의 합성어로, 쉽게 말해 온라인 자산관리 서비스를 의미한다. 과거 고액 자산가들을 대상으로 이뤄졌던 PB 서비스가 고도화된 알고리즘과 빅데이터를 기반으로 한 로봇을 통해 보다 대중화되었다고 할 수 있다. 로보어드바이저의 가장 큰 장점은 감정에 휘둘리지 않고 방대한 데이터를 바탕으로 미래를 예측하고 자산관리를 하기 때문에 투자 판단에 있어 객관성을 유지할 수 있다는 점이다. 국내 로보어드바이저 서비스는 아직 초기 단계로 앞으로 풀어야 할 과제가 많은 것이 사실이지만 향후 자산관리 시장의 한 축으로 성장할 가능성 또한 상당히 높다.

고수들만 아는 펀드 투자 노하우

목표달성 자동환매 서비스

펀드도 투자상품이기 때문에 환매할 때 수익률이 결정된다. 따라서 가입 시점보다는 환매 시점이 더 중요하다. 하지만 바쁜 월급쟁이들이 매일 자신이 가입한 펀드의 수익률을 확인하며 환매 타이밍을 잡기는 여간 어려운 일이 아니다. 그래서 필요한 서비스가 바로 목표달성 자동환매 서비스다.

목표달성 자동환매 서비스란 자신이 가입한 펀드가 사전에 정한 목표 금액과 목표 수익률을 동시에 달성할 경우 자동으로 환매해주는 서비스로 펀드 환매 타이밍에 대한 부담을 줄여줄 수 있다는 장점이 있다. 목표 달성 시기에 따라 상품별로 환매 수수료가 발생할 수도 있기 때문에 자동환매 유예기간을 설정해두는 것도 좋은 방법이다.

▪ 투자자산 유형별 목표수익률 가이드라인 ▪

상품 유형	목표수익률	상품 유형	목표수익률
채권형	+ 4.0%	파생상품형	+ 8.0%
채권혼합형	+ 5.0%	부동산형	+ 8.0%
주식혼합형	+ 6.0%	실물형	+ 8.0%
주식형	+ 8.0%	재간접형	+ 8.0%

* 위 가이드라인은 금리 및 시장 상황에 따라 변동될 수 있기 때문에 전문가와의 상담을 통해 최종적으로 결정하는 것이 좋다.

한 가지 유의할 점은 목표달성 시점과 환매 기준가 적용 시점과의 차이로 인해 실제 환매대금이 들어왔을 때는 목표로 했던 금액과 실제 입금된 금액 사이에 차이가 발생할 수 있다는 점이다. 목표달성 자동환매 서비스의 경우 매일 당일 기준가를 가지고 목표달성 여부를 체크하여 목표를 달성했을 경우 바로 당일에 자동환매 예약이 들어간다. 하지만 펀드의 경우 환매신청일(목표달성일)과 환매 기준가 적용일이 다르다는 사실을 아는 사람은 많지 않다.

국내 주식형 펀드의 경우 전날 종가를 기준으로 당일 기준가를 산정하기 때문에 목표를 달성한 당일의 수익률은 사실 어제까지의 운용결과다. 하지만 환매를 신청하면 그날 종가를 기준으로 다음 날 기준가가 확정되므로 결과적으로 하루 정도의 시차가 발생하게 된다. 그래서 목표를 달성하여 자동환매가 진행될 경우 환매를 신청한 당일의 운용결과에 따라 수익률이 더 좋아질 수도 있고 더 나빠질 수도 있는 것이다.

환매 방식은 전액환매와 부분환매 모두 가능하다. 전액환매의 경우 목표달성 시 계좌 해지를 통해 환매가 진행되는 방식이고, 부분환매의 경우 계좌는 그대로 살아 있으면서 고객이 사전에 선택한 방식에 따라 일부만 환매되어 입금되는 방식이다.

펀드 변액이체 서비스를 활용하라

변액이체란 자동이체 전영업일 KOSPI 지수에 따라 이체금액이 자동으로 변동 적용됨으로써 매월 동일한 금액을 적립하는 정액 적립식 투자의 단점을 보완하고 평균매입단가를 인하하는 효과를 극대화하기 위한 서비스다. 기존 정액이체 방식은 주가지수와 관계없이 매 이체 주기마다 동일한 금액이 이체되기 때문에 꾸준한 투자가 가능한 반면, 변액이체 방식은 고객이 KOSPI 지수구간 및 구간별 이체금액을 설정하여 KOSPI 지수가 하락하면 자동이체금액을 올리고 지수가 상승하면 자동이체금액을 줄여서 평균매입단가를 낮춰주는 효과를 극대화할 수 있다.

▪ 정액이체와 변액이체의 비교 ▪

구분	정액이체	변액이체
개념	KOSPI 지수 변동과 관련 없이 매월 정액 적립	자동이체 전영업일 KOSPI 지수에 따라 자동이체금액이 자동으로 변동
특징	시황에 관계없이 꾸준한 투자	지수구간 및 이체금액을 자유롭게 설정 가능, 주식 시황을 감안한 적기 집중투자 가능, 시황에 따른 이체금액 자동 조정으로 투자 편리

변액이체 서비스를 신청하기 위해서는 사전에 지수대별로 얼마의 금액을 이체할 것인지를 설정해야 하기 때문에 기존의 정액이체 방식에 비해 선택사항이 많아 다소 번거로울 수 있다. 하지만 주가가 하락할 경우 알아서 더 많은 금액을 투자하기 때문에 따로 펀드에 입금할 타이밍을

신경쓰지 않아도 되므로 편리하다.

■ 변액이체 투자 예시 ■

지수구간	이체금액 (일반적인 경우)	이체금액 (주가 단기 하락 후 상승 기대)	
2200~2299	5만 원	5만 원	
2100~2199	10만 원	5만 원	
2000~2099	15만 원	5만 원	
1900~1999	20만 원	5만 원	기준구간
1800~1899	25만 원	20만 원	
1700~1799	30만 원	30만 원	
0~1699	35만 원	40만 원	

참고로 변액이체 방식은 본인의 판단에 따라 다양한 방법으로 설정 가능하지만, 기준구간보다 하락할 경우 이체금액을 늘리는 방식으로 설정해야 한다. 왜냐하면 주가가 오를수록 이체금액을 늘릴 경우 평균매입단가를 낮추는 효과를 볼 수 없기 때문이다.

판매보수도 꼼꼼히 따져보자

판매보수란 은행이나 증권사 등 펀드를 판매한 회사에게 지불하는 돈으로, 일회성으로 한 번만 내면 끝나는 수수료와 달리 펀드를 보유하는 동안 계속 지불해야 한다. 만약 판매보수가 1%인 펀드에 1,000만 원을 가입하고 10년 동안 유지했다면 매년 1,000만 원의 1%인 10만 원씩, 10년 동안 총 100만 원이 판매보수로 빠져나가게 된다. 보수로 나가는 돈이 커질수록 그만큼 수익률은 떨어질 수밖에 없다.

그런데 판매보수를 줄일 수 있는 방법이 있다. 동일한 펀드라도 다양한 형태의 클래스가 존재하며, 각 클래스별로 판매보수도 다르기 때문에 가입 전에 반드시 체크해볼 필요가 있다. 각 금융회사의 온라인 사이트(E클래스)나 펀드 슈퍼마켓(S클래스)에서 판매되는 펀드에 가입하면 창구에서 가입했을 때보다 펀드보수를 상당히 아낄 수 있다. 참고로 펀드 슈퍼마켓에서 펀드를 가입할 경우 수수료와 보수가 상당히 저렴하지만, 3년 안에 환매할 경우 후취판매수수료가 부과되기 때문에 3년 이내의 단기 투자자에게는 적합하지 않다.

ELD로 원금 지키면서 투자하자

정기예금은 금리가 너무 낮고 펀드는 너무 위험하다고 생각해서 투자를 망설이는 고객에게 적합한 상품이 있다. 바로 지수연동예금(ELD, Equity Linked Deposit)이다. ELD란 원금의 대부분을 안전성이 높은 예금이나 채권의 형태로 운영하고, 장래에 받게 될 이자의 일부 또는 전부를 감안하여 원금의 일부를 시장지수에 연계된 파생상품에 투자하여 원금을 지키면서 정기예금 이상의 수익을 추구하는 투자형 정기예금이다. ELD는 주가지수(KOSPI 200, HSCEI, S&P 500 등)나 상품(원유, 금, 은 등), 환율(달러, 위안화 등) 등을 기초자산으로 활용하여 다양한 형태의 상품구조를 만들어낼 수 있다. 게다가 정기예금이기 때문에 만기 해지 시 원금이 보장될 뿐만 아니라 은행이 망하더라도 예금자보호제도에 의해 최대 5천만 원까지는 원리금이 보장된다.

ELD는 기본적으로 정기예금에서 플러스 알파 정도의 수익률을 목표로 하는 사람에게 적합한 상품이다. 원금이 보장되면서 지수가 정해진 범위 내에서 움직일 때 수익이 나도록 설계되어 있어 안정성과 수익성을 겸비했지만, 지수가 정해진 범위를 초과할 경우 원금 수준 또는 정기예금보다 낮은 수준의 이자를 받는다는 단점도 있다. 지수가 큰 폭으로 오르는 시점보다는 박스권에서 움직일 때 사용할 수 있는 좋은 투자수단이 바로 ELD다.

ELD, 기초 다지기

ELD가 원금을 보장하면서 정기예금보다 높은 수익률을 제공할 수 있는 이유에 대해 먼저 살펴보도록 하자. 만약 고객이 ELD 상품에 102원을 가입했다고 가정해보자. 은행에서는 원금을 반드시 보장해야 하기 때문에 정기예금으로 운용했을 때 1년 후 원금과 이자를 합쳐 102원이 되는 수준만 남겨두고 나머지를 파생상품에 투자한다. 만약 이 당시 정기예금의 이자율이 2%라면 100원은 정기예금으로 운용하고 나머지 2원으로 파생상품에 투자하면 된다(100원을 2%로 정기예금에 운용할 경우 1년 후의 이자는 2원이 된다). 1년 후에 100원에 이자 2원을 합치면 처음 가입했던 원금 102원이 된다. 하지만 1년 후에 제공할 이자는 원금 중 2원을 가지고 파생상품에 투자한 실적에 따라 결정된다. 결국 ELD는 고객이 맡긴

▪ ELD의 원금보장 원리 ▪

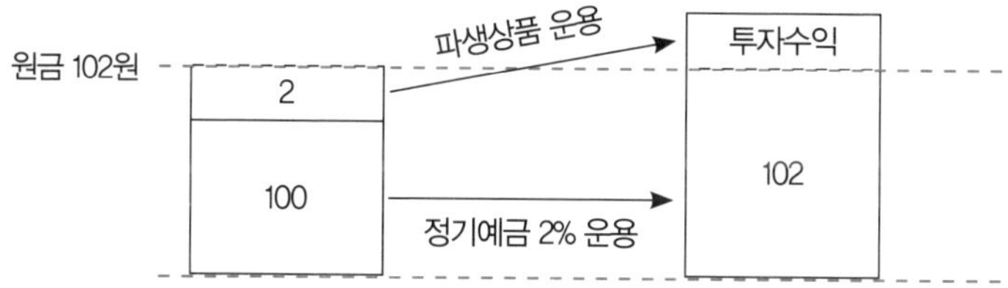

돈의 대부분을 안전한 정기예금에 투자했기 때문에 주가가 아무리 많이 하락해도 고객에게 원금을 보장할 수 있는 것이다.

ELD가 원금을 보장하면서 투자수익을 향유할 수 있는 두 번째 이유는 ELD에서 투자하는 파생상품이 바로 옵션이기 때문이다. 그러면 이번에는 옵션의 어떤 특징이 원금을 지키게 만드는지에 대해 알아보도록 하자. 옵션은 특정 대상물을 일정한 기간 내에 특정한 가격으로 사거나 팔 수 있는 권리를 의미한다. 보통 살 수 있는 권리와 팔 수 있는 권리로 나뉘는데, 살 수 있는 권리를 콜(Call) 옵션이라 하고 팔 수 있는 권리를 풋(Put) 옵션이라 한다. 권리를 사는 사람이 있다면 파는 사람도 있을 것이다. 그래서 사거나 팔 수 있는 권리를 사는 사람을 매수자라고 하고, 매수자에게 권리를 파는 사람을 매도자라고 한다.

옵션의 가장 큰 특징은 매수자는 손실을 제한할 수 있지만 이익은 무한하다는 점이다. 왜냐하면 권리를 산다는 것은 자신에게 이익이 될 때만 그 권리를 행사하면 되기 때문이다. 만약 삼성전자 주식을 3개월 후에 150만 원에 살 수 있는 권리를 10만 원에 샀는데(콜 옵션 매수), 3개월 후에 삼성전자 주식이 200만 원이 됐다면 50만 원의 이익을 보지만, 반대로 3개월 후 삼성전자 주식이 100만 원이 됐다면 50만 원의 손실을 보는 대신 권리를 행사하지 않으면 된다. 옵션의 권리를 행사하지 않는다면 권리를 산 가격인 10만 원 만큼만 손실이 발생하는 것이다. 즉, 옵션을 매수한 사람의 입장에서는 콜 옵션을 산 가격만큼만 손실을 보면 되기 때문에 손실액을 옵션의 가격으로 제한할 수 있는 것이다.

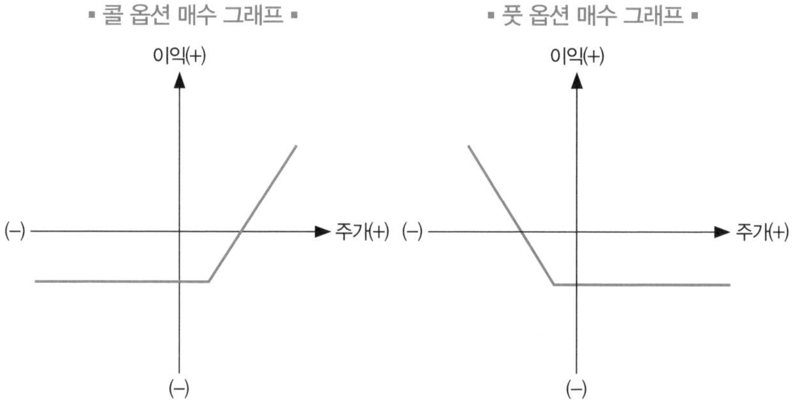

ELD를 통해 손실이 나는 경우는 딱 한 가지인데, 만기 전에 ELD를 해지할 때다. 중간에 해지를 하면 손실이 나는 이유는 ELD의 경우 미래에 받게 될 이자를 감안하여 미리 원금의 일부를 차감하여 파생상품에 투자했기 때문이다. 파생상품에 투자하기 위해 원금의 일부를 차감한 상태에서 아직 원금이 회복되지 않았는데 해지를 요청했기 때문에 원금손실이 발생하는 것이다. 이 경우 은행에서는 중도상환수수료라는 명목으로 원금의 일부를 차감하고 지급한다.

ELD 구조 살펴보기

다음의 상품은 2017년 초반에 출시된 상품으로 KOSPI 200을 기초자산으로 만든 1년 만기 ELD 상품이다. ELD의 경우 모집기간 동안 자금을 모집한 후 그 다음 날의 지수를 가지고 상품이 만들어진다. 참고로 다음에 소개할 ELD의 경우 모집기간에도 연 1.68%의 이자를 일수로 환산하여 지급했다. 이 상품의 구조는 다음과 같다.

▪ KOSPI 200을 기초자산으로 만든 1년 만기 ELD 상품의 구조 ▪

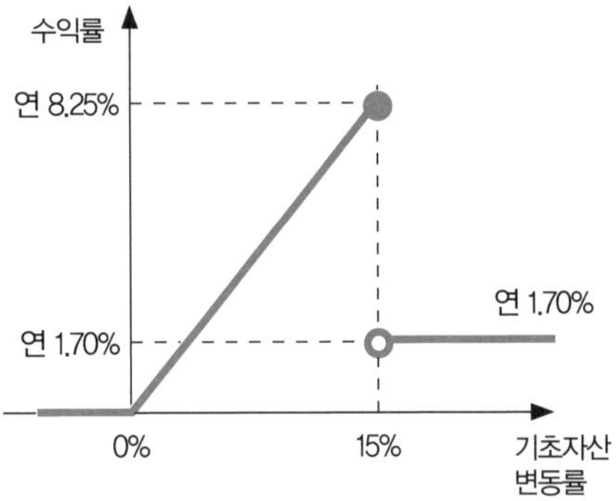

첫째, 만기지수 결정일까지 장중 한 번이라도 15%를 초과 상승한 적이 있는 경우 '연 1.7%'의 이자가 확정된다.

둘째, 만기지수 결정일까지 장중 한 번이라도 15%를 초과 상승한 적이 없지만 만기지수가 기준지수 대비 상승을 했다면 '지수상승률(%)×55%' 이자를 지급한다.

셋째, 만기지수 결정일까지 장중 한 번이라도 15%를 초과 상승한 적이 없지만 만기지수가 기준지수 대비 같거나 하락했다면 '원금보장'한다.

그런데 여기서 주의 깊게 봐야 할 것이 있다. 바로 '지수상승률(%)×55%'에서 55%에 주목해야 한다. 55%를 가리켜 참여율이라고 하는데, 상품을 출시하는 시점에 따라 참여율은 달라진다. 어떤 때는 100%가 되기도 하고 어떤 때는 75%가 되기도 한다. 참여율은 상품을 설계하는 시점의 콜 옵션 가격에 따라 변하게 되는데, 콜 옵션의 가격이 비쌀수록 참여율은 떨어지게 된다. 왜냐하면 콜 옵션에 투자할 수 있는 돈은 한정되어 있으므로 콜 옵션이 비싸지면 그만큼 살 수 있는 양이 줄어들 수밖에 없기 때문이다.

보통 ELD 상품에서 고객에게 제공하는 수익률은 '지수상승률(%)×참여율' 수준에서 정해진다. 앞의 상품구조에서는 참여율이 55%로 설정되었는데, 이는 KOPSI 200이 10% 상승한다면 수익률은 지수상승률 10%의 55% 수준인 5.5%로 결정된다는 것을 의미한다. 주가가 오르는 만큼 수익이 발생한다면 좋겠지만 ELD를 통해서 얻을 수 있는 최고 수익률은 연 8.25%에 불과하며, KOSPI 200의 상승률이 15%를 초과하게 된다면 ELD 상품의 수익률은 연 1.7%로 확정된다.

다양한 구조의 ELD

ELD는 앞에서 설명한 구조 말고도 다양한 구조로 설계되고 있다. 대표적인 ELD 구조 몇 가지를 살펴보도록 하자. 참고로 여기에 소개된 구조 외에도 다양한 지수를 활용하여 다양한 형태로 ELD 상품을 만들 수 있다는 점을 명심하기 바란다.

▪ KOSPI 200 안정형, 만기 1년 ▪

1. 만기지수가 기준지수 대비 같거나 상승한 경우 : 연 2.1%
2. 만기지수가 기준지수 대비 하락한 경우 : 원금보장

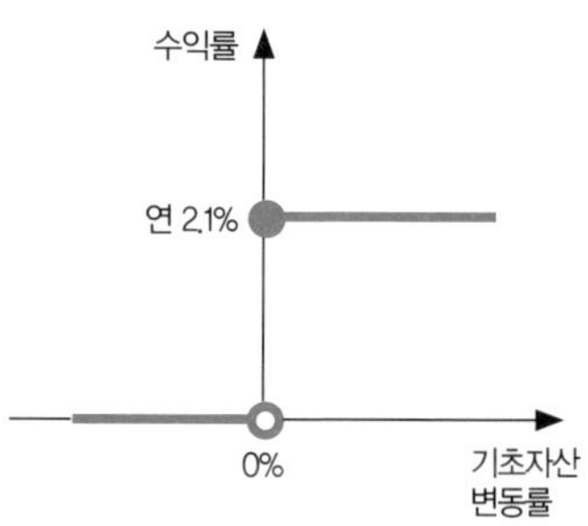

▪ KOSPI 200 안정형, 만기 1년 ▪

1. 만기지수가 기준지수 대비 1% 이상 상승한 경우 : 연 2.35%
2. 만기지수가 기준지수 대비 0% 이상 1% 미만 상승한 경우 : 지수상승률(%)×235%
3. 만기지수가 기준지수 대비 하락한 경우 : 원금보장

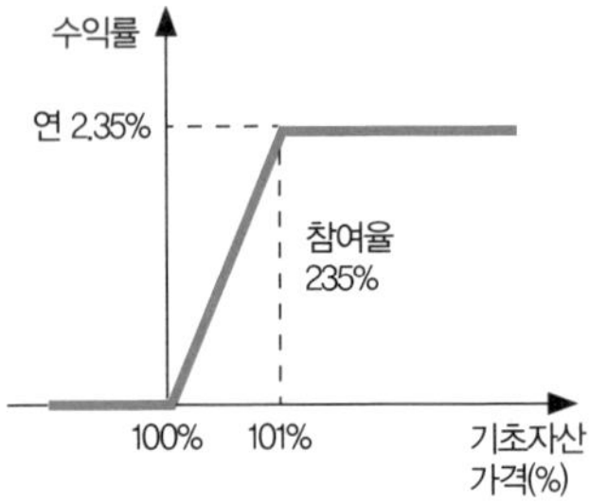

▪ KOSPI 200 범위형, 만기 1년 ▪

1. 만기지수가 기준지수 대비 0~15% 사이에 있을 경우 : 연 3%
2. 만기지수가 기준지수 대비 0% 초과 하락 또는 15% 초과 상승했을 경우 : 원금보장

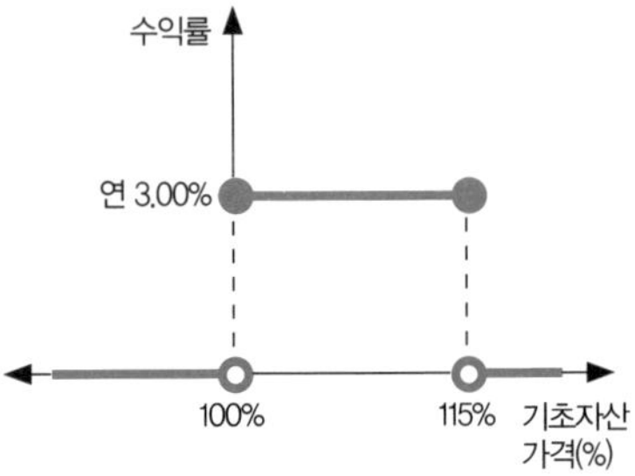

▪ KOSPI 200 양방향형, 만기 1년 6개월 ▪

1. 만기지수가 기준지수 대비 상승
   a. 만기지수 결정일까지 장중기준 한 번이라도 15% 초과 상승한 적이 없는 경우 : 지수상승률(%)×27% + 1.5%

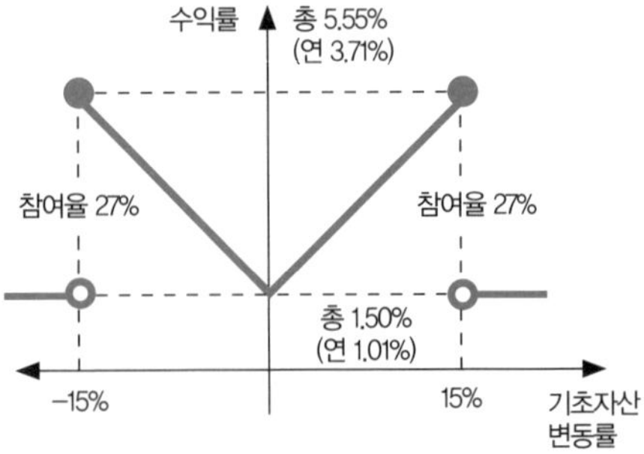

b. 만기지수 결정일까지 장중기준 한 번이라도 15% 초과 상승한 적이 있는 경우 : 총 1.5%(연1.01%)

2. 만기지수가 기준지수 대비 같거나 하락

a. 만기지수 결정일까지 장중기준 한 번이라도 15% 초과 하락한 적이 없는 경우 : 지수하락률(%)×27% + 1.5%

b. 만기지수 결정일까지 장중기준 한 번이라도 15% 초과 하락한 적이 있는 경우 : 총 1.5%(연1.01%)

대한민국 대표 재테크 상품, ELS

ELS는 Equity Linked Securities의 약자로 개별 주가 혹은 주가지수에 연계되어 수익을 지급하는 주가연계증권이다. ELS는 대표적인 중위험 중수익 상품으로 자산의 대부분을 안정적인 채권에 투자하고 일부를 파생상품 등에 투자함으로써 기초자산이 미리 정해진 조기상환 조건을 충족하는 경우에 약속된 수익금을 지급하는 상품이다. 이익과 손실에 제한이 없어 시장의 리스크에 온전히 노출된 일반 펀드와 달리 위험은 줄이면서 4~8%의 수익을 지속적으로 안겨주는 ELS는 저금리 시대에 마땅한 투자처를 찾지 못해 방황하던 자산가들의 자금을 흡수하며 대한민국을 대표하는 재테크 상품으로 각광받게 되었다. 이렇듯 수익성과 안정성을 고루 겸비한 ELS는 2015년 현재 국내에 약 100조 원 가량이 설정되어 있는 국민 재테크 상품으로 증권사, 운용사, 은행 등 모든 금융판매사에서 가입할 수 있다.

ELS 구조 알아보기

ELS의 가장 큰 장점은 내가 가입한 시점보다 가격이 올라야 이익을 보는 대부분의 펀드와 달리 어느 수준 이상 떨어지지만 않으면 이익을 볼 수 있다는 점이다. 그래서 원금손실 가능성 때문에 주식투자를 주저하던 보수적인 성향의 부자들도 ELS만큼은 적극적으로 투자하는 편이다.

ELS는 기본적으로 만기가 3년인 상품이지만 6개월 간격으로 조기상환 기회가 부여된다. 만약 조기상환 평가일에 최초 약정한 조건이 충족된다면 원금과 약속된 수익률을 지급하면서 ELS는 종료된다. 만기가 3년이기 때문에 만기 전에 조기상환할 수 있는 기회가 5번, 만기에 1번, 이렇게 총 6번의 상환 기회가 있다.

요즘 출시되는 ELS는 거의 대부분이 Step Down형 구조다. Step Down형 ELS는 조기상환 평가일에 조건을 충족하지 못해 기간이 연장될수록 조기상환 조건이 투자자에게 더욱 유리하게 바뀐다는 장점이 있다. 물론 수익률도 계속 쌓이기 때문에 투자자의 입장에서는 1석 2조의 효과를 볼 수 있다. 다음의 그림을 통해 좀 더 자세히 알아보도록 하자.

다음의 그림은 가장 기본적인 Step Down형 ELS 구조를 보여주고 있다. 이 그래프를 통해 상환 조건은 어떻게 되고 상환 시 받게 될 수익률은 얼마인지 알 수 있다. ELS마다 각각 다른 구조를 갖고 있지만 이 그래프만 제대로 익힌다면 어떤 ELS 구조든 내용 파악이 가능할 것이다. ELS에 가입하기 전에 반드시 이와 같은 그림을 확인하여 ELS 구조에 대해 미리 알아두는 것이 좋다.

Step Down형 ELS 구조를 설명하기 위해서 먼저 '회차'라는 표현부

▪ Step Down형 ELS 구조 ▪

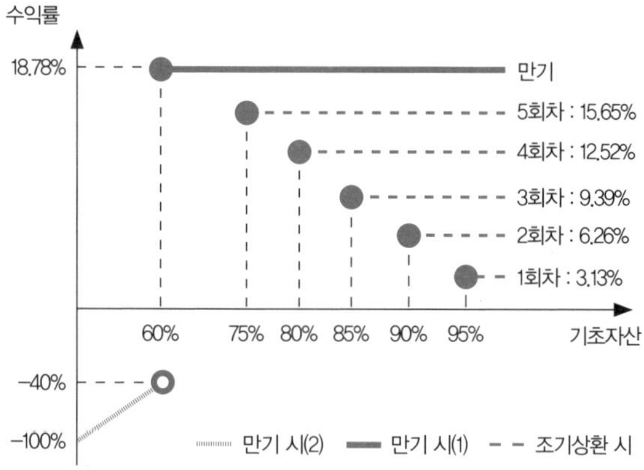

터 설명하겠다. 회차는 보통 조기상환 평가일을 가리킨다. ELS 신규 후 6개월 뒤인 첫 번째 조기상환 평가일은 1회차라고 하고, 1년 되는 시점인 두 번째 조기상환 평가일은 2회차가 된다. 그래프의 가로 축인 기초자산은 조기상환 조건을 의미하고, 세로 축인 수익률은 조기상환 충족 시 지급할 수익률을 의미한다. 1회차의 경우 가로 축은 95%, 세로 축은 3.13%를 나타내고 있다. 이는 6개월 후에 기초자산이 5% 이상 하락하지 않는다면 3.13%의 수익률을 지급한다는 것을 의미한다. 그러면 4회차는 어떻게 될까? 참고로 4회차는 가입 후 2년이 되는 시점을 의미한다(6개월×4회차 = 24개월(2년)). 4회차에 찍힌 점은 가로 축은 80%, 세로 축은 12.52%를 표시하고 있는데, 이는 2년 되는 시점에 기초자산 가격이 20% 이상 하락하지 않는다면 12.52%의 수익률을 지급하겠다는 것을 의미한다.

앞에서 예로든 Step Down형 ELS의 경우 회차가 거듭할수록 조기상환 조건이 95% → 90% → 85% → 80% → 75%로 점점 낮아지다 만기에는

60%로 확 떨어진다. 그렇다면 회차를 거듭할수록 수익률은 어떻게 될까? 앞에서 예로 든 ELS의 경우 6개월 단위로 3.13%의 수익률이 쌓이고 있다. 6개월 후에 상환된다면 3.13%, 1년 후에 상환된다면 6.26%, 1년 6개월 만에 상환된다면 9.39%, 이렇게 수익률이 계속 쌓여 만기까지 간다면 3.13%의 6배인 18.78%의 수익률을 챙길 수 있다. 이렇듯 Step Down형 구조는 회차가 넘어갈수록 상환 조건이 완화되어 상환 확률을 더욱 높여줄 뿐만 아니라 조기상환이 되지 않아도 계속해서 수익률이 쌓이기 때문에 투자자 입장에서는 전혀 손해볼 것이 없다.

그림에서 알 수 있듯이 ELS는 주식시장의 급등과는 전혀 상관이 없다. 주식시장이 아무리 상승해도 ELS는 사전에 제시한 수익률 이상으로 성과를 거둘 수 없다. 대신 주식시장이 하락하는 구간에서는 여타 금융상품보다 비교우위에 있다고 할 수 있다. 주식시장이 6개월 후에 5% 정도 빠지면 주식형 상품에 가입한 투자자들은 손실을 입게 되지만, ELS 투자자들은 오히려 조기상환 조건을 충족하여 수익을 올리는 상황을 맞이할 수 있다. 더구나 그런 하락장에서의 수익 상환은 ELS 재투자 시에 보다 낮은 시점에서 투자 기회를 한 번 더 가질 수 있게 해 향후 6개월 내지 1년 안에 다시 수익을 맛볼 수 있는 가능성을 더욱 높여준다.

ELS, 기초자산 알아보기

지금까지 ELS의 구조에 대해 알아봤다면 이번에는 ELS의 기초자산에 대해 알아보도록 하자. ELS는 보통 두 개의 기초자산을 가지고 상품을 만드는데, 수익률을 높이기 위해서 기초자산을 세 개 혹은 네 개까지 이용하기도 한다. 기본적으로 ELS의 상환 조건은 기초자산이 모두 충족될 때만 인정된다. 앞에서 예로 든 Step Down형 ELS의 경우 두 개의 기초자산을 이용했다면 두 개의 기초자산이 모두 5% 이내로 떨어져야만 6개월만에 조기상환이 가능하다. 만약 한 개의 기초자산은 5% 이내로 하락했지만 다른 기초자산이 10%로 하락했다면 두 개의 기초자산이 모두 충족된 것이 아니기 때문에 조기상환이 되지 않는다. 따라서 기초자산의 개수가 늘어날수록 투자자 입장에서는 상환 가능성이 낮아지게 된다. 두 개일 때보다는 세 개가, 세 개일 때보다는 네 개일 때 기초자산 모두가 조건을 충족할 가능성이 낮아지기 때문이다.

하지만 반대로 수익률은 ELS 구조가 투자자에게 불리해질수록 높아진다. 그래서 주가가 상승하는 시기에는 기초자산 수를 늘려 ELS를 다소 공격적으로 운용하고, 주가가 하락하는 시기에는 기초자산 수를 줄여 ELS를 안정적으로 운용하는 것이 좋다.

대표적인 기초자산으로는 KOSPI 200지수와 HSCEI지수(홍콩H지수)처럼 시장을 대표하는 주가지수뿐만 아니라 현대자동차, 신한지주, 현대중공업, LG디스플레이 등 개별 종목은 물론 경우에 따라서는 금이나 은 혹은 유가와 같은 원자재 상품이 사용되기도 한다. 물론 두 개의 기초자산이 같은 종류일 필요는 없기 때문에 주가지수와 개별 종목의 형태로도 상품을 만들 수 있다.

ELS, 대표지수를 이용하라

ELS도 투자형 상품으로 원금손실의 위험은 존재한다. 256쪽 그림에서

세로축 하단을 보면 -40%에서 -100%까지의 구간에 직선이 하나 보일 것이다. 이것이 바로 원금손실 구간을 의미한다. 다섯 번의 조기상환 평가일에 조건이 모두 충족되지 않았다면 만기상환 평가일에 모든 것이 결정되게 된다. 만기상환 평가일에는 두 기초자산 중에 성과가 부진한 기초자산이 기준이 된다는 사실에 주목해야 한다. 두 개의 기초자산이 모두 주어진 조건을 충족한다면 총 18.78%(3.13%×6)의 수익을 얻게 되겠지만, 그렇지 않다면 두 기초자산 중 가장 큰 하락률을 기록한 기초자산에 의해 손실이 확정되기 때문이다.

그렇다면 위험관리 차원에서는 어떤 기초자산을 이용하는 것이 ELS 투자자들에게 유리할까? 앞에서도 언급했듯이 ELS는 투자자에게 불리할수록 더 높은 수익률을 제공한다. 기초자산이 늘어날수록 더 높은 수익률을 투자자에게 제시하듯이 기초자산의 변동성이 커질수록 더 높은 수익률을 줄 수 있다. 기초자산의 변동성이 크다는 것은 그만큼 투자자가 원금손실을 볼 가능성이 높다는 의미다. 따라서 금이나 은, 유가와 같은 원자재는 변동성이 큰 만큼 손실 가능성이 높아 중위험 중수익이라는 ELS의 특징과는 맞지 않는다. 따라서 가장 먼저 배제되어야 맞다.

개별 주식과 시장 대표 지수는 어떨까? 이 둘의 위험성 차이를 알기 위해서는 먼저 체계적 위험과 비체계적 위험에 대해 알아볼 필요가 있다. 주식에 있어 위험은 크게 체계적 위험과 비체계적 위험으로 구성되어 있다. 체계적 위험이란 시장 전체의 위험으로 한국 주식시장이 갖는 위험이다. 예를 들어, 북한의 미사일 공격이나 IMF와 같이 한국 경제에 위험 요인이 발생한다면 개별 기업의 실적이 아무리 좋아도 기업의 주가는 하락할 수밖에 없다. 물론 시장 대표 지수 자체도 하락할 것이다.

비체계적 위험은 개별 기업이 갖게 되는 위험이다. 예를 들어, 지배구조의 변동, 파업, 생산하고 있는 제품의 수요 변화, 법정 소송 등 개별 기업이 처한 위험을 말한다. 비체계적 위험의 경우 분산투자를 함으로써 낮출 수 있는데, 시장 전체 주식에 분산해서 투자할 경우 비체계적 위험은 거의 0에 가까울 정도로 없앨 수 있다. 즉, 개별 주식의 경우 체계적 위험과 비체계적 위험을 모두 가지고 있는 반면, 시장 대표 지수의 경우 분산투자를 통해 비체계적 위험을 없앴기 때문에 체계적 위험만을 가지고 있다. 따라서 시장 대표 지수의 경우 개별 주식에 비해 위험성이 낮아지게 된다.

ELS 기초자산으로 시장 대표 지수를 이용할 경우 2008년 금융위기처럼 주가가 폭락하던 시기에도 거의 손실이 발생하지 않았다. 하지만 개별 종목의 경우는 다르다. 대표적인 예가 STX조선해양이다. 이 주식을 기초자산으로 발행했던 ELS의 경우 STX조선해양이 상장폐지되면서 원금의 5%도 건지지 못했다. ELS가 중위험 중수익을 대표하는 상품이라는 점을 고려해봤을 때 합리적인 투자자라면 수익률이 다소 낮더라도 개별 종목을 기초자산으로 편입한 ELS보다는 주식시장을 대표하는 지수를 편입한 ELS를 선택해야 한다. 개별 종목을 편입한 ELS 가입을 고려한다면 투자금액을 조금 낮춰 해당 종목을 직접 매수하는 편이 더 나을 것이다.

알면 도움이 되는 금융상식 13

대표적인 주가지수들

1. 코스피 200 지수(KOSPI 200)

KOSPI 200 지수란 한국을 대표하는 주식 200개를 선정하여 시가총액을 지수화한 것이다. 종목 선정은 시장 대표성, 유동성, 업종 대표성을 고려하여 선정하였다. 상장 종목 수의 20%밖에 되지 않으나 전 종목 시가총액의 80% 이상을 차지하고 있다.

2. 항셍중국기업지수(HSCEI)

홍콩증권거래소에 상장된 중국 기업주식(H share) 중 유동성을 감안한 시가총액이 큰 40개 종목으로 구성된 지수다.

3. 유로스탁스 50 지수(EuroStoxx 50)

유로존(유럽연합의 단일 화폐인 유로를 국가통화로 도입해 사용하는 나라) 국가 중에서 프랑스, 독일, 이탈리아 등 12개 국가의 블루칩 기업 50개로 구성되어 있는 지수다. 참고로 유럽연합 가입국이면서 유로를 국가통화로 도입하지 않은 대표적인 나라는 영국, 덴마크, 스웨덴 등이 있으며, 영국은 최근 국민투표를 통해 유럽연합 탈퇴를 선언하였다.

4. 스탠다드 앤드 푸어스 500 지수(S&P 500)

미국의 신용평가기관인 스탠다드 앤드 푸어(Standard and Poors) 사가 기업 규모, 유동성, 산업 대표성을 감안하여 선정한 500개 종목을 대상으로 작성해 발표하는 주가지수로 미국에서 가장 많이 활용되는 대표적인 지수다.

5. 니케이 225 지수(NIKKEI 225)

일본 경제신문사 니혼게이자이(약칭 닛케이)가 도쿄증권거래소 1부 시장에 상장된 주식 가운데 유동성이 높은 주식 중 부문별 균형을 고려하여 225개 종목을 선정하여 산출한 지수다.

6. 항셍지수(HSI)

홍콩증권거래소에 상장된 종목 중 상위 우량 종목을 대상으로 산출한 주가지수로 중국본토 기반 기업, 홍콩 기반 기업과 다국적 기업 등을 포함한 50개 우량 종목으로 구성되어 있다.

ELS, 안정성을 높여라

시장 대표 지수를 기초자산으로 하는 ELS도 때로 투자자들의 간담을 서늘하게 하기는 마찬가지다. 물론 대부분이 해피엔딩으로 끝났지만 중간에 했을 투자자들의 마음고생은 말로 표현할 수 없을 것이다. 2008년 금융위기 때가 그랬고, 2015년 홍콩H지수가 급락했던 시기가 그랬다. 특히 2015년 중반부터 홍콩H시장이 무너지며 국내 ELS 투자자들의 투자 패턴도 조금씩 바뀌게 되었다. 이제 수익성보다는 ELS의 안정성에 더 초점을 맞추게 된 것이다. 지금부터 ELS에 보다 안정적으로 투자하기 위한 방법에 대해 알아보도록 하자.

기초자산을 분산하라

2014년과 2015년은 ELS 시장의 황금기라고 할 수 있을 만큼 그 당시 설정액은 매년 기하급수적으로 증가했다. 당시 가장 인기가 있는 기초자산은 홍콩H지수(항셍중국기업지수, HSCEI)였다. 홍콩H지수는 홍콩 증시에 상장된 중국 기업 중 상위 40개 종목으로 이루어져 있으며 금융주 섹터가 약 70%로서 변동성이 상당히 컸다. 이렇게 큰 변동성은 중국 경기의 양호한 흐름과 맞물려 상대적으로 높은 수익률을 제시할 수 있었으며, 중국 증시의 상승으로 대부분이 6개월 만에 상환되면서 매우 좋은 흐름을 보여왔다. 이는 자연스럽게 국내 ELS 투자자들의 쏠림 현상을 부추겼다.

▪ 지난 3년간 홍콩H지수 변화 추이 ▪

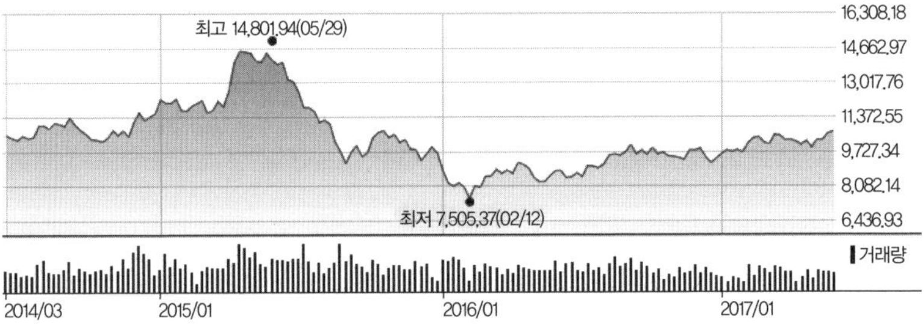

하지만 2015년 5월 29일 홍콩H지수가 최고점을 찍은 이후 큰 폭의 조정을 받으면서 문제가 터지기 시작했다. 가입한 대부분의 ELS가 홍콩H지수와 연계된 탓에 투자자들이 보유한 거의 모든 ELS가 손실구간에 진입한 것이다. 기초자산에 대한 분산투자가 제대로 이뤄지지 않아 발생된 문제였다.

물론 ELS 특성상 만기 3년까지는 손실이 확정되지 않는다. 게다가 시장 대표 지수를 기초자산으로 할 경우 일시적인 급락 현상을 보이더라도 대부분이 다시 예전 수준을 되찾아가는 경향을 보여왔다. 다행히 홍콩H

지수가 회복세를 보이며 그 당시 가입했던 ELS 대부분이 조기상환되었다. 하지만 이런 문제는 언제든 다시 발생할 수 있다. 따라서 ELS도 반드시 기초자산에 대한 분산투자가 필요하다. 지금은 홍콩H지수 외에도 다양한 지수를 활용한 ELS가 출시되고 있어 투자자 입장에서도 분산투자가 한결 쉬워지고 있다.

Safety Belt(세이프티 벨트) ELS

지금부터는 안정성을 높인 새로운 구조의 ELS에 대해 소개하고자 한다. 먼저 Safety Belt(세이프티 벨트) ELS에 대해 알아보자. Safety Belt는 안전벨트라는 의미로 Safety Belt ELS는 일반 ELS와 달리 독특한 안전장치를 하나 추가하고 있다.

■ Safety Belt ELS 수익구조 ■

조기상환 수익률 그래프

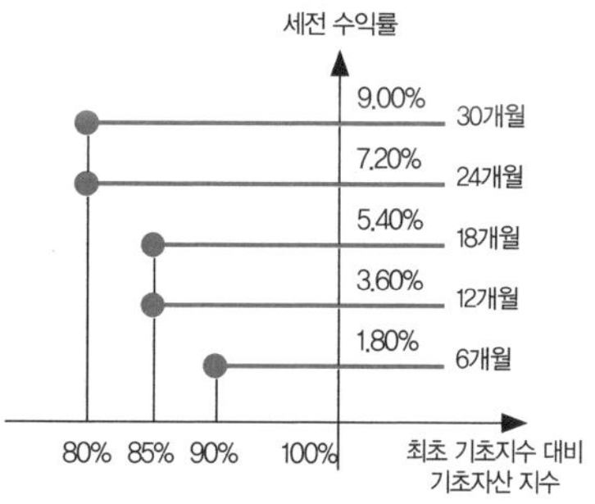

조기상환 평가일에 세 기초자산의 종가가
모두 최초 기준지수의 90%(6개월), 85%(12개월), 85%(18개월), 80%(24개월), 80%(30개월) 이상인 경우
-> 연 3.60% 수준의 수익 지급

수익 미결정 시 만기 수익률 그래프

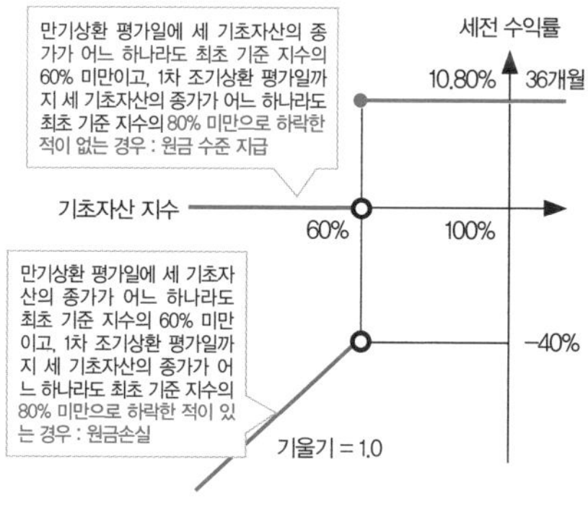

*최대 손실가능 금액 : 투자 원금의 100%

앞에 제시된 Safety Belt ELS(기초자산 3개)의 조기상환 수익률 그래프는 일반적인 Step Down형 ELS의 모습을 하고 있다. 하지만 Safety Belt ELS에는 기존의 ELS에는 없는 안전장치가 하나 더 추가되어 있다. 바로 1회차 조기상환 평가일까지 세 기초자산 모두가 일정 수준(여기서는 80%) 미만으로 하락한 적이 없다면 만기 평가일에 조건을 충족하지 못해 원금 손실이 발생하는 상황이 도래하더라도 원금을 보장해준다는 점이다. 즉, 이 상품은 기본 ELS 구조에 원금보장 구조를 추가하여 ELS 투자기간 내내 시장 상황이 좋지 않아 조기상환이 계속해서 지연된다 하더라도 최초 1회차에 원금보장 조건을 만족한 상태라면 편하게 만기 3년을 기다릴 수 있다는 장점이 있다.

하지만 한 가지 주의할 점도 있다. 일반적으로 ELS는 중간에 오르고 떨어지는 것은 아무 의미가 없다. 평가일 당일의 기초자산 가격만 중요할 뿐이다. 단, 원금을 보장해주는 조건을 충족하기 위해서는 ELS 가입 이후 1회차 조기상환 평가일까지 장 중 한 번이라도 일정 수준(여기서는 80%) 미만으로 떨어진 적이 없어야 한다. 적어도 1회차 조기상환 평가일까지는 그 기간 전체가 중요해지는 셈이다.

예를 들어, 6개월 후 1회차 조기상환 평가일에 세 기초자산 중 하나가 15% 떨어져 1회차 조기상환 조건을 충족하지 못했다고 가정해보자. 하지만 세 기초자산 모두 1회차 조기상환 평가일까지 장 중 한 번이라도 20% 이상 하락한 적이 없다면 이 상품은 원금보장 조건을 충족한 상태로 최소한 원금은 보장하게 된다. 운이 좋아 조기상환 평가일에 조건을 충족하게 된다면 최초에 제시한 수익을 거둘 수 있다. 최악의 경우 조기상환 조건 미충족으로 만기까지 가더라도 어떠한 순간에도 원금은 보장

되는 드라마틱한 상황이 연출될 수 있다.

Lizard(리자드) ELS

Lizard는 도마뱀을 의미한다. 이 펀드의 특징은 도마뱀이 위기가 닥치면 꼬리를 잘라내고 도망가듯이 조기상환이 안 된 상황에서 리자드 조건 충족 여부를 추가로 살펴 수익 상환 가능성을 높였다는 점이다.

Safety Belt ELS가 원금보장 기능을 추가했다면 Lizard ELS는 최근 인기를 끌고 있는 ELS로 2회차 조기상환 평가일에 추가적인 조기상환 조건(리자드 조건)을 부여하여 조기상환 가능성을 높여준다는 장점이 있다.

▪ Lizard ELS 수익구조 ▪

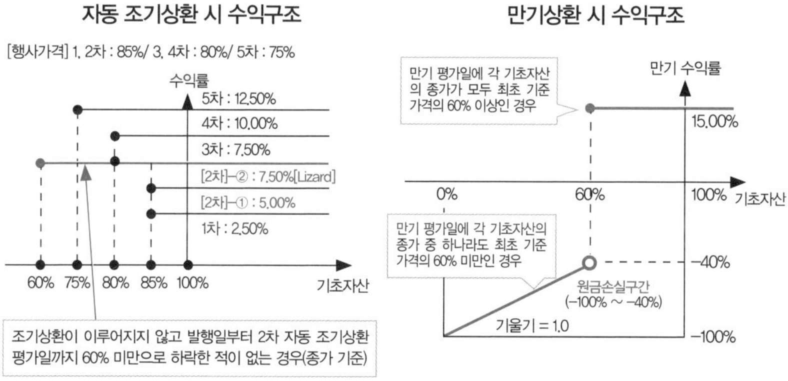

그림에서 보듯이 일반적인 Step Down형 ELS 구조에 더해 2회차에 리자드 조건이 하나 추가되었다. 2회차까지 각 회차별로 요구되는 조건을 충족하지 못했을 경우 3회차로 넘기는 대신 1년 동안 각 기초자산이

60% 미만으로 하락한 적이 있는지 없는지를 관찰하여 한 번이라도 60% 미만으로 하락한 적이 없다면 사전에 약정한 리자드 수익을 제공한다.

보통 리자드 수익률은 조기상환 조건이 충족되었을 때 받는 수익률과는 다르다. 게다가 최근에는 Super Lizard ELS라 하여 리자드 조건을 두 번 제공하여 조기상환 가능성을 더욱 높인 상품들도 출시되고 있다. 이렇듯 앞으로 ELS 시장은 높은 조기상환 가능성과 안정성을 키워드로 다양한 구조의 상품들이 지속적으로 출시될 예정이다.

달러로 분산투자를 완성하라

환율은 한 나라의 화폐와 외국 화폐와의 교환비율을 가리킨다. 대표적인 외국 화폐로는 미국의 달러, 유럽연합의 유로, 일본의 엔화, 영국의 파운드, 중국의 위안화 등이 있다. 하지만 우리가 뉴스를 통해 듣는 환율은 원화와 달러의 교환비율을 가지고 이야기하는 경우가 거의 대부분이다. 이는 달러가 전세계 기축통화로서 정치·경제적으로 중요한 역할을 하기 때문이다. 전세계 중앙은행에서 보유하고 있는 외화 중 달러의 비중은 60%가 넘으며, 국가 간 무역 거래뿐만 아니라 국제적인 자본 거래에 있어서도 대부분이 달러로 거래되고 있다. 수출로 먹고사는 우리나라 입장에서는 달러 환율은 우리 경제와 직결되는 아주 중요한 부분이라 할 수 있다.

원달러 환율, 기초 다지기

원달러 환율이 1,000원이라는 것은 1달러를 1,000원에 교환할 수 있다는 것을 의미한다. 이를 다르게 표현하면 원달러 환율은 달러를 사기 위한 원화표시 가격이라고 할 수 있다. 그런데 환율은 고정된 것이 아니라 시시각각 변하기 때문에 환율이 900원이 될 수도 있고 1,100원이 될 수도 있다. 이렇게 환율이 변하는 것은 과연 무엇을 의미할까?

달러당 환율이 1,000원에서 1,100원으로 오르는 것을 가리켜 '환율이 상승했다'는 표현을 쓴다. 환율이 오른다는 것은 같은 양의 달러를 사기 위해 더 많은 원화가 필요하다는 것을 의미한다. 즉, 원화의 가치가 그만큼 떨어진 것이다. 원화의 가치가 떨어졌기 때문에 1달러를 사기 위해 예전에 비해 더 많은 원화를 지불해야만 하는 것이다. 이번에는 반대로 환율이 1,000원에서 900원으로 떨어졌다면 이를 가리켜 '환율이 하락했다'고 표현한다. 이제는 더 적은 돈으로 1달러를 살 수 있기 때문에 원화의 가치가 상승한 것이다. 그래서 다음과 같은 공식이 성립한다.

환율 상승 = 원화가치 하락
환율 하락 = 원화가치 상승

주식과 환율

주식시장과 환율의 관계는 아주 밀접하다. 이러한 현상은 한국 주식시장에서 차지하는 외국인 투자자들의 비중이 높아졌기 때문이다. 전세계를 무대로 투자하는 외국인들의 경우 투자대상을 결정할 때 가장 먼저 보는 것이 바로 환율이다. 외국인 투자자들은 투자할 때 가지고 있는 달러를 해당 지역의 통화로 환전한 후 이를 가지고 주식에 투자한다(물론 채권이나 기타 다른 자산에도 투자한다. 하지만 여기서는 주식시장만 한정해 이야기하겠다). 그리고 나서 투자금을 회수할 때는 반대로 해당 지역의 통화를 달러로 다시 환전하게 되는데, 아무리 주식으로 많은 돈을 벌었어도 환전할 때 손실이 발생하게 된다면 해당 지역에 투자함으로써 벌어들인 이익금의 상당 부분을 날릴 수 있다. 그래서 외국인 투자자들은 기본적으로 통화가치가 상승할 것으로 예상되는 지역에 우선적으로 투자를 한다.

▪ 외국인들이 한국에 투자하는 과정 ▪

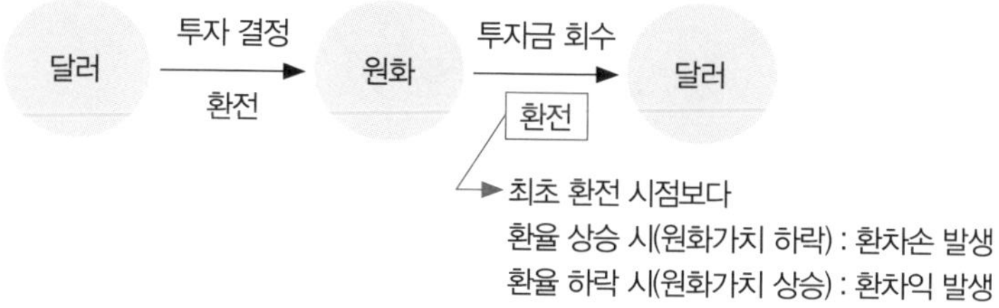

만약 한국의 원화가치가 상승한다면(환율 하락) 외국인 투자자들은 국내 투자를 늘릴 것이다. 해외에서 투자자금이 유입되면서 주식에 대한 수요가 늘어나게 되고, 풍부한 유동성을 바탕으로 주식시장은 상승세를 이어갈 수 있다. 주식과 환율에서 동시에 이익을 얻을 것으로 예상한 외국인 투자자들이 투자금액을 더욱 늘리면서 환율이 하락하고 주가는 상승하는 현상이 가속된다. 반대로 원화의 가치가 하락한다면(환율 상승)

환차손을 우려한 외국인 투자자들은 너도나도 주식을 팔아 한국 시장을 탈출하려 할 것이다. 원화를 달러로 바꾸려는 수요가 몰리면서 환율은 더욱 상승하게 되고 주식시장은 폭락하는 현상이 발생한다.

다음의 그래프는 지난 5년간 코스피 지수와 원달러 환율의 추이를 나타낸 것이다. 그래프를 보면 코스피 지수와 원달러 환율이 서로 반대 반향으로 움직였다는 것을 알 수 있다. 이렇게 반대로 움직이는 자산들은 분산투자에 있어 어떤 영향을 줄까?

▪ 코스피 지수와 원달러 환율의 5년간 변화 추이 ▪

자료 : 신한금융투자

방향성이 다른 자산에 투자하라

분산투자란 투자의 위험을 줄이기 위해 하나의 자산에 집중해서 투자하기보다는 여러 자산에 골고루 투자하는 방법으로 투자 시 발생할 수 있는 위험 수준을 적정한 수준에서 관리하기 위한 하나의 투자기법이다. 분산투자는 수익률보다는 위험관리에 초점을 맞춘 것이다.

위험관리 측면에서 본다면 서로 다른 방향성을 갖는 투자자산에 나눠서 투자하는 것이 좋다. 왜 그럴까? 방향성이 서로 다른 A와 B 두 개의 투자자산에 50대 50의 비율로 투자했다고 가정해보자. A 자산이 10% 떨어질 때 B 자산이 5% 올라준다면 A 자산으로부터의 손실을 어느 정도 상쇄시킬 수 있을 것이다. 운이 좋아 B 자산이 15% 정도 올라준다면 A 자산의 손실 이상의 수익을 올려 전체적으로 플러스 수익률을 유지할 수 있다. 하지만 A, B 두 개의 자산이 모두 같은 방향으로 움직인다면 오를 때는 같이 오르고 떨어질 때는 같이 떨어져 분산투자를 통한 위험 감소 효과를 전혀 볼 수 없게 된다.

2007년부터 환율과 주식의 움직임을 비교해보면 2007년 10월 29일 900.70원까지 떨어졌던 환율은 이후 금융위기를 거치면서 2009년 3월 2일 1,575.00원까지 올랐다. 반면 주식시장은 같은 기간 코스피 지수가 2,062.92 포인트에서 1,018.81 포인트까지 떨어졌다. 환율 상승률이 74.9%였다면 주식 하락률은 50.6%였다. 생각해보면 IMF나 카드 사태와 같이 한국에 굵직한 경제위기가 도래하는 순간에 환율은 언제나 급등했다. 주식 투자자라면 한국 경제의 위기 순간에 대비하여 꾸준히 달러를 매수하는 경우 달러에 투자한 자금이 위기극복을 위한 소중한 밑거름이 될 수 있을 것이다.

최후의 안전자산, 금

미국 서브프라임 모기지 시장의 거품이 붕괴되면서 시작된 금융위기는 2008년 9월 리먼브라더스의 파산으로 그 파장이 일파만파로 번지게 되었다. 금융 부분에서의 위기는 곧 실물 부분으로 전염되면서 신흥시장은 물론 미국 등 선진국 시장에도 큰 충격을 주며 글로벌 금융위기로 확대되었다. 각국 정부는 이러한 위기를 극복하기 위해 경쟁적으로 금리를 낮추는 한편 시장에 천문학적인 유동성을 공급했다. 한 가지 재미있는 것은 이러한 일련의 과정을 거치면서 각광받기 시작한 투자대상이 있는데, 그것은 바로 금이다.

일부에서는 각국이 경제를 살리기 위해 펼치고 있는 통화정책에 우려를 표하며 이 위기가 사라진 이후에 불어닥칠 엄청난 인플레이션을 걱정했다. 인플레이션이란 물가가 지속적으로 상승하는 현상으로, 물가가 상승한다는 것은 같은 물건을 사더라도 예전보다 더 많은 돈을 지불해야 한다는 것을 의미한다. 인플레이션의 시대가 도래하면 현금을 가지고 있

▪ 실물자산으로서 금의 가치 ▪

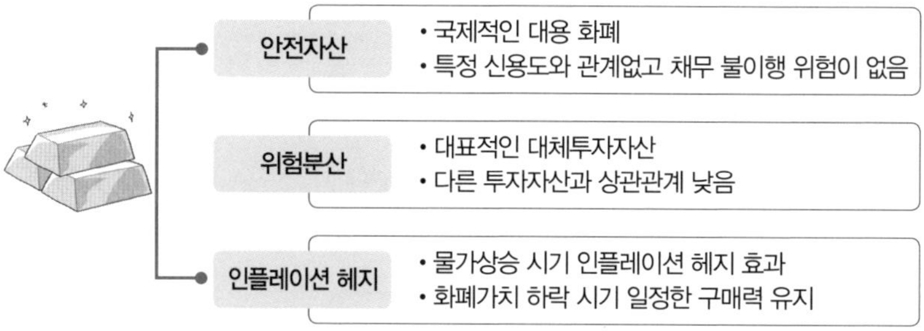

는 사람보다는 실물자산을 소유하고 있는 사람이 더 유리하다. 왜냐하면 물건의 가격, 즉 물가가 지속적으로 오르면서 실물자산의 가격은 상승하는 반면 화폐의 가치는 지속적으로 하락하기 때문이다. 금은 실물자산으로 물가가 급등하더라도 일정한 구매력을 유지할 수 있어 대표적인 인플레이션 헤지 수단이다. 이러한 이유로 금에 대한 관심이 고조된 것이다.

금과 달러의 관계

금 가격에 영향을 미치는 요인은 다양하다. 금에 대한 수요와 공급처럼 경제적 요인은 물론 정치적 요인이나 국제관계, 사회 현상 등 다양한 원인이 있는데, 그중에서도 가장 큰 영향을 주는 것이 바로 달러의 가치다.

금 가격은 대체적으로 달러의 가치와 반대로 움직인다. 금은 인류 역사상 가장 오랫동안 사용되어 온 화폐다. 사실 종이화폐라는 것도 원래 종이에 적힌 금의 양만큼을 보관하고 있다는 금보관증에서 출발한 것인데, 세월이 흘러 종이화폐와 금이 분리되는 상황에까지 이르게 된 것이다. 실제로 20세기 초반까지만 해도 각국의 지폐는 일정 수준의 금과 태

▪ 금과 달러와의 낮은 상관관계 ▪

온스 당 달러 가격 추이

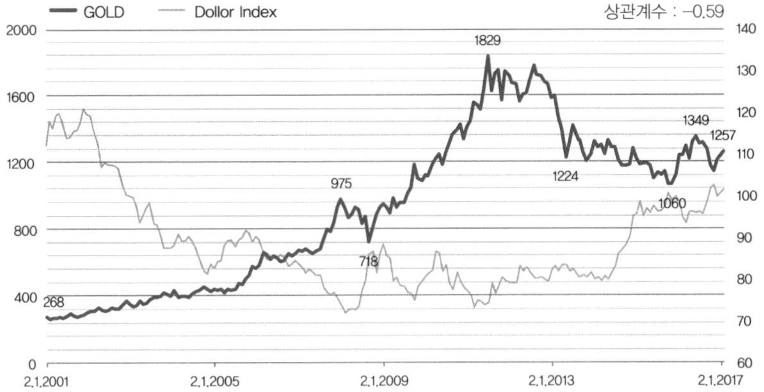

자료 : 신한금융투자

환(지폐를 금과 일정한 비율로 교환)이 가능하도록 하여 그 가치를 인정받았다.

우리가 기축통화로 사용하는 달러도 브레튼우즈 체제를 통하여 금 1온스당 35달러로 그 가치가 고정되어 사용되었다. 하지만 베트남 전쟁 비용, 국제무역수지 적자 그리고 금 수급 문제 등이 겹치면서 결국 1973년 닉슨 대통령의 금태환 정지 선언에 의해 금과 달러와의 연결고리를 끊어 버리고 달러는 신용화폐로 거듭나게 되었다. 결국 달러의 가치는 미국의 신용, 즉 경제력에 의해 유지되고 있는 것이다. 그러나 경제위기에 빠진 미국이 이를 극복하기 위해 시장에 천문학적인 규모의 달러를 풀면서 사람들은 달러의 가치에 의구심을 품게 되었고, 화폐가치를 보전하기 위해 자연스럽게 안전자산인 금을 소유하게 되었다. 그래서 달러의 가치가 하락하면 금을 사려는 수요가 늘어 금 가격은 상승하게 되지만, 반대로 달러의 가치가 상승하면 금 가격은 떨어지는 것이다.

금에 투자하는 방법

금에 투자하는 방법에는 크게 두 가지가 있다. 하나는 실물을 직접 거래하는 것이고, 다른 하나는 다양한 금융상품을 이용하여 금의 시세 변화에 투자하는 것이다.

금은 기본적으로 인류로부터 가장 사랑받아 온 귀금속으로 동서양을 막론하고 권력과 부의 상징이기도 하다. 이러한 속성 때문에 금은 대표적인 안전자산으로 위기의 순간에 빛을 발한다. 전쟁이나 경제위기 등 사회·경제적인 혼란기에는 화폐의 기능이 매우 약화되는데, 금은 이러한 순간에도 그 가치가 유지될 뿐만 아니라 전세계 어디에서나 가치가 통용되기 때문에 위기의 순간 가장 믿을 만한 자산이기도 하다. 그래서 만약의 사태를 대비해 자산의 일부를 금 실물로 보관하는 것도 좋은 방법이다.

하지만 자산의 상당 부분을 금 실물로 보관하기에는 거래비용이 만만치 않다. 금 실물에는 기본적으로 은행 수수료 5%, 부가가치세 10%가 부가된다. 만약 금 시세가 100이라면 5%의 은행 수수료가 붙고(105), 여기에 10%의 부가가치세가 더해져 115.5(105×10%=10.5)에 거래된다. 즉, 금 실물을 이용할 경우 기본적으로 자신이 산 금 시세보다 15.5%는 올라야 본전인 것이고, 그 이상 오를 때에야 비로소 이득인 셈이다. 지금까지는 은행 수수료와 세금만을 고려했지만, 국제 시세를 기준으로 살 때와 팔 때의 가격이 달라진다는 점을 고려한다면 금 실물을 샀다가 되팔았을 때 손해보지 않기 위해서는 최소 20%는 올라야 한다. 따라서 금 실물은 투자용으로는 적합하지 않고 만약을 위한 대비책의 일환으로 일부를 보유하는 것이 합리적이다.

금에 투자하는 금융상품

- 금 통장

금을 반드시 실물로만 거래해야 하는 것은 아니다. 외화를 사서 통장에 보관하듯 금도 사서 통장에 보관할 수 있다. 은행에 금 관련 통장을 만든 후 원화로 입금하면 은행은 달러로 거래되는 금의 국제 시세와 이를 다시 원화로 환산한 환율을 고려하여 실시간으로 금을 예치해준다. 0.01g 단위로 거래할 수 있어 소액으로도 금에 투자를 할 수 있을 뿐만 아니라 자동이체를 활용하여 매일, 매주 혹은 매월 단위로 정기적으로 매입할 수도 있다. 입금과 출금이 자유롭고, 고객이 원할 경우 10%의 부가가치세와 수수료를 부담한다면 실물로도 인출이 가능하다. 금 통장의 가장 큰 장점은 실물거래 없이 통장으로 거래하기 때문에 부가가치세의 대상이 아니라는 점이다. 게다가 실물을 거래할 때보다 살 때와 팔 때의 가격 차이도 크지 않아서 투자용으로 금을 거래하기에는 안성맞춤이다.

하지만 금 통장은 일반 예적금과 달리 투자형 상품으로 금을 적립했다고 해서 이자를 지급하지도 않을 뿐 아니라 예금자보호 대상도 아니다. 즉, 금 통장은 철저히 금 매매차익에 의해 수익을 올려야 하는 상품으로 금 시세가 하락한다면 손실을 볼 수도 있다. 앞에서도 언급했듯이 금 통장에 입금할 때는 달러로 거래되는 국제 금 시세뿐만 아니라 원달러 환율도 영향을 주기 때문에 이 둘의 흐름에 모두 관심을 가지고 지켜볼 필요가 있다. 만약 금 시세가 오르면서 원달러 환율도 올랐다면 수익률을 극대화할 수 있겠지만, 금 시세는 올랐더라도 환율이 더 큰 폭으로 떨어졌다면 손실을 볼 수 있다. 참고로 금 통장의 경우 매매 이익에 대해 15.4%의 세금을 내야 한다.

- ETF VS ETN

ETF란 Exchange Traded Funds의 약자로 특정 지수의 수익률을 추종하도록 설계된 지수연동형 펀드다. 금 ETF는 금 또는 금 관련 지수에 투자하는 상품으로 주식처럼 주식시장에서 자유롭게 사고팔 수 있다. 소액으로 투자 가능할 뿐만 아니라 거래세도 일반 펀드의 절반 정도에 불과하다. 국내 증시에 상장된 금 관련 ETF로는 KODEX골드선물(H), KINDEX골드선물레버리지(합성H), TIGER금은선물(H) 등이 있다. 반면 ETN은 Exchange Traded Note의 약자로 ETF와 마찬가지로 거래소에 상장돼 손쉽게 사고팔 수 있는 상장지수채권이다.

ETF와 ETN의 가장 큰 차이점은 ETF의 경우 자산운용사의 운용 능력에 따라 지수의 수익률과 ETF 수익률 간의 괴리가 존재하지만, ETN의 경우 특정 지수의 수익율을 증권회사가 자기신용으로 오차 없이 보장하고 있다는 점이다. 하지만 ETN은 증권회사가 자기신용으로 수익률을 보장하는 만큼 증권회사가 파산할 경우 투자금을 모두 날릴 수 있다는 단점도 있다. 대표적인 금 관련 ETN으로는 '신한 금 선물 ETN(H)'이 있다.

- 금 펀드

금 펀드는 크게 각국 증시에 상장된 금 관련 기업에 투자하는 주식형과 금 선물에 주로 투자하는 파생형, 그리고 주식형과 파생형을 혼합한 재간접형이 있다. 주식형의 경우 금의 시세보다는 금 관련 회사의 주가에 직접적인 영향을 받기 때문에 전반적인 주식시장의 흐름도 중요하다. 금에 투자했다고 보기보다는 일종의 테마 펀드로 보는 것이 좋다. 주식형의 경우 펀드명에 '주식'이나 '증권'이라는 표현이 들어가 있다.

반면 파생형은 향후 금 시세에 베팅하는 금 선물에 투자하는 펀드로 금 펀드 중 금 시세를 가장 잘 반영한다. 보통 펀드명에 '파생'이라는 단어가 들어가 있다. 펀드에 따라 채권의 비중이 높은 펀드도 있으니 펀드 가입 전에 이에 대해 체크해볼 필요가 있다. 참고로 금 펀드는 펀드 특성상 매수와 환매 시 거래일로부터 장시간이 소요된다는 단점이 있다.

참고로 금은 달러마저도 가치를 위협받는 경제적으로 혼란한 시기에 빛을 발하는 최후의 안전자산이기는 하지만 한편으로는 변동성이 큰 자산으로 일반인들이 단기 차익을 목표로 거액을 투자하기에 적합한 투자 대상은 아니다. 따라서 자산배분 차원에서 자산의 5~10% 정도만 금에 투자하는 것이 적절하다.

알면 도움이 되는 금융상식 14

골드바, 이제는 은행에서 구입하세요

과거 우리나라에서 금을 살 수 있는 대표적인 곳은 바로 금은방이었다. 하지만 이곳의 유통구조는 상당히 불투명했다. 동일한 무게의 금을 사려고 해도 판매하는 곳마다 서로 다른 가격을 제시해 사는 사람 입장에서는 가격의 적정성에 대해 의구심을 품을 수밖에 없었다. 게다가 판매하는 곳에서 보증서를 발행해주기는 하지만 대부분의 금은방은 개인이 운영하는 곳으로 보증서에 대한 믿음 또한 약했던 것이 사실이다. 그래서 국내에서 금은 주로 장신구 정도로 취급되어 왔다.

하지만 2003년 11월 신한은행을 필두로 국민은행과 우리은행 그리고 지방의 은행들까지도 골드뱅킹 사업에 뛰어들면서 이제는 대형 금융기관을 통해 손쉽게 골드바를 구입할 수 있게 되었다. 이로 인해 많은 것이 변화되었다. 우선 국제 금 시세에 연동하는 실시간 가격 고시를 통해 금 거래에 있어 가격의 투명성이 높아졌다. 뿐만 아니라 믿을 만한 대형 금융기관에서 판매하는 골드 바에 대해 품질보증까지 해주고 있어 금 거래에 대한 신뢰도도 높아졌다. 이러한 이유로 금은 당당히 투자수단의 하나로 인정받게 된 것이다. 은행별로 차이는 있으나 보통 10g, 100g, 1Kg 단위로 골드바를 판매하고 있다. 참고로 금 한 돈은 3.75g이다.

대출, 우습게 보다가 큰코다친다

3대 대출을 주의하라

대출 현황 파악하기

PART 6
월급쟁이, 대출 상환도 스마트하게 하라

더 낮은 금리의 대출로 갈아타라

빚지지 않는 구조를 만들어라

대출, 우습게 보다가 큰코다친다

한 취업 포털 사이트가 2016년 직장인들을 대상으로 조사한 바에 따르면, 직장인 10명 중 7명이 자신을 '푸어족'이라고 생각하는 것으로 나타났다. 스스로를 푸어족이라고 생각하는 직장인들의 대부분은 월급이 적기 때문에 자신이 푸어족이 됐다고 생각한다. 월급은 적고 쓸 곳은 많은 대부분의 푸어족들은 자연스럽게 대출을 받아 부족한 월급을 충당해서 쓰게 된다. 그리고 이런 대출은 결국 자신의 삶을 더욱 옥죄는 부메랑이 되어 돌아오기 마련이다.

대출이 무서운 이유는 간단하다. 처음에는 충분히 통제 가능하게 보였던 대출도 시간이 지남에 따라 급격히 불어나, 결국 자신의 상환 능력을 벗어나게 되기 때문이다. 이자만 낼 때는 크게 문제가 되지 않을 수 있으나 원금 상환의 압박이 들어온다면 이야기는 달라진다. 가뜩이나 부족한 월급에 대출 원금까지 상환해야 한다면 정상적인 생활이 불가능해질 수밖에 없다. 대출은 설탕과도 같다. 먹을 때는 달콤하고 기분 좋게 만들지만 계속해서 먹게 되면 사람을 비만으로 만들게 되고 결국 살을 빼기 위해서는 엄청난 노력을 감수하게끔 만든다.

대출의 두 종류

대출은 크게 소비성 대출과 투자성 대출이 있다. 소비성 대출은 말 그대로 자신의 소비를 위해 받는 대출을 말한다. 자동차나 명품백 등 고가의 물건을 사거나 여행경비 등을 충당하기 위해 받는 대출이다. 대출까지 받아서 원하던 것을 갖게 되었으니 만족감이 클 수도 있겠지만 이러한 감정은 지속시간이 짧을 수밖에 없다. 소유를 통해 얻는 행복은 그리 오래가지 못하기 때문이다. 대신 대출이자 납부 및 원금 상환에 대한 압박은 길다. 기쁨은 짧지만 고통은 긴 셈이다.

자기 스스로를 푸어족으로 지칭했던 상당수의 직장인들은 소비성 대출로 인해 푸어족이 된 경우가 많다. 솔직히 월급을 모두 자신의 현재 소비에 사용한다고 해도 대출만 없다면 푸어족까지는 아니라고 본다. 내일을 위한 준비가 부족할지는 모르나 번 만큼만 쓰기 때문에 별도의 금전적인 압박을 받을 리 없기 때문이다. 그렇기 때문에 정말 긴박한 상황이 아니라면 절대로 사용해서는 안 되는 것이 바로 소비성 대출이다.

투자성 대출은 대출이자보다 높은 수익을 올릴 수 있다고 판단될 때 사용하는 대출로 보통 주식이나 부동산 등 자산을 구입할 때 쓴다. 소비성 대출이 무조건 피해야 하는 나쁜 대출이라면 투자성 대출은 잘만 활용하면 도움이 되는 좋은 대출이다.

하지만 투자성 대출이라고 해서 무조건 좋기만 할까? 투자를 할 때 대출을 활용하는 이유는 크게 두 가지다. 하나는 자신이 가진 돈이 적어 원하는 자산을 구입하는 데 어려움이 있을 때 대출을 받는 경우이고, 다른 하나는 자금은 충분하지만 투자수익률을 높이기 위해 대출을 적극 활용하는 경우다. 치밀한 계획하에 투자수익률을 높이기 위해 대출을 사용하는 사람들은 다양한 경우를 염두에 두고 만약의 사태를 준비한다. 그래서 만약 문제가 생기더라도 자금이 충분하기 때문에 위기를 쉽게 극복할 수 있다. 이런 부류의 투자자들은 대출을 현명하게 사용할 줄 아는 사람들이다. 이들에게 대출은 투자수익률을 극대화하기 위한 효과적인 도구일 뿐이다.

하지만 자신의 투자금이 부족해 대출을 사용하는 사람의 경우는 이야기가 달라진다. 투자금이 부족하다는 것은 어찌 보면 자신이 감당할 수 있는 수준의 투자가 아니라는 의미가 된다. 그럼에도 불구하고 투자에 나서는 사람들은 투자 성공 시 얻게 될 수익률에 현혹되어 부족한 투자금 확보에 집중한 나머지 위기 상황에 대한 준비가 소홀해지기 쉽다.

투자기간이 예상보다 더 길어지거나, 대출금을 더 빨리 상환해야 하거나, 미처 생각지도 못했던 지출이 발생하는 등 투자 결정 시 자신이 생각했던 바와 조금이라도 어긋나기 시작한다면 이에 제대로 대응하지 못한 채 투자손실로 이어지는 경우도 많다. 이런 투자는 오히려 독이다. 그래서 일반적인 투자자라면 투자를 할 때 적정 수준의 자기자본, 즉 종잣돈을 충분히 가진 상태에서 시작해야 한다. 적정 수준의 종잣돈이란 대출을 자신의 통제 범위 내에 둘 수 있는 수준이어야 한다. 그래서 투자 경험이 적을수록 자기자본의 비중을 높일 필요가 있다.

더 나은 삶을 위해 대출상환에 집중하라

아마 현재 대출을 가지고 있는 20~30대 사회 초년생의 경우 투자성 대출보다는 소비성 대출을 많이 가지고 있을 것이다. 일부는 자신의 경제 수준을 초과한 과도한 소비로 인해 생긴 대출일 것이다. 하지만 한편으로는 제대로 된 일자리를 구하지 못해 소득이 적거나 학업을 마치기 위해 받은 학자금 대출 때문에, 혹은 감당하기 힘든 수준으로 오른 주거비 때문에 대출을 받은 경우도 있을 것이다. 이유야 어찌 됐든 지금 당장 중요한 것은 현재 나에게 대출이 있다는 점과 이 대출을 되도록 빨리 상환해야 한다는 점이다. 그래야 대출로 인해 자신의 삶이 더욱 피폐해지는 것을 막을 수 있을 뿐만 아니라 더 나은 내일을 위한 준비가 가능해진다. 이번 장을 통해 대출을 보다 효율적으로 상환하는 방법에 대해 알아보도록 하자.

3대 대출을 주의하라

소득이 없는 학생이나 주부도 전화 한 통이면 손쉽게 수백만 원을 빌릴 수 있는 시대다. 하물며 연체 경력이 없는 직장인이라면 자신의 연봉 수준 정도의 돈을 빌리는 건 문제도 아니다. 그렇기 때문에 직장인들은 더욱더 대출을 사용함에 있어 조심할 필요가 있다. 특히 20~30대 사회초년생의 경우 자칫 불필요한 대출로 인해 자신의 미래를 위한 종잣돈 마련에 중요한 시기를 오히려 대출상환으로 낭비할 수도 있다.

신용카드, 마이너스 통장, 그리고 자동차 할부금은 직장인이라면 누구나 쉽게 사용할 수 있는 대출로 푸어족이 되는 시발점이기도 하다. 이러한 대출은 특별히 통제하지 않는다면 대출 원금이 눈덩이처럼 불어난다는 특징이 있다. 그래서 이 세 가지 대출은 되도록 사용하지 않는 것이 좋다.

첫째, 티끌 모아 태산을 만드는 신용카드

다소 의아해 할 사람들도 많겠지만 신용카드도 엄연한 대출이다. 왜 그럴까? 신용카드의 결제 시스템에 대해 한번 알아보자. 신용카드를 사용하면 물건 값을 다 치르기도 전에 먼저 물건을 받을 수 있다. 그리고 다음 번 카드대금 청구일에 돈을 지불하면 된다. 그럼 물건을 판 사람은 사용자가 대금을 지불할 때까지 기다려야 할까? 아니다. 카드사가 카드 사용자를 대신해 판매자에게 먼저 대금을 지불하고 사용자에게는 나중에 돌려받는다. 판매자는 대금을 빨리 받는 대신 카드사에게 수수료 명목으로 돈을 지불한다. 이때 지불하는 수수료가 바로 대출이자인 셈이다.

카드는 특이하게 대출이자를 사용자가 아닌 판매자에게 받는 시스템이다. 물건을 산 사람이 아니라 판매자에게 수수료를 받는 것이 가능한 이유는 사업을 하는 사람 입장에서는 수수료를 내더라도 현금 회수가 빠르면 빠를수록 좋기 때문이다. 이러한 시스템은 사용자 입장에서도 전혀 나쁠 것이 없다. 내 지갑에서 따로 돈이 나가는 것이 없기 때문이다. 하지만 이렇게 사용자가 대출이자를 면제받을 수 있는 기간은 오로지 카드를 쓴 날로부터 다음 카드대금 납부일까지이며, 납부일에 정상적으로 카드대금을 납부하지 못해 발생하는 연체료에 대해서는 사용자가 전적으로 부담해야 한다. 즉, 신용카드는 카드 사용자가 물건을 구입한 후 카드대금을 납부하기 전까지 신용카드사가 사용자에게 무이자로 대출을 해주는 셈이다.

옛말에 '티끌 모아 태산'이라는 말이 있다. 보통 저축을 열심히 하라는 의미로 많이 쓰이고 있는데, 지금 같은 저금리 시대에 다소 자조 섞인 표현으로 '티끌 모아 티끌'이라는 말이 유행하고 있다. 하지만 신용카드 사용액과 관련된 말이라면 '티끌 모아 태산'만큼 확 느낌이 와닿는 표현도 없을 것이다. 카드 명세서를 받는 날이면 청구된 금액에 깜짝 놀라는 사람들이 많다. 누가 몰래 사용한 것도 아니다. 특별히 비싼 것을 산 것도 없는데, 청구된 명세서는 언제나 자신의 상상을 초월한다. 편의점에서 산 간식, 식사 후 으레 마시는 커피 한 잔, 귀찮아서 잠깐 탄 택시비, 쇼핑몰에서 지른 물건들 등 개별적으로는 만 원도 안 되는 이러한 소소한 건들이 모여 만든 결과이다.

신용카드를 조심해야 하는 이유는 간단하다. 처음에는 사소해 보였던 금액들이 쌓이고 쌓여 결국 커다란 부담으로 작용하기 때문이다. 신용카드는 먼저 쓰고 나중에 갚는 시스템이기에 당장 돈이 없어도 결제가 가능하다. 돈이 없어도 물건을 살 수 있다 보니 내 통장에 잔고가 얼마나 있는지 신경 쓸 필요가 없다. 그저 원하는 것이 있으면 사면 된다. 이런 식으로 몇 달이 지나면 결국 자신의 월급으로는 해결이 안 되는 수준까지 사용대금이 불어나게 된다. 상황이 이 정도에 이르면 보통은 리볼빙 서비스를 이용하게 된다. 리볼빙 서비스란 고객이 카드 대금 중 일정 비율만 결제하면 나머지 대금은 대출 형태로 전환되어 자동 연장되는 결제방식이다. 이렇게 리볼빙 서비스로 위기를 모면한 사용자는 다시 예전처럼 카드를 쓰게 된다. 그러다 리볼빙 서비스로도 해결이 안 되는 순간이 찾아오면 대출을 받게 된다. 그렇게 받은 대출이 3백만 원에서 5백만 원, 5백만 원에서 1천만 원, 그리고 1천만 원에서 2천만 원으로 커지는 자연스러운 과정을 거치면서 사용자를 압박해오게 된다.

그럼에도 불구하고 혜택이 많은 신용카드를 정말 현명하게 쓰고 싶다면 사용내역을 수시로 점검함으로써 매월 사용금액을 스스로 제한해야 한다. 그렇지 않다면 고삐 풀린 망아지처럼 신용카드 사용액은 점점 불어날 것이다. 이러한 과정이 싫다면 아예 신용카드 대신 통장의 잔고 내에서 사용할 수 있는 체크카드를 이용하는 것도 좋은 방법이다.

둘째, 혹시 몰라 만들어둔 마이너스 통장

직장인이라면 월급이라는 강력한 현금흐름이 발생하기 때문에 금융기관으로부터 쉽게 대출을 받을 수 있다. 그래서 상당수 직장인들은 비상금 용도로 유동성 한도대출을 사용하는 편이다. 유동성 한도대출이란 통장의 잔고와 상관없이 정해진 범위 내에서 자유롭게 돈을 뽑아 쓸 수 있는 대출로, 잔액을 초과해서 출금한 금액에는 앞에 마이너스로 표시되기 때문에 일명 '마이너스 통장'으로도 불린다. 유동성 한도대출을 비상금 용도로 많이 사용하는 이유는 쓴 만큼만 대출이자를 내면 되고, 통장의 잔고를 다시 플러스로 만들면 이자가 나가지 않아 일시적으로 돈이 필요할 때 요긴하게 쓸 수 있기 때문이다.

비상금 용도로 유동성 한도대출을 받는 직장인들은 대부분 대출을 신청하면서도 자신이 대출을 쓴다는 생각을 거의 하지 못한다. 왜냐하면 비상금 용도로 대출을 신청하는 것이지, 지금 당장 돈을 쓸 일이 없기 때문이다. 하지만 문제는 우연히 유동성 한도대출을 한두 번씩 사용하면서 시작된다.

처음 유동성 한도대출을 사용하게 되면 통장에 찍힌 마이너스가 신경쓰여 되도록 빠른 시일 내에 통장의 잔고를 플러스로 만들어놓을 것이다. 하지만 대출 이용 횟수가 늘어나면서 대출에 점점 둔감해지게 되고 대출 한도를 모두 소진하는 경향을 보이게 된다. 유동성 한도대출을 사용하는 사람들은 크게 두 부류다. 대출을 전혀 쓰지 않는 사람(혹은 쓰더라도 금방 갚는 사람)과 대출 한도를 꽉 채워 쓰는 사람으로 나뉜다. 자신은 이 두 부류 중 어느 곳에도 포함되지 않는다고 생각하는 사람들은 결국 대출 한도를 꽉 채워 쓰게 될 것이다. 지금은 두 번째 부류로 가는 과정일 뿐이다.

유동성 한도대출은 형태만 다를 뿐 신용카드와도 유사하다. 지갑에 돈이 없더라도 신용카드를 통해 원하는 물건을 쉽게 살 수 있듯이 유동성 한도대출은 통장에 잔고가 없더라도 소비를 가능하게 만들어준다. 돈이 없다면 당연히 경제적 상황이 나아질 때까지 허리띠를 졸라매야 한다. 이러한 과정을 통해서 자신의 분수에 맞는 생활을 유지할 수 있는 것이다. 하지만 유동성 한도대출이나 신용카드는 모두 자신의 경제적 수준을 넘어선 소비를 가능하게 함으로써 지금 당장은 편하고 좋을지 몰라도 나중에는 상당한 부담으로 다가온다. 산이 높으면 골이 깊은 법이다. 자신의 분수를 넘어선 생활이 길면 길어질수록 이를 해결하기 위해 필요한 고통의 시간도 길어질 수밖에 없는 법이다.

셋째, 카푸어의 지름길 자동차 할부금

최근에는 자발적으로 푸어족에 동참하는 사람들이 늘어나고 있다. 부모님 세대는 열심히 저축해서 집을 사고 그 집값이 올라 부를 축적했다면 지금 세대는 너무나 올라버린 집값에 도저히 집을 살 엄두조차 내지 못하고 있다. 어차피 열심히 돈을 모아도 서울에 있는 집 한 채 살 수 없는 현실에 좌절한 나머지 현실을 즐기겠다는 사람들이 늘어난 결과이다. 대표적인 예가 카푸어(car poor, 자신의 경제력에 비해 비싼 차를 샀다가 경제적으로 궁핍한 사람들)다.

실제로 20~30대를 중심으로 수입차 구입자 수가 증가하고 있다. 2016년 국내에서 개인이 구매한 수입차 14만 4,883대 중 20~30대가 구매한 차량은 6만 6,693대로 46% 가량을 차지했다. 이러한 배경에는 수입차 업체들의 20~30대를 대상으로 한 다양한 마케팅 활동도 한몫했다. 자동차 구입에 필요한 초기 부담금을 확 줄여줌으로써 상대적으로 경제적 여유가 없던 젊은 세대들도 자동차를 구입할 수 있게 만들어주었기 때문이다. 그래서 비록 월세 살지만 벤츠를 타고 다니는 사람들도 생겨나면서 카푸어 문제가 사회적으로 대두되기도 했다.

수천만 원의 자동차 할부금만으로도 충분히 경제적인 문제를 유발할 수 있다. 하지만 더 큰 문제는 자동차의 경우 차량을 유지하기 위해 필요한 보험료나 유류비 등 연관소비가 발생한다는 점에서 부담이 더욱 가중될 수밖에 없다. 특히 수입차의 경우 보험료와 차량 유지에 필요한 부대비용이 국산차에 비해 상당히 높은 편인데, 이럴 경우 월급에서 자동차 관련 지출을 제외하면 남은 돈으로 정상적인 생활이 불가능해지는 경우가 많다. 결국 부족한 부분만큼 다른 대출을 사용할 수밖에 없게 되는 것이다.

대출 현황 파악하기

대출상환을 위한 첫 단계는 바로 대출 현황을 파악하는 일이다. 사실 대부분의 사람들은 대출을 받을 수 있는 금액에만 관심이 있지 대출을 받은 후에는 이를 어떻게 상환해야 할지에 대한 관심이 없다. 그러다 보니 대출을 받고 나서부터는 자신이 받은 대출에 대해 잊고 살기 마련이다. 대출 만기가 언제이고, 현재 금리는 얼마인지, 매월 빠져나가는 이자는 얼마이고, 대출 잔액이 얼마나 남았는지와 같은 세부 사항에 대해서는 잘 모르는 경우가 많다. 통장에서 알아서 빠져나가니까, 아직 연체라는 연락을 받진 않았으니 그저 막연히 괜찮겠지라고 생각할 뿐이다.

대출상환은 병을 치료하는 과정과 같다. 병을 치료하기 위해서는 병의 원인을 제대로 파악하고 초기에 집중적으로 치료해야 완쾌의 가능성을 높일 수 있다. 대출도 마찬가지다. 병의 원인을 제대로 파악해야 제대로 된 치료가 가능하듯, 대출도 현재 자신의 상태를 정확히 알아야 비로소 그에 맞는 대응책도 모색할 수 있다. 자신의 현황을 제대로 파악하는 것이 대출상환을 위한 첫걸음인 셈이다.

대출현황표부터 작성하라

대출 현황을 파악할 때는 단순히 어디에 얼마의 대출이 있는지 나열하는 수준에서 벗어나야 한다. 대출기관, 최초 대출금액, 현재 대출잔액, 상환방식 및 금리 등 대출에 대한 세부적인 내용을 점검해야 비로소 본인의 상황에 대해 제대로 파악할 수 있다.

대출로 힘들어하는 사람일수록 많은 금융기관으로부터 여러 건의 대출을 받은 경우가 많기 때문에 생각지도 못한 대출이 의외로 많을 수도 있다. 이런 사람들은 반드시 통장 거래내역을 꼼꼼히 살펴보기 바란다. 왜냐하면 대출은 반드시 흔적을 남기기 때문이다. 실과 바늘의 관계처럼 대출을 받은 사람은 반드시 대출에 대한 이자를 납부해야 하기 때문이다. 전혀 생각지도 못한 이름으로 대출이자가 빠져나가는 수도 있으니, 자신의 통장 거래 내역 중 잘 모르는 건들은 반드시 확인해볼 필요가 있다. 대출을 확인했다면 해당 금융기관에 방문 또는 전화로 대출 현황에 대해 자세히 물어보도록 하자.

▪ 예시 : 대출현황표 ▪

사유			
취급 기관			
담보 유무(신용/담보)			
취급일			
만기일			
최초 대출 금액			
현재 대출 잔액			
상환방법 (만기일시상환/원금분할상환)			
금리			
월 상환액(원금+이자)			
중도상환수수료			

대출 위험성 파악해보기

대출 현황을 파악해봤다면 이제는 자신의 대출 위험도를 한번 점검해볼 필요가 있다. 사람마다 나이, 자산, 소득, 그리고 가족 구성원 등 각자 처한 상황이 모두 다르기 때문에 대출 위험성을 측정하는 완벽한 지표는 있을 수 없다. 하지만 다음의 체크 리스트에 대해 스스로 답을 해보면서 자신의 상황에 대해 한번 생각해보는 시간을 가지는 것도 중요하다.

▪ 대출 위험성 자가진단 ▪

1. 은행 이외의 금융기관(저축은행, 캐피탈, 대부업체 등)에서 받은 대출이 있다.	☐
2. 원금상환 없이 이자만 내는 대출이 절반 이상이다.	☐

3. 매월 대출상환금(원금+이자)에 사용되는 금액이 소득의 36%를 넘는다. ☐
4. 대출과 관련된 생각 때문에 종종 불안할 때가 있다. ☐
5. 대출상환과 관련된 구체적인 계획을 세워본 적이 없다. ☐
6. 매년 자산에서 부채를 뺀 순자산이 정체되어 있거나 줄어들고 있다. ☐

각 항목에 대한 답변 중 'Yes'라는 답변이 0~1개는 '보통', 2~3개는 '위험', 그리고 4개 이상일 때는 '매우 위험'한 상태이다. 그렇지만 '네'라는 답변이 많다고 너무 실망할 필요는 없다. 중요한 것은 지금부터다. 과거의 잘못이 클수록 이를 해결하는 데 따르는 고통도 클지 모르나, 이를 계기로 앞으로 이러한 위험에 빠지지 않도록 스스로를 다잡으면 된다. 이제부터가 시작이다.

대출 원인에 대한 반성은 반드시 필요하다

대출 현황과 자신의 위험도에 대해 파악했다면 이제는 자신이 대출받은 이유에 대해 진지하게 생각해볼 필요가 있다. 표면적으로 봤을 때 대출의 원인은 간단하다. 돈이 부족해서이다. 그런데 돈이 왜 부족한지에 대해서는 사람마다 다양한 이유가 있을 것이다. 예를 들어, 가족의 치료비나 부모님의 사업 지원금, 본인 또는 동생들 대학 학자금 등 본인의 의지와 상관없이 필요한 대출도 물론 있을 것이다. 하지만 남들 사는 만큼 살아보고 싶다는 생각에 무리하게 자동차나 명품을 구입하거나 해외여행을 가고, 분수에 맞지 않는 좋은 집에서 사는 등 자신의 경제적 능력을 벗어난 소비 때문에 받은 대출이라면 이번 기회에 반성의 시간을 제대로 가져보는 것이 중요하다. 제대로 된 반성 없이 대출상환에만 급급한다면 대출을 상환하고 나서도 다시 예전으로 돌아가 동일한 이유로 대출을 다시 받을 가능성이 높기 때문이다.

병은 완쾌 후에도 꾸준히 관리해야만 건강을 지속적으로 유지할 수 있다. 마찬가지로 대출도 상환했다고 끝나는 것이 아니라 다시는 예전처럼 대출받을 일이 없도록 스스로 꾸준히 관리하는 것이 필요하다. 그러기 위해 필요한 것이 바로 자신의 과거에 대한 반성이다.

더 낮은 금리의 대출로 갈아타라

대출을 받을 때 고려해야 할 사항들이 많이 있다. 원금상환 방식이나, 중도상환수수료 부과 방식, 만기까지의 기간 등이 대표적이다. 그중에서도 가장 중요한 것이 바로 대출 금리다. 대출이자는 내가 지불해야 하는 비용으로, 대출금액이 커질수록 사소한 금리 차이에 의해서도 이자금액이 확연히 달라질 수 있기 때문이다. 그렇기 때문에 본격적인 대출상환에 앞서 기존에 받고 있던 대출을 더 낮은 금리의 대출로 바꾸려는 노력이 선행되어야 한다. 그래야 대출을 상환하는 데 필요한 시간과 노력을 그만큼 줄일 수 있기 때문이다.

대출을 갈아탈 때는 주의해야 할 점이 있다. 좀 더 좋은 조건의 대출상품을 찾았다고 해서 무작정 기존 대출을 상환하고 새로운 대출로 옮겨서는 안 된다는 점이다. 대출을 상환할 때는 반드시 중도상환수수료 유무를 잘 파악해봐야 한다. 왜냐하면 중도상환수수료란 대출을 약속한 날보다 미리 갚을 때 내는 돈으로 일종의 벌금과도 같기 때문이다. 자칫 대출을 갈아탐으로써 아낄 수 있는 이자보다 중도상환수수료가 더 많아질 수도 있으니 주의하길 바란다.

첫째, 대출기관에 금리인하를 요구하라

채무자가 대출을 받은 때와 비교하여 신용 상태에 현저한 변동이 있다고 인정될 경우, 합리적인 근거를 서면으로 제시하고 금리인하를 요구할 수 있다. 이를 금리인하요구권이라고 한다. 금리인하 여부의 결정은 각 금융기관별로 정한 기준을 따르기 때문에 다를 수 있지만, 일반적으로 다음과 같은 조건이 충족될 경우 신청할 수 있다.

- 이전보다 안정적인 직장으로 이직한 경우
- 연소득이 15% 이상 상승한 경우
- 승진한 경우
- 의사, 변호사, 공인회계사, 세무사, 관세사, 법무사, 감정평가사, 공인노무사, 건축사, 도선사, 기술사, 행정사, 손해사정인 등 전문자격증을 취득하고 현업에 종사하는 경우
- 해당 금융기관의 신용등급이 개선되었거나 거래 실적이 증대되었을 경우
- 자산이 증가하거나 부채가 감소하는 등 기타 신용등급에 영향을 미칠 수 있는 변화가 있는 경우

이것을 참고해 본인에게 해당사항이 있다면 반드시 금융기관에 금리

인하를 요구해야 한다. 만약 해당사항이 없다 하더라도 금융기관별로 다른 기준을 적용할 수 있기 때문에 직접 상담해볼 것을 권한다. 물건 값만 깎는 것이 아니다. 대출 금리도 적극적으로 깎을 필요가 있다.

둘째, 형태만 바꾸어도 금리는 떨어진다

동일한 금융기관에서 동일한 금액을 빌린다 하더라도 상환방식이나 대출 형태에 따라 금리가 달라진다. 일반적으로 만기일시상환보다는 원금분할상환이, 한번에 목돈을 빌리는 건별 대출보다는 필요할 때마다 수시로 돈을 꺼내 썼다가 갚을 수 있는 유동성 한도대출(마이너스 통장)이 금리가 더 높다.

그렇기 때문에 상환 계획을 고려하여 대출의 형태를 바꿔주는 것도 금리를 낮추기 위한 좋은 방법이 될 수 있다. 참고로 대출의 형태를 바꾸기 위해서는 별도의 심사가 필요하기 때문에 해당 금융기관을 방문하여 상담해야 한다.

셋째, 신용대출을 담보대출로 바꿔라

신용이 높은 사람일수록 더 낮은 수준의 금리로 돈을 빌릴 수 있듯이, 담보가 확실할수록 대출 금리는 낮아진다. 담보대출의 경우 돈을 빌리고자 하는 사람의 신용등급이 대출 금리에 미치는 영향이 신용대출보다 미미하기 때문에 신용이 안 좋은 사람도 낮은 수준의 금리로 대출을 이용할 수 있다. 일반적으로 금융기관에서 취급하는 담보로는 주택이나 토지와 같은 부동산, 전세금, 예적금, 펀드나 보험 등이 있다. 부동산이나 전세금을 제외한 금융상품을 담보로 대출받을 때는 해당 금융상품을 가입한 금융기관을 통해 대출받을 수 있다.

넷째, 대출받은 금융기관을 바꿔라

비교적 신용등급이 우량한 사람들 중에서도 대출 심사가 까다로운 은행보다는 손쉽게 대출받을 수 있는 카드사나 대부업체와 같은 비은행권 대출을 사용하는 경우가 종종 있다. 거래하는 금융기관이 어디냐에 따라 동일한 조건이라도 대출금리 수준 자체가 달라질 수밖에 없으니 현금서비스나, 카드론, 대부업체의 고금리 대출을 이용하고 있는 사람이라면 이를 은행에서 대출받아 상환하는 방법을 고려해볼 필요가 있다.

참고로 비은행권 대출을 사용하는 사람들의 경우 은행에서 대출이 거절되는 경우가 많이 있다. 왜냐하면 신용대출의 경우 신용등급이 중요한데, 비은행권 대출 이용실적도 신용등급 산출 시 영향을 미치기 때문이

〈개인 신용평가 시 가점 받는 방법〉

- 통신요금, 도시가스, 수도요금 등 공공요금 성실 납부 실적 제출
- 미소금융, 햇살론, 새희망홀씨, 바꿔드림론 등 서민금융 대출금 성실 상환
- 대학 또는 대학원 재학 시 받은 학자금대출 성실 상환
- 체크카드 꾸준히 사용
- 재기 중소기업인으로 선정

 # 공공요금 성실 납부 실적을 통한 가점을 받기 위해서는 신용조회회사 홈페이지에 접속하여 '비금융 정보 반영 신청'을 하거나 우편, 방문, 팩스 등으로 공공요금 납부 실적을 제출해야 한다. 참고로 나머지 항목들의 경우는 해당 기관에서 신용조회회사로 관련 내용을 통보하고 있어 별도로 관련 내용을 제출할 필요가 없다.

다. 이럴 경우 은행에서 대출이 거절됐다고 포기할 것이 아니라 개인신용평가 시 가점을 받을 수 있는 방법을 최대한 활용하여 신용등급을 올린 후 다시 도전해보는 것도 좋은 방법이다.

다섯째, 서민금융정책상품을 활용하라

자신의 신용등급 혹은 소득 때문에 은행에서 대출이 어렵다면 정부에서 지원하고 있는 서민금융정책상품을 적극 활용해야 한다. 서민금융정책상품이란 경제적 어려움을 겪고 있는 저신용 · 저소득 서민과 취약계층에 대한 금융비용 부담을 완화하기 위해 정부가 지원하고 있는 금융상품으로 미소금융, 햇살론, 새희망홀씨, 바꿔드림론 등이 있다.

다양한 계층의 서로 다른 금융 니즈를 충족하기 위해 맞춤형 상품을 제공하다 보니, 서민금융정책상품의 종류가 많고 각 상품별 자격조건이나 대출금리, 그리고 한도 등이 모두 달라 자신에게 맞는 상품을 찾기가 쉽지 않다. 이럴 땐 금융감독원에서 운영하고 있는 '서민금융1332' 사이트(http://www.fss.or.kr/s1332)를 활용하는 것도 좋은 방법이다. '서민금융1332' 홈페이지 접속 후 상단에 위치한 '서민금융지원' 탭을 클릭하면 '내게 맞는 제도 안내'가 나온다. 여기서 자금용도, 자신의 신용등급, 그리고 연소득 등을 입력하면 자신에게 맞는 상품군이 표시된다. 각 상품별 세부 내용을 읽어보고 자신에게 가장 적합한 상품을 고를 수 있다. 참고로 인터넷이 익숙하지 않은 사람들을 위한 전화상담도 가능하다. 전화번호는 국번 없이 1332를 누르면 된다.

2018년 6월 28일부터는 전국 3,500개 읍면동 주민센터를 통해 서민금융 지원이 가능해졌다. 주민센터를 통한 서민금융종합상담 및 맞춤대출 서비스 연계가 가능해짐에 따라 서민금융정책상품의 접근성이 보다 좋아지게 되었다. 이곳을 통해 서민금융정책상품 및 민간 금융사의 일반 신용대출 상품을 비교 후 금리가 가장 낮은 상품을 안내받을 수 있게 되었다. 이를 통해 잘 알지 못해 고금리 대출을 이용하는 일이 줄어들 것으로 예상된다.

▪ 대표적 서민금융정책상품 ▪

	새희망홀씨	바꿔드림론
개요	은행에서 대출받기 어려웠던 계층을 위해 별도의 심사기준을 마련하여 대출해주는 은행의 서민 맞춤형 대출상품(2020년까지 한시적 운영)	신용도가 낮은 서민의 고금리 대출(연 20% 이상)을 은행의 저금리 대출로 전환시켜주는 상품
지원 대상	– 연소득 3,500만 원 이하인 자 – 신용등급 6~10등급이면서 연소득 4,500만 원 이하인 자	다음 중 하나의 요건을 충족하면서 20% 이상의 고금리 대출을 6개월 이상 상환한 자 – 연소득 3,500만 원 이하(신용등급 무관) – 신용등급 6~10등급인 자(근로자 연소득 4,500만 원 이하, 자영업자 5,000만 원 이하)
지원 내용	최대 3천만 원을 연 10.5% 이하의 금리로 제공(금리는 은행별로 상이)	최대 3천만 원(고금리 대출 원금 범위 내)을 연 6.5%~10.5%의 금리로 제공

여섯째, 대출상환에도 순서가 있다. 소액대출부터 먼저 갚는다

소액이면서 대출을 받기 편리할수록 대출 금리가 높은 것이 일반적이다. 그래서 소액대출을 먼저 상환하는 것이 금리면에서 유리하다.

소액대출은 산탄총과 같아서 개별적인 총알의 위력은 낮지만 그것이 쌓이다 보면 어마어마한 위력을 가진 무기로 둔갑할 수 있다. 게다가 대출이 여러 곳에 분산되어 있다면 관리가 힘들기 때문에 아차 하는 순간 연체할 가능성이 높다. 이왕 대출을 받는다면 한 곳으로 모아 관리하는 편이 좋다.

빚지지 않는 구조를 만들어라

대출상환에 올인하지 마라

대출상환이 아무리 가장 큰 목표라 하더라도 돈이 생길 때마다 전부 대출상환에 사용하는 것은 위험하다. 왜냐하면 대출상환에 자신의 모든 자금을 사용하는 것은 원치 않는 대출을 받을 가능성을 높여주기 때문이다. 살다 보면 자신의 생각과 다르게 예상치 못한 일이 발생하기 마련이다. 가족 중 누군가가 아프다면, 교통사고로 거액의 합의금이 필요하다면, 지진이나 화재, 홍수로 집에 피해가 생겼다면 목돈이 필요할 수밖에 없다. 만약 대출상환에 모든 돈을 사용한 나머지 비상금이 하나도 준비되어 있지 않다면 다시 대출을 받을 수밖에 없을 것이다. 예상치 못한 상황으로 급하게 돈을 빌려야 한다면 금리는 낮지만 대출 심사에 오랜 시간이 걸리는 은행보다는 지금 당장 돈을 빌릴 수 있는 카드사나 대부업체를 이용할 가능성이 높아진다. 결국 그동안의 노력이 수포로 돌아가 다시 원점에서 시작해야 할 일이 발생할 수도 있는 것이다.

대출상환 계획을 세울 때는 반드시 대출상환과 저축에 적정한 수준으로 자금을 배분해야 한다. 대출상환이 과거의 내가 한 일에 대한 지불의 성격을 가진다면 저축은 자신의 미래를 위한 준비의 성격을 가지기 때문이다. 그래서 과거와 미래에 대한 적절한 조화가 필요하다.

돈을 쓰는 순서만 바꿔도 빚을 줄일 수 있다

신용카드를 사용하기 전에는 물건을 사기 위해서 반드시 현금을 들고 다녀야만 했다. 물론 그 당시에도 외상 거래라는 것이 존재하기는 했지만 거래관계가 오래 쌓여 서로간의 신뢰가 쌓였거나 소액인 경우에 한해서 이루어졌을 뿐 일반적인 거래 방식은 아니었다. 현금을 내고 물건을 사기 위해서는 물건 값에 해당하는 돈이 반드시 있어야 했다. 자연스럽게 돈을 모은 후에 물건을 살 수밖에 없었다. 하지만 신용카드는 이런 거래 방식을 180도 바꾸어버렸다. 이제는 물건을 사기 위해 돈을 먼저 모으는 사람은 거의 없다. 일단 신용카드로 물건을 구입 후 나중에 지불하면 그만이다.

어차피 내는 돈은 같은데 돈을 쓰는 순서가 왜 중요할까? 어떠한 방식으로 물건을 구입하느냐에 따라 대출을 받을 가능성이 달라지기 때문이다. 돈을 모은 후 물건을 사게 되면 대출을 받을 가능성이 전혀 없다. 모든 거래가 현금을 지불하고 물건을 받는 순간 종료되기 때문이다. 하지만 신용카드를 이용하여 물건을 구입한다면 물건을 구입한 이후 해당 물건 값을 다 지불할 때까지 거래가 종료된 것이 아니다. 만약 할부로 물건을 구입했다면 그 기간은 더욱 길어질 것이다. 거래기간이 늘어날수록 유사한 거래가 계속 쌓이게 될 것이고, 막상 물건을 살 때는 부담이 없어 보이는 건들이 계속 쌓여 결국 문제를 일으키게 되는 것이다.

먼저 사고 나중에 갚게 되면서 우리는 원하는 물건을 쉽게 가질 수 있게 되었다. 지금 당장 부담되는 가격이라 하더라도 할부로 구입하면 된다. 15만 원을 한 번에 내기는 부담스럽지만 3달에 걸쳐 5만 원씩 낸다고 생각하면 그리 큰 부담도 아니다. 비쌀수록 할부거래기간을 늘리면 된다. 길어진 할부 개월 수만큼 당장 내야 할 부담은 줄어든다.

문제는 사람은 물건을 살 때마다 그 건에 대해서는 본인이 부담해야 할 금액이 얼마인지 계산이 가능하지만 지금껏 구입해서 거래가 끝나지 않은 건들이 얼마나 많은지는 잘 기억하지 못한다는 점이다. 고가의 물건이나 서비스만 문제가 되는 것은 아니다. 출근길 나의 아침을 깨워주는 커피 한 잔, 나를 편안히 이동시켜주는 택시비, 고생한 나를 위해 선사하는 근사한 저녁, 그리고 퇴근 후 즐기는 시원한 맥주 한 잔 등등 내 월급에 비하면 소소한 이런 소비들이 얼마나 많은지 우리는 잘 기억하지 못하고 있다. 그래서 신용카드 청구서를 받을 때마다 놀라는 사람들이 그렇게 많은 것이다.

돈을 모은 후 물건을 사게 되면 처음부터 자신의 경제적인 능력을 고려해서 살 수 있으면 사고, 살 수 없으면 나중으로 미루면 된다. 그걸로 끝이다. 더 이상 그 거래에 대해 기억할 필요가 없다. 하지만 먼저 사고 나중에 갚는다면 아직 끝나지 않은 거래까지도 모두 기억해서 자신이 살 수 있는지 없는지를 판단해야 한다. 쉬운 일은 아니다. 특히 자기 스스로 경제적 관념이 부족하다고 생각하는 사람일수록 이런 소비 패턴은 향후 문제를 일으킬 가능성이 무척 높다. 나중에 문제가 생겨 대출로 해결했다가 더 큰 문제로 만드느니 차라리 소비 패턴을 한번 바꿔보는 것도 앞으로 빚지지 않는 삶의 구조를 만드는 좋은 방법일 것이다.

대출을 받을 때는 상환 계획부터 세워라

대출 없이 살 수 있을까? 불가능하지는 않다고 본다. 왜냐하면 세상은 각종 물건과 서비스가 넘쳐나고 있는데, 다행인 점은 종류가 다양한 만큼 가격대도 천차만별이기 때문이다. 자신의 수준에 맞는 상품과 서비스를 고르면 된다. 게다가 돈이 없으면 안 하면 그만인 것도 많다. 자신의 수준에 맞게 소비를 한다면 솔직히 대출받을 일은 거의 없다.

그럼에도 불구하고 대출이 꼭 필요한 경우도 있다. 전세 연장을 앞두고 수천만 원의 전세금 인상 통보를 받았다면, 집안 사정상 자녀의 대학 학자금이 준비가 안 됐다면, 사업용으로 운행하던 자동차가 너무 오래돼 교체가 필요하다면, 웬만큼 준비가 안 된 사람이라면 대출 없이 해결할 방법이 없을 것이다. 소비성 대출이 아니라면 자금이 필요할 때 대출을 받는 것 자체는 전혀 문제가 아니다. 다만 소비와 마찬가지로 자신의 경제적 수준을 넘어선 대출을 받는 것은 문제가 될 수 있다.

그렇기 때문에 대출을 받기 전에는 반드시 상환 계획부터 세워봐야 한다. 그래야 자신에게 적정한 대출금이 얼마인지 알 수 있기 때문이다. 일단 닥친 문제를 해결하기 위해 필요한 만큼 대출을 받기보다는 철저히 상환 능력을 평가하여 충분히 통제 가능하다면 대출을 받고 그렇지 않다면 대출 금액을 줄이거나 다른 방법을 알아봐야 한다. 대출로 위기 상황을 극복하는 것은 언 발에 오줌 누는 격이다. 지금 당장은 숨통이 트이고 안심이 될지 모르나 그걸로 인해 더 큰 경제적 곤경에 처할 가능성이 높기 때문이다.

대출상환 계획은 보다 구체적이고 현실적이어야 한다. 상황이 좋아질 거라는 막연한 기대감으로 대출을 받아서는 안 된다. 일이 좀처럼 풀리지 않아 갈수록 꼬이는 경우도 많이 있기 때문이다. 그래서 상환 계획은 다소 보수적으로 잡는 것이 좋다. 일단 이자만 내다가 상황이 호전되면 원금을 갚아나가겠다는 생각보다는 바로 대출 원금을 분할상환하겠다는 생각으로 상환 계획을 세워야 한다. 금리가 더 올라도 버틸 수 있는지, 혹은 대출을 받더라도 가계 생활에 여유는 있는지 등을 고려하여 최종적으로 대출 금액을 결정하는 것이 좋다.

알면 도움이 되는 금융상식 15

개인신용등급에 대한 오해와 진실

좋은 신용기록을 가지려면 신용등급을 계산할 때 반영되는 상식에 대해 정확하게 알고 있어야 한다. 잘못된 상식으로 본의 아니게 신용등급을 떨어지게 하거나 올릴 수 있는데도 불구하고 그러지 못할 수 있으므로 다음과 같은 오해하기 쉬운 상식에 주의할 필요가 있다.

오해	기관명	진실
금융기관에서 신용정보를 조회하면 신용등급이 내려간다.	아닙니다.	2011. 10월부터 개인신용정보 조회기록 정보는 신용등급을 계산할 때 반영되지 않습니다.
연체대금을 다 갚으면 신용등급이 오른다.	아닙니다.	연체정보는 등록사유, 연체금액 및 기간에 따라 최장 5년까지 보존됩니다.
소득 또는 자산이 많으면 신용등급이 높다.	아닙니다.	금융기관과의 신용거래 실적이 없거나 연체기록 등이 있는 경우 소득과 관계없이 신용등급은 낮아집니다.
소액연체라도 신용에 크게 영향을 미친다.	아닙니다.	2011. 10월부터 10만 원 미만의 연체는 신용평가에 영향을 주지 않지만 연체도 습관인 만큼 평상시 연체하지 않는 습관을 갖출 필요가 있습니다.
대출이 없거나 신용카드를 사용하지 않으면 신용등급이 높다.	아닙니다.	신용등급은 신용정보이므로 신용거래를 하지 않은 경우, 그 사람을 판단할 자료가 없기 때문에 좋은 등급을 받을 수 없습니다.
한번 떨어진 신용등급은 올라가지 않는다.	아닙니다.	신용등급 하락의 원인을 해결하고 연체하지 않는 등 꾸준히 관리하면 반드시 올라갑니다. 그러나 떨어지는 것보다 오르는 것이 훨씬 어려우므로 미리미리 관리하는 것이 좋습니다.
명의도용으로 인한 연체는 본인의 신용등급에 영향을 미치지 않는다.	아닙니다.	명의도용 사실을 신고한 이후 발생한 채무의 연체정보는 신용등급에 영향을 미치지 않지만 신고 이전에 발생한 채무의 연체정보는 본인의 신용등급을 하락시킬 수 있습니다.

출처 : 한국은행 금융생활길라잡이, 신용관리에 대해 알아야 할 5가지

특별 부록

4주 플랜 가계부

소비는 습관이다.

단순히 가계부에 지출한 내역을 적는다고 인생이 달라지지는 않는다.
가계부를 통해 나의 소비습관을 반성하고 변하려고 노력할 때 비로소 내 삶에 변화가 생긴다.
이 가계부를 통해 나의 소비습관을 반성하고 더이상 돈 때문에 문제가 생기지 않는 인생을 살아보자.

같은 과정을 반복하면서 다른 결과를 기대하는 것만큼 어리석은 일은 없다. - 아인슈타인

가계부 작성 3단계

계획(plan)하고 실행(do)하고 점검(see)한다.

Plan : 소비에 있어 계획을 세운다.

Do : 계획을 바탕으로 소비한다.

See : 계획대로 소비가 이뤄지고 있는지 점검하고 잘못된 점은 개선한다.

이러한 과정을 본인 스스로가 만족할 때까지 반복한다.

Plan → Do → See → Plan → Do → See → Plan → Do → See→ …

계획하기(Plan)

"자신의 생활수준부터 정하라"

1. 자신의 월 수입 파악하기.
2. '현재의 나'와 '미래의 나'를 위한 자금으로 나누기.

   '현재의 나'는 현재를 위한 소비고, '미래의 나'는 내일을 위한 준비다.

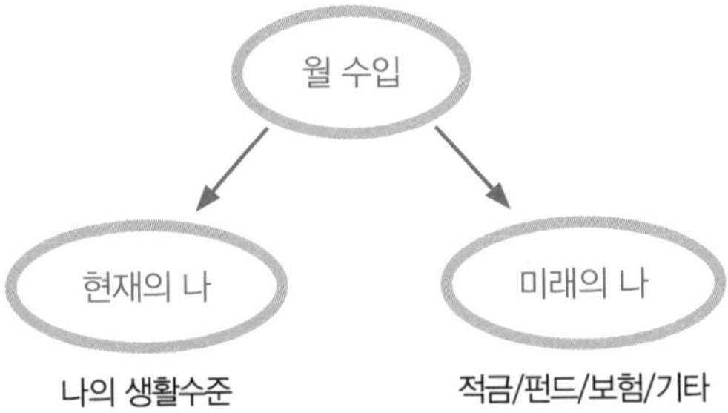

실행하기(Do)

자신의 생활수준을 결정했다면 이에 맞춰 소비를 하면 된다. 중요한 것은 정해진 범위 내에서 생활하겠다는 마음가짐이다.

이 단계에서 중요한 것은 자신이 소비한 내역을 잊지 않고 기록하는 것이다. 다소 번거롭겠지만 이러한 과정을 통해 나의 잘못된 소비습관을 파악하는 밑거름이 될 것이다.

점검하기(See)

하루의 일과가 끝나면 이제는 하루 동안 지출한 내역을 기록하며 점검할 필요가 있다. 중요한 것은 단순히 적는 일에서 끝나는 것이 아니라 자신의 지출에 대해 고민하는 시간을 갖는 것이다. 힘들게 가계부를 쓰면서 무언가 얻기를 원한다면 자신의 소비에 대한 반성이 필요하다.

수입에 비해 자녀의 교육비가 과도한 것은 아닌지, 너무 자주 외식을 하는 것은 아닌지, 충분히 걸어다니거나 대중교통을 이용할 수 있는데 택시를 이용하는 것은 아닌지 다시 한 번 생각해보자. 만약 꼭 필요한 지출이 아니라면 아예 안 하는 것이 좋은지 아니면 좀 더 저렴한 대체재를 찾을 수 있는지 고민해보자. 이렇게 새로운 대안을 찾으려는 노력을 통해 좀 더 나은 방향으로 발전해갈 것이다.

가계부 작성 방법

1주차 (　　~　　)

	월		화		수	
	내용	금액				
수입						
꼭 필요한 지출						
대체 가능한 지출	(　　)	(				
안 써도 될 지출	(　　)	(				
	(　　)	(　　)	(　　)	(　　)	(　　)	(　　)
지출 합계						
잔액						
아낄 수 있었던 금액		건				
오늘의 반성						

꼭 필요한 지출: 적금, 펀드, 보험 등 '미래의 나'를 위한 지출과 각종 공과금이나 아파트 관리비 등 내가 생활하는 데 있어 반드시 필요한 지출

대체 가능한 지출: 시간에 쫓겨 택시를 타거나 습관적으로 마시는 커피나 간식처럼 좀 더 저렴한 것으로 대체 가능한 지출. 종류에 상관없이 대체 가능한 부분이 있다면 여기에 적도록 하자.

작성 방법 : 괄호 위 칸에는 원래 지출을 작성하고, 괄호 안에는 다른 대체품을 이용했다면 아낄 수 있었던 금액을 적는다. 예를 들어, 스타벅스 아메리카노(4,100원)를 마셨지만 이를 저렴한 편의점 커피(1,000원)로 대체 가능하다면 다음과 같이 쓰면 된다.

아메리카노　　4,100원
(편의점 커피)　(3,100원)

안 써도 될 지출: 필요하지는 않지만 기분 전환용으로 혹은 충동적으로 구입한 물건들로, 안 써도 될 만한 지출.

아낄 수 있었던 금액: '대체 가능한 지출'의 괄호 부분 금액과 '안 써도 될 지출'의 괄호 부분 금액을 합산.

___월 나의 생활수준 정하기

1. 이번 달 나의 예상 수입은?	원

2. '미래의 나'를 위한 지출 수준 정하기	원

- 적금 예상 납입액 :
- 펀드 예상 납입액 :
- 보험 예상 납입액 :
- 주택담보대출 예상 원리금 상환액 :
- 기타 나를 위한 예상 지출금액 :
- 합계 :

3. '현재의 나'를 위한 지출 수준 (월 수입 – '미래의 나'를 위한 지출)	원

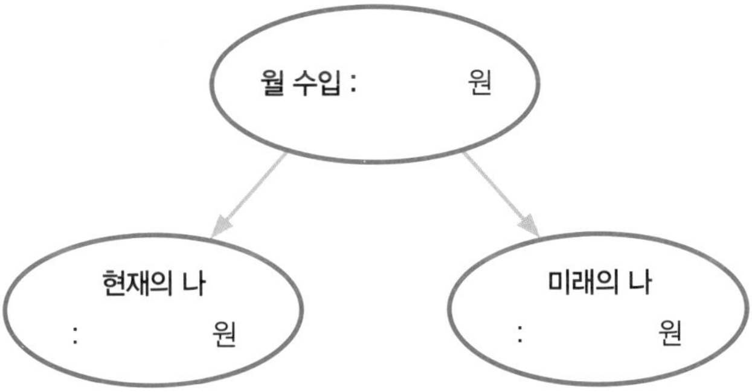

4. 도전 목표!!!

'현재의 나'를 위한 지출 중 ____________원을 아껴보자!!!

이번 달 나의 최종 생활수준은 ____________원이다.
(3. '현재의 나'를 위한 지출 수준 – 4. 도전 목표)

1주차 (~   )

	월		화		수	
	내용	금액	내용	금액	내용	금액
수입						
꼭 필요한 지출						
대체 가능한 지출						
	( )	( )	( )	( )	( )	( )
	( )	( )	( )	( )	( )	( )
안 써도 될 지출	( )	( )	( )	( )	( )	( )
	( )	( )	( )	( )	( )	( )
	( )	( )	( )	( )	( )	( )
	( )	( )	( )	( )	( )	( )
	( )	( )	( )	( )	( )	( )
지출 합계						
잔액						
아낄 수 있었던 금액	건		건		건	
오늘의 반성						

근면하고 검약하라. 그러면 부자가 될 것이다. - 벤저민 프랭클린

목		금		토		일	
내용	금액	내용	금액	내용	금액	내용	금액
( )	( )	( )	( )	( )	( )	( )	( )
( )	( )	( )	( )	( )	( )	( )	( )
( )	( )	( )	( )	( )	( )	( )	( )
( )	( )	( )	( )	( )	( )	( )	( )
( )	( )	( )	( )	( )	( )	( )	( )
( )	( )	( )	( )	( )	( )	( )	( )
( )	( )	( )	( )	( )	( )	( )	( )
건		건		건		건	

2주차 (　　~　　)

	월		화		수	
	내용	금액	내용	금액	내용	금액
수입						
꼭 필요한 지출						
대체 가능한 지출						
	(　　)	(　　)	(　　)	(　　)	(　　)	(　　)
	(　　)	(　　)	(　　)	(　　)	(　　)	(　　)
안 써도 될 지출	(　　)	(　　)	(　　)	(　　)	(　　)	(　　)
	(　　)	(　　)	(　　)	(　　)	(　　)	(　　)
	(　　)	(　　)	(　　)	(　　)	(　　)	(　　)
	(　　)	(　　)	(　　)	(　　)	(　　)	(　　)
	(　　)	(　　)	(　　)	(　　)	(　　)	(　　)
지출 합계						
잔액						
아낄 수 있었던 금액	건		건		건	
오늘의 반성						

행복한 삶을 살기 위해 필요한 것은 거의 없다. - 마르쿠스 아우렐리우스 안토니우스

목		금		토		일	
내용	금액	내용	금액	내용	금액	내용	금액
( )	( )	( )	( )	( )	( )	( )	( )
( )	( )	( )	( )	( )	( )	( )	( )
( )	( )	( )	( )	( )	( )	( )	( )
( )	( )	( )	( )	( )	( )	( )	( )
( )	( )	( )	( )	( )	( )	( )	( )
( )	( )	( )	( )	( )	( )	( )	( )
( )	( )	( )	( )	( )	( )	( )	( )
건		건		건		건	

3주차 (~)

	월		화		수	
	내용	금액	내용	금액	내용	금액
수입						
꼭 필요한 지출						
대체 가능한 지출						
	( )	( )	( )	( )	( )	( )
	( )	( )	( )	( )	( )	( )
안 써도 될 지출	( )	( )	( )	( )	( )	( )
	( )	( )	( )	( )	( )	( )
	( )	( )	( )	( )	( )	( )
	( )	( )	( )	( )	( )	( )
	( )	( )	( )	( )	( )	( )
지출 합계						
잔액						
아낄 수 있었던 금액	건		건		건	
오늘의 반성						

소유가 아니라 삶의 철학이 필요하다. 부가 아니라 행복의 철학이 필요하다. - 존 엘스워스 2세

목		금		토		일	
내용	금액	내용	금액	내용	금액	내용	금액
( )	( )	( )	( )	( )	( )	( )	( )
( )	( )	( )	( )	( )	( )	( )	( )
( )	( )	( )	( )	( )	( )	( )	( )
( )	( )	( )	( )	( )	( )	( )	( )
( )	( )	( )	( )	( )	( )	( )	( )
( )	( )	( )	( )	( )	( )	( )	( )
( )	( )	( )	( )	( )	( )	( )	( )
건		건		건		건	

4주차 (　　~　　)

	월		화		수	
	내용	금액	내용	금액	내용	금액
수입						
꼭 필요한 지출						
대체 가능한 지출						
	(　　)	(　　)	(　　)	(　　)	(　　)	(　　)
	(　　)	(　　)	(　　)	(　　)	(　　)	(　　)
안 써도 될 지출	(　　)	(　　)	(　　)	(　　)	(　　)	(　　)
	(　　)	(　　)	(　　)	(　　)	(　　)	(　　)
	(　　)	(　　)	(　　)	(　　)	(　　)	(　　)
	(　　)	(　　)	(　　)	(　　)	(　　)	(　　)
	(　　)	(　　)	(　　)	(　　)	(　　)	(　　)
지출 합계						
잔액						
아낄 수 있었던 금액	건		건		건	
오늘의 반성						

모자라는 부분을 채워가는 것이 행복이다. - 로버트 프로스트

목		금		토		일	
내용	금액	내용	금액	내용	금액	내용	금액
( )	( )	( )	( )	( )	( )	( )	( )
( )	( )	( )	( )	( )	( )	( )	( )
( )	( )	( )	( )	( )	( )	( )	( )
( )	( )	( )	( )	( )	( )	( )	( )
( )	( )	( )	( )	( )	( )	( )	( )
( )	( )	( )	( )	( )	( )	( )	( )
( )	( )	( )	( )	( )	( )	( )	( )
건		건		건		건	

___월 나의 생활수준 점검하기

		월 초 목표금액
1. 이번 달 나의 수입은?	원	원
2. '미래의 나'를 위한 지출	원	원
• 적금 납입액 :	원	원
• 펀드 납입액 :	원	원
• 보험 납입액 :	원	원
• 주택담보대출 원리금 상환액 :	원	원
• 기타 나를 위한 지출금액 :	원	원
• 합계 :	원	원
3. '현재의 나'를 위한 지출 (※ 매일의 지출 합계 －2. '미래의 나'를 위한 지출)	원	원 (월 초 목표 생활수준)

이번 달 나의 지출은 성공 or 실패?

(성공 여부에 따라 성공과 실패에 동그라미를 쳐주세요)

원인 분석하기

참고 : 이번 달 절약 가능했던 금액은? ____________원
(※ 매일의 '아낄 수 있었던 금액' 합산)

다음 달 다짐 적어보기

세상을 이끄는 리더의 필독서

나폴레온 힐 성공의 법칙

나폴레온 힐 지음 | 김정수 편역

지금까지 세계적으로 5,000만 부가 팔려나간 베스트셀러이자 성공철학의 진수를 담은 '성공의 교과서'로 통하는 책이다. 누구나 읽고 실천하면 성공에 이르는 15가지 비법이 고스란히 담겨 있다.

가나가와 치히로의 경영 성공철학 100가지 비법

CEO, 비즈니스맨 필독서

가나가와 치히로 지음 | 최인한 · 김종필 옮김

세계 최고 '경영의 신'으로 불리는 신에츠화학의 가나가와 회장이 성공 법칙 100가지를 들려준다. 이 책은 21세기를 이끌어가는 리더는 물론 어려운 시대를 살아가는 많은 사람들에게 훌륭한 인생 길잡이가 될 것이다.

4차 산업혁명시대 누가 돈을 버는가

김정수 지음

누구에게나 변화는 두렵고 미래는 불확실하다. 이 책은 과거를 현재와 미래로 연결한 기발한 발상으로 4차 산업혁명시대의 해법을 제시한다. 또한 돈의 흐름과 미래를 성공적으로 맞이하기 위한 대비책을 알려준다.

존 트레이시 재무제표 읽는 법 [최신 개정판]

존 트레이시 지음 | 최송아 옮김

실제 회계에 필요한 기본 개념과 재무제표의 여러 가지 흐름들을 입체적으로 이해할 수 있도록 구성했다. 또한 이를 통해 얻은 재무정보를 회사 경영, 주식투자 등에 어떻게 활용해야 하는지 알기 쉽게 알려준다.

경영의 신 마쓰시타 고노스케 사업은 사람이 전부다

마쓰시타 고노스케 지음 | 이수형 옮김

마쓰시타 전기산업(현 파나소닉) 창업주 마쓰시타 고노스케가 풍부한 경험담과 역사적 인물의 사례를 들어 인재 경영의 중요성을 밝힌 책으로, 경영자나 관리자는 물론 젊은이들에게 큰 도움이 된다.

중앙경제평론사 Joongang Economy Publishing Co.
중앙생활사 | 중앙에듀북스 Joongang Life Publishing Co./Joongang Edubooks Publishing Co.

중앙경제평론사는 오늘보다 나은 내일을 창조한다는 신념 아래 설립된 경제 · 경영서 전문 출판사로서
성공을 꿈꾸는 직장인, 경영인에게 전문지식과 자기계발의 지혜를 주는 책을 발간하고 있습니다.

월급쟁이 부자되는 재테크 첫걸음 〈개정증보판〉

초판 1쇄 발행 | 2017년 8월 22일
초판 3쇄 발행 | 2017년 9월 5일
개정초판 1쇄 발행 | 2018년 2월 5일
개정증보판 1쇄 인쇄 | 2019년 7월 8일
개정증보판 1쇄 발행 | 2019년 7월 12일

지은이 | 최현진(HyunJin Choi)
펴낸이 | 최점옥(JeomOg Choi)
펴낸곳 | 중앙경제평론사(Joongang Economy Publishing Co.)

대 표 | 김용주
책임편집 | 김미화
본문디자인 | 박근영

출력 | 삼신문화 종이 | 한솔PNS 인쇄 | 삼신문화 제본 | 은정제책사

잘못된 책은 구입한 서점에서 교환해드립니다.
가격은 표지 뒷면에 있습니다.

ISBN 978-89-6054-222-8(03320)

등록 | 1991년 4월 10일 제2-1153호
주소 | ㉾ 04590 서울시 중구 다산로20길 5(신당4동 340-128) 중앙빌딩
전화 | (02)2253-4463(代) 팩스 | (02)2253-7988
홈페이지 | www.japub.co.kr 블로그 | http://blog.naver.com/japub
페이스북 | https://www.facebook.com/japub.co.kr 이메일 | japub@naver.com
♣ 중앙경제평론사는 중앙생활사 · 중앙에듀북스와 자매회사입니다.

※ 이 도서의 국립중앙도서관 출판시도서목록(CIP)은 서지정보유통지원시스템 홈페이지(http://seoji.nl.go.kr)와
국가자료공동목록시스템(http://www.nl.go.kr/kolisnet)에서 이용하실 수 있습니다.(CIP제어번호:CIP2019022404)